R을 이용한 통계분석

윤철호

비앤엠북스

머리말

비교적 오랜 기간 동안 R 프로그램들을 근간으로 개발된 사회과학연구 자동화(social science research automation, SSRA) 사이트를 운영하면서 SSRA(www.ssra.or.kr)에서 지원하는 일반통계분석 기능들에 대한 R 프로그램들을 사용자들에게 공개해야겠다고 생각해 왔다. 이 책은 이러한 생각을 실현하기 위한 목적에서 시작되었다.

이 책은 SSRA의 일반통계분석 기능에서 제공하는 기술통계(descriptive statistics), 모수통계(parametric statistics) 및 비모수통계(non-parametric statistics) 분석기법들에 대하여 R을 이용한 통계분석 절차 및 방법들을 근간으로 내용들이 구성되었으며, 또한 이러한 통계분석들을 위한 사전지식 습득 및 통계실습을 위하여 R 설치 및 사용법, R 프로그램의 기초, 그래프 작성, 통계에 대한 이론적 기초 및 실습자료를 함께 포함하여 구성하였다.

오늘날 오픈소스로서 무료 프로그램 환경인 R이 일반통계 및 빅데이터 분석을 위한 도구로 연구 및 산업별 응용 프로그램에서 활발하게 사용되고 있고, 이로 인해 R과 관련한 다양한 책들이 최근 다수 출간되고 있으나, 이 책과 같이 기술통계, 모수통계 및 비모수통계를 모두 포함하는 포괄적인 관점에서 R을 이용한 통계분석 기법을 소개한 책은 거의 찾아볼 수 없다. 비록 이 책이 초기 SSRA의 일반통계 분석 기능의 R 프로그램들을 공개하기 위한 목적에서 시작되었지만, 대학의 학부 및 대학원생들의 통계분석 교재로서, 또는 R을 이용한 통계분석을 배우려는 분들에게 전문도서로서도 충분한 역할을 할 수 있을 것으로 판단된다.

독자들은 이 책을 통하여 R을 이용한 통계분석 절차 및 방법에 대하여 충분히 이해하고, 아울러 이 책에서 소개된 R 프로그램들에 근간하여 개발된 사회과학연구 자동화 사이트, SSRA(www.ssra.or.kr)를 적극적으로 활용할 수 있는 기회가 되기를 바란다.

마지막으로 이 책의 출간을 위하여 도움을 주신 비앤엠북스 관계자 분들에게 깊은 감사를 드린다.

2019년 1월

저자 윤철호

차례

제1부 R 기초

제2부 통계분석 기초 및 기술통계

제4부 비모수통계분석

통계분석

STATISTICAL ANALYSIS

제1부 R 기초

Chapter 1

R의 개요

1절 R 이란?

R은 통계 프로그래밍 언어인 S언어 기반으로 만들어진 통계 및 그래픽을 위한 프로그래밍 언어이자 오픈 소프트웨어 환경이다. 뉴질랜드 오클랜드대학의 로스 이하카(Ross Ihaka)와 로버트 젠틀맨(Robert Gentleman)에 의해 시작된 R은 통계 소프트웨어 개발과 자료분석에 광범위하게 사용되고 있으며, 패키지(package) 개발이 용이하여 최근 통계 소프트웨어를 개발하는 데 많이 활용된다. R 패키지는 일반 사용자가 쉽게 이용하도록 미리 작성된 유용한 함수나 데이터 등의 묶음으로 필요에 따라 사용자가 설치하여 사용할 수 있다.

R로 개발된 패키지들은 GNU GPL(General Public License)하에 무료로 배포되어 일반인들에게 사용되고 있으며, R을 위한 오픈소스 프로젝트에서는 사용자가 직접 R에 기반을 둔 응용 패키지를 생산하고 자유로이 배포할 수 있도록 지원하기 위하여 패키지 유통 저장소인 CRAN(the Comprehensive R Archive Network)을 운영하고 있다.

2018년 2월 기준 CRAN에는 수학, 통계, 그래픽, 데이터마이닝 등을 위하여 1만 2천 개 이상의 패키지들이 이용 가능하며(http://cran.r-project.org 참조), 특히 최근 빅데이터의 열풍으로 R로 개발된 패키지들이 실무분야에서도 빅데이터를 분석하기 위한 도구들로 적극 활용되고 있다.

2절 R의 탄생 및 발전과정

R은 1976년도 AT&T의 벨연구소에서 개발된 S언어와 그래픽 사용자 인터페이스가 추가된 S-PLUS에 근간하고 있다. 1991년도에 뉴질랜드 오클랜드대학의 로스 이하카와 로버트 젠틀맨교수의 주도로 R언어가 만들어졌으며, 이들의 앞의 이니셜을 따서 R로 명명되었다. 1997년도에 S-PLUS의 기초적 프로그램을 작성했던 존 챔버스

(John Chambers) 등 많은 통계학 및 컴퓨터 관련 학자들이 R 개발 핵심그룹(core group)을 구성하여 다양한 R 기능을 구현하는 데 참가하였고, 2000년 1월에 버전 1.0이 등장해서 현재에 이르고 있다.

그림 1-1 R 발전과정

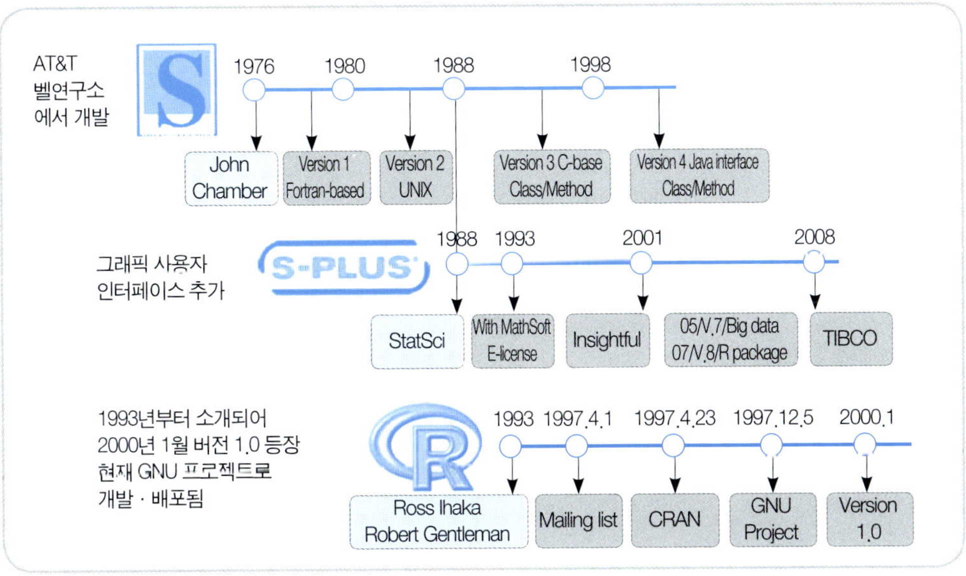

* 2012, 빅데이터 오픈소스 플랫폼 기술세미나

3절 R의 특징

R을 이용한 통계분석은 실무분야에서뿐만 아니라 연구 및 교육을 수행함에 있어서도 다음과 같은 장점들을 가지고 있다. 특히 R은 무료이고, 오픈소스이며 강력한 분석 및 시각화 기능과 뛰어난 확장성을 가지고 있다.

1. 오픈소스 기반 무료 소프트웨어

대부분 상업용 통계 소프트웨어들을 사용하기 위해서는 수십, 수백만 원의 비용을 지불해야 하는 데 비하여 R은 무료로 배포되어, 또한 R 패키지들이 오픈소스로 제공되고 있어 교육이나 연구를 위한 자료를 분석하는 데 유용하다. 오픈소스(open source)는 소프트웨어의 개발자의 권리를 지키면서 프로그램 내용(source)은 볼 수 있도록 공개한 소프트웨어를 의미한다.

2. 포괄적인 통계플랫폼

R은 기술통계, 모수 및 비모수 통계, 구조방정식 모델링은 물론 수학, 그래픽, 데이터마이닝 등의 다양한 함수 및 패키지들을 지원하여 통합적인 환경에서 실무는 물론 연구와 교육이 가능하다. 또한 빅데이터 분석을 위한 다양한 종류의 소스파일과 데이터 분석기법들에 대한 사용이 가능하며, 텍스트, 엑셀 파일, 데이터베이스 등 다양한 종류의 정형 데이터(structured data)는 물론 비정형 데이터(unstructured data)의 이용도 가능하다.

3. 다양한 운영체계 지원

R은 윈도우즈, 맥 OS(MacOS), 리눅스 및 유닉스(UNIX) 등의 다양한 운영체계(Operating System, OS)에서 이용이 가능하여 한정된 자원을 보유하고 있는 연구기관이나 교육기관에서 사용하는 데 효과적이다.

4. 뛰어난 시각화 기능

R은 다양하고 뛰어난 그래픽 지원 패키지를 제공하여 이차원 평면상에서도 데이터의 다차원 구조를 표현함은 물론 대규모 데이터에서 분석결과를 직관적으로 이

해할 수 있도록 지원하여 유연하고 창의적인 사고에 기반을 둔 연구나 교육이 가능하다.

5. 작업의 재현성

R은 명령어 스크립트를 사용해 일련의 복잡한 데이터 분석 단계를 저장할 수 있어 유사 데이터에 대한 분석 작업을 기존 스크립트를 재사용하면서 빠르게 처리할 수 있다. 작업의 재현성은 단순하고 구조화된 분석 작업에 소요되는 시간과 노력을 줄여줄 수 있고 아울러 통계처리 시 발생할 수 있는 오류를 최소화할 수 있다.

6. 지속적인 진화

R은 다양한 최신 통계분석, 데이터마이닝 및 빅데이터 분석 기능 등이 포함된 패키지 및 샘플들이 지속적으로 제공되고 있어 선진적인 교육이나 최신 통계기법을 이용한 연구가 가능하다.

Chapter 2

R 설치 및 환경 구축

1절 R 설치 및 실행

R의 설치는 R의 공식 홈페이지 http://www.r-project.org에서 R 설치파일을 다운로드받아 설치하면 된다. 이곳은 R 설치파일뿐만 아니라 R이 제공하는 다양한 기능들에 대한 문서를 함께 받아 볼 수 있다.

1. 윈도우 버전 R 설치파일

윈도우 버전 R 설치는 https://cran.r-project.org/bin/windows/base/ 에 접속하여 최신의 R 버전을 다운로드받아 **그림 2-1**과 같이 사용 언어와 라이선스에 대한 동의를 하면 쉽게 설치가 가능하다.

그림 2-1 윈도우 버전 R 설치

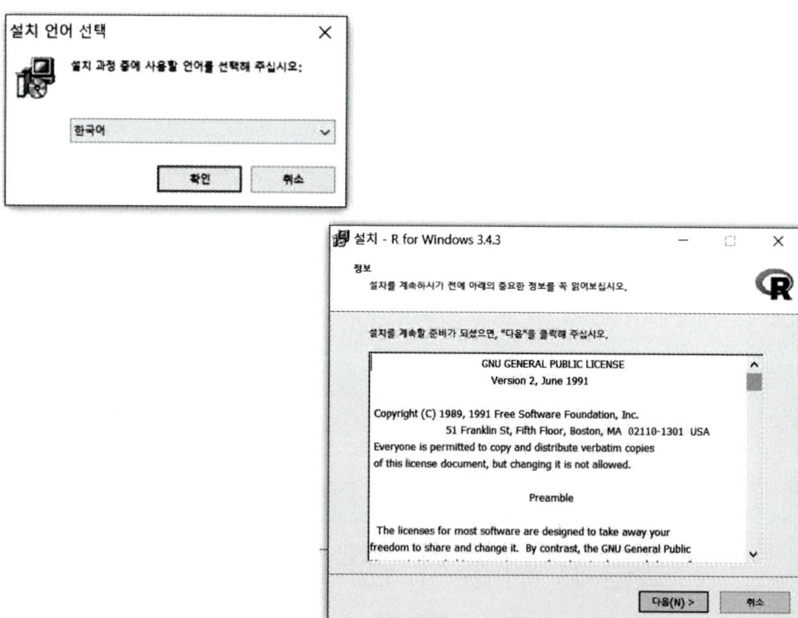

2. R 실행

R의 실행은 상기에서 R이 기본적으로 설치되었을 경우 바탕화면에 생성된 **그림 2-2**와 같은 R 아이콘을 실행하면 된다.

그림 2-2 R 아이콘

2절 R 사용자 인터페이스

R을 실행시켰을 때 처음 접하게 되는 화면은 **그림 2-3**과 같이 「RGui (R graphic user interface)」메인 창 안에 명령어 입력을 기다리는 「R Console」창이 들어있는 형태로 시작된다.

그림 2-3 R 인터페이스 화면

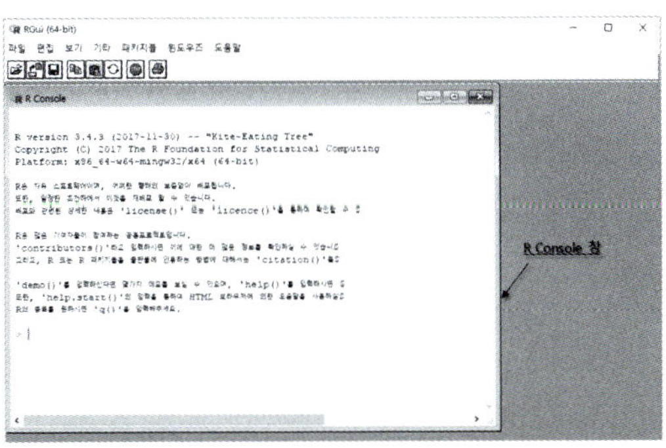

R의 기본적인 사용자 인터페이스는 명령어 방식으로 「R Console」창 내의 프롬프트(>)에서 명령어를 입력하는 형태로 이루어진다.

R의 가장 기본적인 기능은 수식계산으로 **그림 2-4**와 같이 「R Console」창 내의 프롬프트(>)에서 1+2를 하라는 명령어를 입력하면 파란색으로 3이라는 결과가 나오는 것을 확인할 수 있다.

그림 2-4 **R 실행 화면**

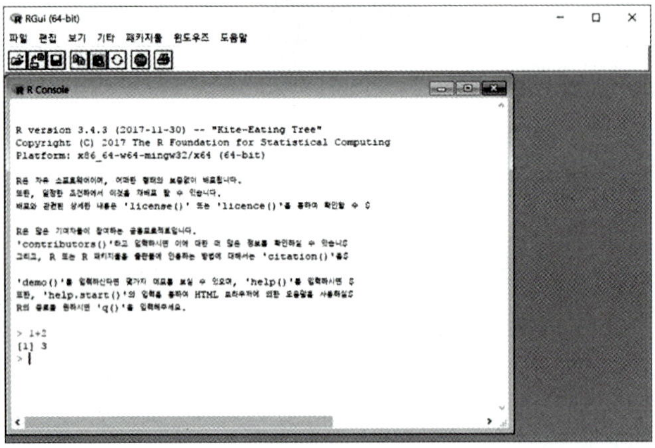

3절 R 운영환경 설정

R은 통계분석 도구로서 다양한 자료를 분석하는 데 주로 사용된다. 따라서 R은 자체적으로 자료를 생성하기보다는 외부에서 생성된 자료를 R로 불러들이고 때때로 분석된 내용을 외부 파일로 내보낼 필요가 있다. R 운영환경은 이러한 작업을 위하여 운영체계의 파일시스템 내 작업영역을 설정하는 것을 말한다. 작업영역은 윈도우즈 파일 시스템의 특정 디렉터리(예, "C:/WORK_R")를 생성하여 설정하면 된다.

작업 디렉터리의 설정은 「RGui」메인 메뉴의 파일/작업 디렉터리 변경을 통하여 할 수도 있고 다음과 같은 setwd( ) 명령어를 이용하여 「R Console」에서도 설정할 수 있다.

```
setwd("C:/WORK_R")                    # C:/WORK_R 디렉터리 작업영역 설정
```

설정된 작업 디렉터리에 대하여는 다음과 같이 현재의 디렉터리를 보여주는 getwd( ) 명령을 수행하면 확인이 가능하다.

```
getwd( )                              # 현재 디렉터리 - cwd
```

그림 2-5 **R 운영환경 설정**

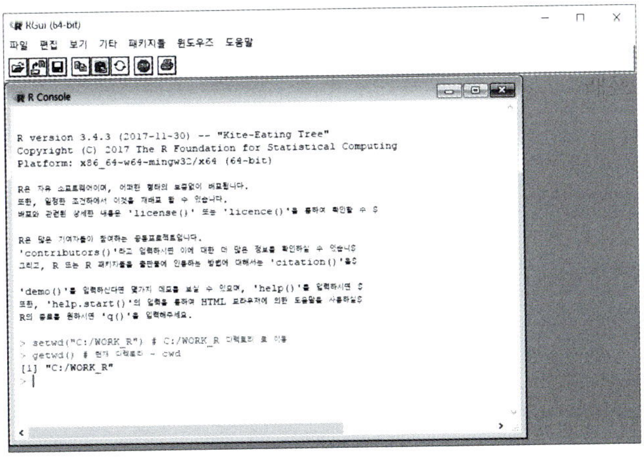

4절 R 패키지

R 패키지(package)는 R 함수 및 데이터의 모음으로 일반적으로 R을 사용해서 통계분석을 수행할 때 적절한 R 패키지를 설치하여 수행을 한다. R을 최초 설치 시 기본 패키지가 포함 설치되어 일부 통계분석 기능을 제공하고 있지만 대부분의 통계분석을 위한 기능(함수)들은 관련 패키지를 사전에 설치해서 사용해야만 한다. 예를 들어 모수통계기법인 판별분석을 수행하기 위한 명령어인 lda( )함수는 "MASS"라는 패키지를 설치해야만 한다.

1. R 패키지 설치

R 패키지를 설치하기 위해서는 install.packages("패키지명") 명령어를 수행하면 된다. 예를 들어 기술통계분석을 지원하는 "psych" 패키지를 설치하려면 다음과 같이 「R Console」에서 install.packages("psych")를 실행하고 패키지를 가져올 CRAN Mirror사이트를 선택하면 쉽게 설치가 가능하다. CRAN Mirror 사이트에 Korea가 없는 경우 가까운 일본, 중국과 같은 인접국을 선택하면 된다.

```
install.packages("psych")
```

그림 2-6 **R 패키지 설치**

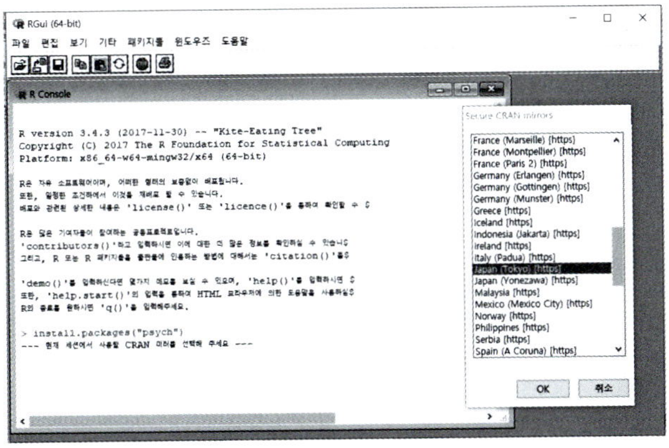

원도우에서 R 패키지를 설치하기 위해서 R을 실행할 때는 반드시 "관리자 권한"으로 실행하여야 한다. 또한 패키지명을 감싸는 따옴표("패키지명")는 반드시 영문자판의 따옴표를 사용하여야 한다. 한글자판의 따옴표를 사용하는 경우 에러가 발생한다.

2. R 패키지 사용

설치된 패키지를 사용하기 위해서는 다음과 같이 library(패키지명) 명령어를 실행해야 한다. R에서는 기본적인 기능으로 최빈값을 산출하는 함수를 제공하지 않는다. 따라서 다음과 같이 이를 지원하는 "prettyR" 패키지를 사용하는 library(prettyR)을 실행한 후 최빈값 산출을 지원하는 Mode( ) 함수를 사용하여 최빈값을 구한다.

```
a <- c(6, 4, 7, 4, 4, 4, 5, 7, 3, 1, 6, 2)          # a는 12개의 원소를 갖는 변수

library(prettyR)                                    # prettyR 패키지 사용
Mode(a)                                             # 최빈값 산출
[1] "4"
```

3. 통계를 위한 주요 R 패키지

R에서의 통계분석 시 자주 사용되는 패키지와 주요 함수들은 다음의 표 2-1과 같다.

표 2-1 R 주요 통계 패키지

패키지 명	주요함수	내용
psych	describe( )	기술통계분석
descr	freq( )	빈도분석
gmodels	CrossTable( )	교차분석
DescTools	PostHocTest	분산분석 사후검정
	MosesTest	모세검정
tseries	runs.test	런 검정
clinfun	jonckheere.test( )	존키어-텝슬라
CVST	cochranq.test( )	코크란 큐 검정
irr	kendall( )	켄달의 일치도검정
car	leveneTest( )	등분산검정
	vif( )	VIF 검정
Hmisc	rcorr	상관분석
psy	cronbach( )	신뢰도분석
MASS	lda( )	판별분석
lattice	dist( )	군집분석
	hclust( )	계층적 군집분석
fBasics	skewness( )	왜도분석
	kurtosis( )	첨도분석
aod	wald.test( )	wald 검정
coin	mh_test( )	주변동질성 검정
matrixStats	rowRanks( )	순위산출
ppcor	pcor.test( )	편상관계수분석
biotools	BoxM( )	BOX-M 통계량
QuantPsyc	lm.beta( )	회귀분석 표준화계수
prettyR	Mode( )	최빈값
rcompanion	nagelkerke( )	로지스틱 모형의 적합도 검정
rrcov	Wilks.test( )	판별모형의 적합도 검정
candisc	candisc( )	정준 판별함수 생성

상기의 패키지는 이후 기술통계, 모수 및 비모수 통계분석을 위하여 아래의 패키지 설치 스크립트 파일을 선택하여 미리 일괄적으로 설치할 것을 권고한다. "관리자 권한"으로 R을 실행한 후 웹브라우저에서 아래의 주소를 선택 후 내용을 복사하여 R에서 붙여넣기로 실행을 한다.

※ 패키지 설치 스크립트: 위치 : http://ssra.or.kr/rbook/packages.R

Chapter 3

R 프로그래밍

1절 R 프로그래밍 기초

1. 수치계산 기능

R의 가장 기본적인 기능은 다음과 같이 산술연산자나 함수를 이용하여 수치계산을 수행하는 것이다.

```
4 + 5^2                              # 산술연산
[1] 29

1:15                                 # 1~15까지 15개 숫자 표시
 [1]  1  2  3  4  5  6  7  8  9 10 11 12 13 14 15

seq(2, 15, by=3)                     # 2에서 15까지 3씩 증가하여 숫자 표시
[1]  2  5  8 11 14

log10(10)                            # 상용로그 계산 Log10(10)
[1] 1

exp(2)                               # 지수계산 함수 e^2
[1] 7.389056

log(exp(1))                          # 자연로그 계산 함수 loge(e^1)
[1] 1

sqrt(10)                             # 10의 제곱근
[1] 3.162278

rnorm(12)               # 평균 0, 표준편차 1인 정규분포에서 임의숫자 12개 생성함수
 [1] -1.6143350 -0.1445253 -0.6093431  0.9799607 -0.1919773  0.7462720
 [7]  1.9254479  0.3189881  0.6108338  0.7055484  1.4528012 -0.2421846

# 표시는 r 명령어에서 주석(comment)을 나타내고 있음
```

2. 변수의 할당

R에서는 변수를 사용하여 수치 계산이 가능하며, 할당(assign)이란 변수에 값을 배정하는 것을 의미한다. R에서의 할당은 =, <-, ≪- 등의 기호들이 사용될 수 있으나 주로 <-가 사용된다.

```
x <- 3                          # x라는 이름의 변수에 값 3을 할당
y <- 6                          # y라는 이름의 변수에 값 6을 할당
x + y                           # 문자변수끼리의 산술연산
[1] 9

z <- x + y                      # x + y값을 z에 할당
z                               # 변수 z에 할당되어 있는 값을 출력
[1] 9
```

3. 함수

R은 기본적으로 수치계산, 통계, 그래픽과 관련된 다양한 함수를 제공하고 있다. R에서 제공되는 기본적인 수치계산 함수들은 표 3-1과 같다.

표 3-1 기초 수치계산 함수

함수	결과	설명
min(c(1,5,7))	1	1, 5, 7 중에서 최솟값
max(c(2,6,9))	9	2, 6, 9 중에서 최댓값
mean(c(3,6,9))	6	3, 6, 9의 평균
sum(c(1,2,4,7))	14	1, 2, 4, 7의 합계
median(c(3,6,7))	6	중앙값

함수	결과	설명
sd(c(1,2,3,4))	1.290994	표준편차
var(c(1,2,3,4))	1.666667	분산
sin(pi)	1.22E-16	pi 사인값
cos(pi)	−1	코사인
tan(pi)	−1.224647e-16	탄젠트
log(3)	1.098612	자연로그
log10(100)	2	상용로그
exp(2)	7.389056	지수함수
round(4.65)	5	반올림
ceiling(4.25)	5	올림
floor(4.65)	4	내림
abs(−4)	4	절댓값
sqrt(9)	3	제곱근
runif(2,1,10)	1, 2	난수 2개를 벡터로 생성1 초과 10 미만

pi 는 원주율값(3.141593)을 나타내고 있음

c( )는 원소들을 결합한 벡터를 생성하는 함수로 예를 들어 **표 3-1**의 *c*(1, 5, 7)는 1, 5, 7의 세 개의 원소를 가지는 있는 자료구조를 나타내고 있다.

2절 자료구조

R의 변수의 기본 자료형은 단일값(scalar)의 자료형이나 실제 사용에 있어서는 단일값보다 여러 개의 값들로 구성된 자료구조를 사용한다.

1. 자료구조의 유형

R에서 지원하는 다수의 값들로 구성된 자료구조 형태는 벡터, 행렬, 배열, 리스트, 데이터프레임 그리고 요인 등이 있다.

1) 벡터

벡터(vector)는 동일한 기본 자료형을 갖는 값들의 집합을 말하며 다음의 생성연산자와 생성함수를 통해 만들 수 있다. 데이터를 벡터로 저장할 때 다음과 같이 *c*( ) 함수를 이용한다.

```
x <- c(1, 2, 3)                    # x는 1, 2, 3의 세 개의 원소를 갖는 벡터
```

R의 데이터 형태는 숫자형(numeric), 문자형(character) 그리고 논리값(logical value: TRUE, FALSE)이 있다. 벡터의 데이터 형식도 다음과 같이 구성될 수 있다.

```
a <- c(1, 2 ,0.5 ,3, 7, -2, 10)                  # 숫자형 벡터
b <- c("one","two","three")                      # 문자형 벡터
c <- c(TRUE,TRUE,TRUE,FALSE,TRUE,FALSE)          # 논리값
```

벡터형 자료구조는 다음과 같이 숫자형 벡터에 문자가 들어 있으면 전체가 문자형으로 바뀐다.

```
x <- c(1, "two", 0.5 ,3, 7, -2, 10)              # 문자형 벡터
x
[1] "1"  "two" "0.5" "3"  "7"  "-2"  "10"
```

벡터의 개별 항목(elements)은 다음과 같이 [ ]을 이용한 첨자(subscripts)로 지정하여 사

용할 수 있다.

```
a <- c(1, 2 ,0.5 ,3, 7, −2, 10)                    # 숫자형 벡터
a[3]                                               # 세 번째 값
  [1] 0.5

a[6]                                               # 여섯 번째 값
  [1] −2

a[c(3,4)]                                          # 3, 4번 값
  [1] 0.5 3.0
```

다음과 같이 첨자를 음수로 사용하면 해당 위치의 값을 제외하고 모든 값들을 가져온다.

```
a[−c(3,4)]                                       # 3, 4번 값을 제외한 값들
  [1]  1  2  7 −2 10
```

R의 데이터 형태는 숫자형, 문자형, 논리값 이외에 표 3-2와 같은 특수 형태의 데이터 형식도 있다.

표 3-2 특수 데이터 형태

데이터 형태	내용
NULL	객체(object)로서 존재하지 않는 객체로 지정할 때 사용
NA	Not Available의 약자로 결측치(missing value)를 의미
NaN	Not available Number의 약자로 수학적으로 계산이 불가능한 수를 의미
Inf	Infinite의 약자로 양의 무한대를 의미
-Inf	-Infinite의 표시로 음의 무한대를 의미

특정자료의 데이터 형태는 mode( ) 함수를 이용하여 알 수 있다. 다음과 같이 mode( ) 함수의 인수로 자료를 입력하면 그 자료에 대한 형식을 보여준다.

```
mode(a)                                              # 자료의 형식 출력
  [1] "numeric"
```

데이터 형태와 관련하여 is.numeric( ), is.character( ) 그리고 is.logical( ) 함수는 자료가 숫자형인지, 문자형인지 아니면 논리값인지를 판별해 준다.

```
is.numeric(a)                                        # a가 숫자형 여부를 판별
  [1] TRUE

is.character(a)                                      # a가 문자형 여부를 판별
  [1] FALSE
```

2) 행렬

행렬(matrix)은 동일한 데이터 유형(숫자, 문자 또는 논리값)의 자료들로 구성된 2차원 형태의 자료구조이다. 따라서 행렬 구조의 변수는 행과 열로 구성되어 있다. 행렬은 다음과 같이 벡터형 변수를 matrix( ) 함수를 이용하여 생성할 수 있다.

```
x <- c(1, 2, 3, 4, 5, 6, 7, 8, 9 )              # 또는 x <- 1:9
y <- matrix(x, nrow = 3)                        # 열이 3개인 행렬 생성
y
     [,1] [,2] [,3]
[1,]    1    4    7
[2,]    2    5    8
[3,]    3    6    9
```

행렬의 값들은 기본적으로 열부터 자료들을 채운다. "byrow = TRUE" 옵션을 사용할 경우 자료를 행부터 채울 수 있다. 또한 "ncol = " 옵션으로 행을 기준으로 행렬을

생성할 수 있다.

```
x <- c(1, 2, 3, 4, 5, 6, 7, 8, 9 )                # x <- 1:9
y <- matrix(x, ncol = 3, byrow = TRUE)            # 열이 3개인 행렬 생성
y
     [,1]  [,2]  [,3]
[1,]  1     2     3
[2,]  4     5     6
[3,]  7     8     9
```

여러 개의 벡터형 변수들을 합쳐서 행렬형 변수를 구성할 때는 cbind( )와 rbind( ) 함수를 이용한다. cbind( )는 열(column) 결합을 수행하는 함수이고 rbind( )는 행(row) 결합을 수행하는 함수이다.

```
a <- c(1, 2, 3, 4 )
b <- c(5, 6, 7, 8 )
c <- c(9, 10, 11, 12 )

cbind(a, b, c)                                   # 벡터 변수들을 행(column) 결합
     a  b  c
[1,] 1  5  9
[2,] 2  6  10
[3,] 3  7  11
[4,] 4  8  12

m <- rbind(a, b, c)                              # 벡터 변수들을 열(row) 결합
m
  [,1]  [,2]  [,3]  [,4]
a  1     2     3     4
b  5     6     7     8
c  9     10    11    12
```

행렬의 개별 항목도 벡터와 같이 [ ]을 이용한 첨자(subscripts)로 지정하여 사용할 수 있다.

```
m[2,3]                                          # 2번째 열의 3번째 행의 값
 b
 7

m[3,2]                                          # 3번째 열의 2번째 행의 값
 c
 10
```

행렬이 동일한 데이터 유형의 자료들로 구성된 2차원 형태의 자료구조이기 때문에 상기의 cbind( )나 rbind( ) 함수를 사용하여 행렬을 구성할 경우, 벡터형 자료구조와 같이 숫자형 벡터와 문자형 벡터가 결합하면 다음과 같이 전체가 문자형 행렬로 바뀐다.

```
a <- c(1, 2, 3, 4 )
b <- c(5, 6, 7, 8 )
c <- c(9, 10, 11, 12 )
x <- c("one","two","three", "four")                # 문자형 벡터
cbind(a, b, c, x)                                  # 벡터 a, b, c, x를 열로 결합
     a   b   c    x
[1,] "1" "5" "9"  "one"
[2,] "2" "6" "10" "two"
[3,] "3" "7" "11" "three"
[4,] "4" "8" "12" "four"
```

3) 배열

배열(array)은 행렬과 동일하나 2차원 이상의 항목을 가진다. 다음의 예와 같이 배열 구조의 변수는 3차원의 배열로 구성할 수 있으며, 이때 array( ) 함수를 이용하여 생성할 수 있다.

```
x <- array(1:36, c(4,3,3))                    # 4 x 3 x 3의 3차원 배열에 1~24의 값을 입력
x
, , 1

     [,1] [,2] [,3]
[1,]    1    5    9
[2,]    2    6   10
[3,]    3    7   11
[4,]    4    8   12

, , 2

     [,1] [,2] [,3]
[1,]   13   17   21
[2,]   14   18   22
[3,]   15   19   23
[4,]   16   20   24

, , 3

     [,1] [,2] [,3]
[1,]   25   29   33
[2,]   26   30   34
[3,]   27   31   35
[4,]   28   32   36
```

4) 데이터프레임

데이터프레임(data frame)은 행렬과 같은 2차원의 구조이지만 모든 데이터가 동일한 유형이 아닌 행(column)마다 다른 유형(숫자형, 문자형, 논리값 등)의 항목을 가질 수 있다. 데이터프레임은 SPSS 파일 구조와 유사하여 통계분석 시 유용하게 사용될 수 있다. 데이터프레임은 다음과 같이 data.frame( ) 함수를 이용하여 생성할 수 있다.

```
x <- c(1,2,3,4)
y <- c("red", "white", "blue", "yellow")
z <- c(TRUE, TRUE, TRUE, FALSE)
df <- data.frame(x, y, z)                    # 벡터 x, y, z를 데이터프레임으로 생성
df
  x     y     z
1 1   red  TRUE
2 2 white  TRUE
3 3  blue  TRUE
4 4 yellow FALSE
```

행렬과 같이 데이터프레임의 개별 항목들은 []을 이용한 첨자(subscripts)로 지정하여 다음과 같이 사용할 수 있다.

```
df[1]                                        # df의 첫 번째 행의 값들
  x
1 1
2 2
3 3
4 4

df[2]                                        # df의 두 번째 행의 값들
     y
1   red
2 white
3  bule
4 Yellow

df[1,]                                       # df의 첫 번째 열의 값들
  x  y   z
1 1 red TRUE

df[2,]                                       # df의 두 번째 열의 값들
  x   y    z
2 2 white TRUE

df[1,1]                                      # df의 첫 번째 행과 열의 값
[1] 1

df[2,1]                                      # df의 두 번째 열과 첫 번째 행의 값
[1] 2

df[2,2]                                      # df의 두 번째 열과 행의 값
[1] white
Levels: blue red white yellow
```

또한 다음과 같이 데이터프레임에 "$"를 표시하여 행 자료들을 사용할 수 있다.

```
df$y                                              # 행 이름(colname)이 y행의 값들
  [1] red    white  blue   yellow
  Levels: blue red white yellow
```

5) 리스트

리스트(list)는 순서가 있는 서로 다른 기본 자료형을 가질 수 있는 자료구조로 앞선 배열과 행렬 등은 포함되는 원소들의 기본 자료형이 모두 동일한 경우와 크기가 일정한 경우에만 사용할 수 있는 반면 리스트는 서로 다른 기본 자료형을 갖는 자료구조들(벡터, 배열, 행렬, 리스트, 데이터프레임 등)을 하나의 이름으로 모아 놓은 형태의 자료구조이다. 리스트는 list( ) 함수를 이용하여 생성할 수 있다.

```
title <- "My List"                                   # 일반 자료(문자열)
ages <- c(31, 41, 21)                                # 숫자 벡터
numbers <- matrix(1:9, nrow = 3)                     # 행렬
names <- c("Tony", "Ahn", "Nick")                    # 문자 벡터
mylist <- list(title, ages, numbers, names)

mylist
[[1]]
[1] "My List"

[[2]]
[1] 31 41 21

[[3]]
     [,1] [,2] [,3]
[1,]    1    4    7
[2,]    2    5    8
[3,]    3    6    9

[[4]]
[1] "Tony"   "Ahn" "Nick"
```

6) 요인

요인(factor)은 변수가 명목변수일 때 사용되는 자료구조이다. 실질적으로 문자형 자료들도 내부적으로는 숫자 벡터로 인식된다. 요인형 자료구조는 factor( ) 함수를 이용하여 구성할 수 있다.

```
gender <- c(rep("male",20), rep("female", 30))   # 예: 20명의 "male(남성)"과 30명 "female
                                                   (여성)"을 가지는 gender라는 변수
gender <- factor(gender)                          # gender를 내부적으로 숫자형 변수로 처
                                                   리(female = 1, mal = 2)

summary(gender)
female  male
  30     20

# rep(x, n): x(문자 또는 숫자)를 n횟수만큼 반복 생성하는 함수
```

2. 자료구조와 관련한 주요 함수

R에서는 벡터, 행렬, 배열, 리스트, 데이터프레임 자료구조값들을 결합하거나 다른 자료형으로 변환시키는 자료구조와 관련된 함수들을 제공하고 있다. 표 3-3은 R에서 기본적으로 제공하는 자료구조와 관련된 주요 함수들이다.

표 3-3 자료구조 주요 함수

함수	설명
length( )	자료가 가진 항목의 개수
str( )	자료의 구조 보기
class( )	자료의 형태 보기
names( )	자료의 객체들의 이름
c( )	벡터를 생성

함수	설명
seq( )	숫자형 벡터 생성
rep( )	특정값을 반복하여 벡터 생성
cbind( )	행으로 자료결합
rbind( )	열로 자료결합
ls( )	현재의 자료목록을 출력
rm( )	자료 삭제
mode( )	자료의 형식을 출력
is.numeric( )	자료가 숫자형 여부인지를 판별
is.character( )	자료가 문자형 여부인지를 판별
is.logical( )	자료가 논리값 여부인지를 판별
as.numeric( )	숫자형(numeric) 데이터로 변환
as.character( )	논리형(logical) 데이터로 변환
as.vector( )	문자형 데이터로 변환
as.factor( )	요인 형식으로 변환
as.matrix( )	행렬 형식으로 변환
as.data.frame( )	데이터프레임 형식으로 변환
colnames( )	행제목 보기 및 설정
rowname( )	열제목 보기 및 설정
append( )	벡터에 항목 삽입
stack( )	여러 벡터를 하나의 벡터로 결합
nrow( )	데이터프레임의 행의 개수
ncol( )	데이터프레임의 열의 개수
rownames( )	데이터프레임의 행의 이름
colnames( )	데이터프레임의 열의 이름
dim( )	데이터프레임의 행과 열의 개수
head( )	자료의 앞부분 6개 출력
tail( )	자료의 뒷부분 6개 출력

3절 산술연산자

산술연산자는 둘 이상의 변수 및 숫자에 대하여 계산하는 기능으로 R에서 제공되는 산술연산자와 산술연산 결과는 표 3-4와 같다.

표 3-4 산술연산자

연산자	설명	예시	결과
+	더하기	3+4	7
–	빼기	9-2	7
*	곱하기	2*7	14
/	나누기	9/3	3
^ 또는 **	제곱(자승)	2^3	8
%%	나머지	14%%3	2
%/%	몫	14%/%3	4

벡터값과 스칼라(숫자)와의 산술연산은 스칼라값이 벡터의 모든 원소와 연산을 수행한다.

```
x <- c(1, 2, 3, 4)
y <- c(5, 6, 7, 8)
z <- c(1, 2)
w <- c(1, 2, 3)
x + 4                                   # 모든 원소에 4를 더함
[1] 5 6 7 8

x * 2                                   # 모든 원소에 2를 곱함
[1] 2 4 6 8

x / 3                                   # 모든 원소에 나누기 3을 함
[1] 0.3333333 0.6666667 1.0000000 1.3333333
```

자료의 개수가 같은 동일한 크기의 벡터 간의 연산은 서로 같은 위치에 있는 자료끼리 연산한다. 즉, 상기의 *x*의 첫 번째 원소와 *y*의 첫 번째 원소가 계산되고, *x*의 두 번째 원소와 *y*의 두 번째 원소가 그리고 세 번째, 네 번째 역시 같은 위치 자료들끼리 연산된다.

```
x+y
  [1] 6 8 10 12

x*y
  [1] 5 12 21 32

x/y
  [1] 0.2000000 0.3333333 0.4285714 0.5000000
```

한 벡터의 크기가 다른 벡터 크기의 정수배일 경우, 예를 들어 *x*의 자료가 4개이고 *z*의 자료의 개수가 2개로 *x*가 *z*보다 2배의 정수배로 자료가 많은 경우 작은 쪽인 *z*의 자료들이 순환하며 연산한다.

```
x+z
  [1] 2 4 4 6

x*z
  [1] 1 4 3 8

x/z
  [1] 1 1 3 2
```

두 벡터의 크기가 다르고 어느 한 벡터가 다른 벡터의 원소의 개수가 정수배가 아닐 경우 다음과 같은 에러가 발생한다.

```
x + w
  [1] 2 4 6 5
  경고메시지(들):
  In x + w : 두 객체의 길이가 서로 배수관계에 있지 않습니다.
```

4절 비교·논리연산자

비교연산자는 특정 조건에 대해서 참 또는 거짓 여부를 판별할 때 사용되는 연산자로 결과값은 참(TRUE) 또는 거짓(FALSE)값으로 반환한다. R에서 제공되는 비교연산자와 예시 결과는 표 3-5와 같다.

표 3-5 비교연산자

연산자	설명	예시	결과
<	보다 작음	x <-4 x < 5	TRUE
< =	보다 작거나 같음	x <-4 x < = 5	TRUE
>	보다 큼	x <-4 x > 5	FALSE
> =	보다 크거나 같음	x <-4 x > = 5	FALSE
= =	같음	x <-4 x = = 5	FALSE
! -	같지 않음	x <-4 x != 5	TRUE

일반적으로 프로그래밍에서 비교연산자는 조건문에 사용되나 다음과 같이 첨자 [] 안에 비교연산자를 넣어 조건에 맞는 값(들)을 찾아낼 수 있다.

```
x <- c(1, 2, 3, 4, 5, 6, 7)
y <- c(1, 3, 5, 7, 9, 11, 13)
x[x > 3]                                  # 벡터 x에서 3보다 큰 원소들
  [1] 4 5 6 7
```

또한 다음과 같이 다양한 함수와 함께 사용하여 효율적인 연산을 수행할 수 있다.

```
sum(x[x > 3] )                            # 벡터 x에서 3보다 큰 원소들의 합
  [1] 22

mean(y[y < 9])                            # 벡터 y에서 9보다 작은 원소들의 평균
  [1] 4
```

논리연산자들은 논리곱(and), 논리합(or), 논리부정(not)을 사용해서 참(TRUE), 거짓(FALSE), NA(Not Available)을 구하는 데 사용된다. 논리연산자는 프로그램 실행 흐름을 제어하거나, 일반적으로 if문과 같은 조건문을 이용할 때 사용된다.

표 3-6 논리연산자

연산자	설명	예시	결과
&	논리곱(and)	x <- 3 y <- 5 (x < 4)&(y < 4) (x < 4)&(y < 4)	FALSE TRUE
&&	논리곱(and) 벡터 첫 번째 결과만	x <- c(3, 4) y <- c(4, 5) (x < 4)&&(y < 5) (x < 4)&&(y < 4)	TRUE FALSE

<table>
<tr><th>연산자</th><th>설명</th><th>예시</th><th>결과</th></tr>
<tr><td>|</td><td>논리합(or)</td><td>x <-3
y <-5
(x < 4)|(y < 4)
(x > 4)|(y < 4)</td><td>

TRUE
FALSE</td></tr>
<tr><td>||</td><td>논리합(or)
벡터 첫 번째 결과만</td><td>x <- c(3, 4)
y <- c(4, 5)
(x < 4) || (y < 4)
(x < 3) || (y < 4)</td><td>

TRUE
FALSE</td></tr>
<tr><td>!</td><td>논리부정(not)</td><td>x <-1
!x
x <-0
!x</td><td>
FALSE

TRUE</td></tr>
</table>

5절 조건문과 반복문

R에서는 제공되는 연산이나 함수 이외에 조건문과 반복문 등을 이용한 프로그래밍을 통해 다양한 형태의 결과를 얻을 수 있는 프로그램을 작성할 수 있다.

1. 조건문

조건문이란 명시된 조건이 참인지 거짓인지에 따라 달라지는 계산이나 상황을 수행하는 명령어로 주로 조건은 비교 · 논리연산자를 이용하여 만든다. R에서의 조건문은 if문, ifelse문 등이 있으며, 일반적으로 조건에 따라 수행되는 명령어(들)는 { }로 묶는다.

표 3-7 조건문

연산자	설명	예시	결과

if문	조건이 적용되는 괄호( ) 안의 조건이 참이면 실행	x <-3
		y <-5
		z <-0
		if (x > y)
		{z <-1
		}
		z
			0

	else문을 사용할 수 있음	x <-3
		y <-5
		if (x < y)
		{z <-1
		} else
		{z <-0
		}
		z
			1

	else if문을 연속적으로 사용할 수 있음	x <-3
		y <-5
		if (x = = y)
		{z <-1
		} else if (x > y)
		{z <-0
		} else
		{z <-2
		}
		z
			2

ifelse문	ifelse( )문의 조건이 참이면 전자 실행, 거짓이면 후자 실행	x <-3 y <-5 z <- ifelse((x < y), 1, 0) z	1

2. 반복문

반복문이란 특정한 부분의 명령어(들)이 반복적으로 수행될 수 있도록 하는 명령어로 R에서는 for문과 while구문 그리고 repeat문 등이 있다. 특정한 부분의 명령어(들)가 반복적으로 수행될 수 있도록 반복문 역시 일반적으로 { }로 묶어 사용한다.

표 3-8 반복문

연산자	설명	예시	결과

for문	정해진 반복횟수만큼 실행
	(예, 5번 실행)
		x <- 1
		for(i in 1:5) {
		x <- x + 2
		}
		x
			11

while문	특정 조건이
	만족되는 동안 실행
		x <- 1
		i <- 0
		while(i < 10) {
		x <- x + 2
		i <- i + 1
		}
		x
			21

repeat문	반복하여 무조건 실행, 실행 중 조건이 만족하면 break문을 이용하여 실행을 중단	x <- 1
		i <- 0
		repeat {
		x <- x + 2
		if(i > = 9) break
		i <- i + 1
		}
		x
			21

반복문을 이용한 프로그램에서 첨자[ ]는 자주 사용된다. 다음은 상기의 조건문, 반복문, 그리고 첨자를 이용한 프로그램으로 지난 보름간 평균온도가 30도 이상과

이하인 일자를 구하는 R 프로그램이다.

```
temp = c(28.6, 30, 30.2, 30.3, 31.4, 29.8, 29.2, 28.2, 27.6, 24.8, 27, 27.8, 26.3, 24.6, 21.9)
                                                              # 지난 보름간의 평균온도
N= length(temp)                                               # temp의 개수
low_d = 0
high_d = 0
for(i in 1:N) {                                               # N의 개수만큼 반복
    if (temp[i] < 30)                                         # 원소들을 30과 비교
        {low_d <- low_d + 1 }
    else
        {high_d <- high_d + 1}
  }
low_d                                                         # 30도보다 낮은 일수
high_d                                                        # 30도보다 높은 일수
```

6절 사용자함수

함수는 산술연산과 같은 작업을 수행하기 위해 일련의 구문들을 체계적으로 묶은 것이다. R은 기본적으로 내장 함수 형식으로 수많은 함수를 제공하고 있으나, 필요에 따라 사용자는 함수를 제작할 수 있다. 사용자함수는 R 프로그램을 통하여 사용자가 직접 제작한 함수를 의미한다.

1. 사용자함수 정의

R에서는 사용자함수를 생성할 수 있다. 이 함수들은 사용자의 필요에 의하여 개발되며, 개발된 후에는 내장 함수처럼 사용할 수 있다.

사용자함수의 기본 문법은 다음과 같다.

```
function_name <- function(arg_1, arg_2, ...) {

함수본문

}
```

상기의 문법에 따라 이전에 장에서 개발된 평균온도가 30도 이상과 30도 이하인 일자를 구하는 R 프로그램을 이용하여 다음과 같이 Get_tmp( )라는 사용자함수를 생성할 수 있다.

```
Get_tmp <- function(x) {
N = length(x)                                    # x의 개수
low_d = 0
high_d = 0
for(i in 1:N) {
    if (x[i] < 30)
        {low_d <- low_d + 1 }
    else
        {high_d <- high_d + 1}
}
c(low_d, high_d)
}
```

2. 사용자함수 실행

사용자함수 실행은 기본적으로 제공되는 내장 함수를 실행하는 것과 같다. 따라서 사용자함수는 사용하기 이전에 반드시 생성된 함수가 먼저 실행되어 있어야 한다.

```
Get_tmp <- function(x) {
N= length(x)                                          # x의 개수
low_d = 0
high_d = 0
for(i in 1:N) {
    if (x[i] < 30)
        {low_d <- low_d + 1}
    else
        {high_d <- high_d + 1}
}
c(low_d, high_d)
}

Tmp = c(28.6, 30, 30.2, 30.3, 31.4, 29.8, 29.2, 28.2, 27.6, 24.8, 27, 27.8, 26.3, 24.6, 21.9)

Get_tmp(Tmp)                                          # Get_tmp 실행
[1] 11 4
```

Chapter 4

R의 그래프 작성

1절 R 그래프 개요

자료를 시각적으로 보여주는 역할을 하는 R의 그래프 기능은 다양한 그래프 작성을 지원하여 사용자가 분석하려는 자료를 보다 명료하게 해석할 수 있도록 도와준다. **그림 4-1** demo(graphics) 함수는 R이 제공하는 다양한 그래픽 기능의 데모를 보여준다.

그림 4-1 그래프 데모화면

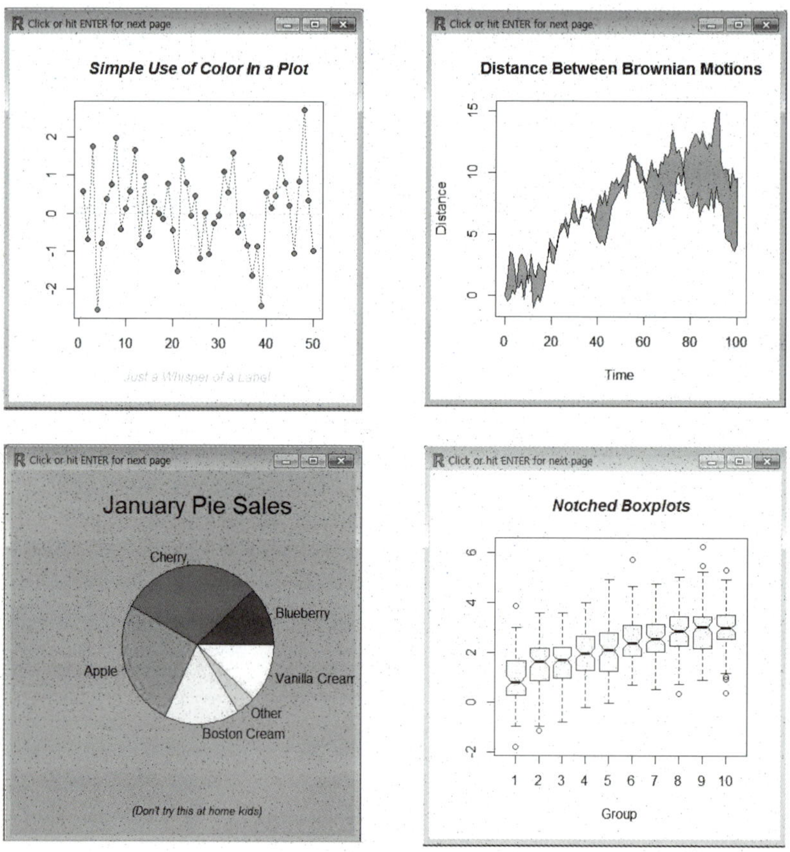

2절 그래프 함수

R에서의 그래프 작성은 R에서 제공하는 기본 패키지의 그래프 함수들을 이용하는 방법과 고급 그래프를 제공하는 ggplot2 패키지의 함수들을 이용하는 방법이 있다. 본서에서는 기본 패키지의 그래프 함수들을 기준으로 설명한다.

1. 기본 그래프 함수

R에서 기본적으로 제공하는 그래프 함수들은 고수준 그래프 함수들과 저수준 그래프 함수들로 구분된다.

1) 고수준 그래프 함수

고수준 그래프 함수(high-level plotting functions)들은 하나의 완성된 그래프를 그리는 함수들로 점 그래프, 선 그래프, 막대 그래프, 히스토그램, 파이차트와 같은 기본적인 그래프 작성을 지원한다. 고수준 그래프 함수를 이용하여 그래프를 그릴 경우 그림창에는 기본적으로는 하나만 출력된다. 주요 고수준 그래프 함수에 대한 내용은 **표 4-1**과 같다.

표 4-1 고수준 그래프 함수

함수	내용
associplot(x)	x의 값에 대해 2차원 분할된 코핸-프렌들리 그래프를 작성
barplot(x)	x의 값에 대한 막대 그래프를 작성
boxplot(x)	x의 값에 대한 박스플롯을 작성
contour(x,y,z)	벡터인 x, y와 행렬인 z에 대하여 2차원 등고선 그래프 작성
coplot(x~y|z)	z에 따라 x와 y의 2차원 그래프를 작성
dotchart(x)	x의 값에 대하여 점으로 막대 그래프 작성

함수	내용
hist(x)	x의 도수에 대하여 히스토그램 작성
image(x,y,z)	3차원 자료, 공간자료를 색상을 입혀 이미지로 작성
matplot(x,y)	행렬 자료 x의 열별로 y의 지정된 형식에 따라 2차원 그래프 작성
mosaicplot(x)	범주별 비율로 분할된 사각형으로 구성된 그래프 작성
pairs(x)	x의 행에 대한 산점도 행렬을 작성
persp(x,y,z)	3차원 그래프를 2차원 xy평면에 투시도 그래프 작성
pie(x)	x에 대한 파이차트 작성
plot(x,y)	x와 y의 선 또는 점의 2차원 그래프를 표시
qqnorm(x)	누적정규확률 그래프 작성(Q-Q차트 작성)
qqplot(x,y)	x에 대한 y의 분위수를 그래프로 작성
stripchart(x)	x에 대한 일차원 산점도 작성
sunflowerplot(x,y)	x와 y의 2차원 그래프 작성, 중첩될 경우 꽃잎 형태로 표시
symbols(x,y,symbol)	(x, y)좌표에 정의된 기호(원, 정사각형, 별, 온도계, 박스플롯 등)에 따라 다양한 그래프를 작성

2) 저수준 그래프 함수

저수준 그래프 함수(low-level plotting functions)로는 화면의 환경을 정의하는 par( )함수를 포함하여, 점, 선, 면 좌표축, 문자 등을 만드는 함수 등과 같은 보조적인 그래프 함수들이다. 이들 저수준 그래프 함수들은 par( )함수를 제외하고, 고수준 그래픽 함수를 이용하여 만들어진 그래프 위에서 그 그래프를 장식(decoration)하는 작업을 수행한다. 주요 저수준 그래프 함수에 대한 내용을 보면 표 4-2와 같다.

표 4-2 저수준 그래프 함수

함수	내용
abline(a,b)	절편 a, 기울기 b인 직선 작성
arrows(x,y,x1,y1)	좌표를 연결하는 부분에 화살표 추가
axis(side,vect)	상하좌우(side) 부분에 좌표축 작성
box( )	그래프를 감싸는 박스 작성
curve(f(x))	x의 함수 f(x)를 작성
legend(x,y,legend)	좌표(x, y)에 범례를 표시
lines(x,y)	(x, y)좌표를 연결하는 선 작성
mtext(text)	그래프의 여분에 text를 작성
point(x,y)	(x, y)좌표에 점을 추가
polygon(x,y)	x와 y로부터 할당된 좌표들을 연결하는 다각형을 작성
rect(x,y,x1,y1)	좌표를 연결하는 사각형을 작성
rug(x)	x의 값을 x축에 표시
segments(x,y,x1,y1)	좌표 사이를 연결하는 선을 작성
text(x,y,labels)	(x, y)좌표에 라벨을 작성
title( )	그래프의 제목을 작성

2. plot( ) 함수

plot( ) 함수는 R에서 그래픽 관련해서 가장 많이 사용되는 고수준 그래프 함수로 분포도나 꺾은선 그래프 등을 그릴 수 있다. 일반적으로 사용되는 명령어 형식은 아래와 같다.

```
plot(x, y, main = , sub = , xlab = , ylab = , type = ,axes = “”, col = “”, pch = “”)
```

plot( ) 함수에서 사용되는 인수 종류는 표 4-3과 같다.

표 4-3 plot( ) 함수 인수 종류

인수	내용
x	x축의 자료
y	y축의 자료
main	plot의 전체 제목
sub	plot의 부 제목
xlab	x축의 제목
ylab	y축의 제목
type	plot형태 결정
axes	plot의 테두리 관련
col	plot의 색, "red","green","blue" 및 색상을 나타내는 숫자
lty	선의 종류 1: 실선(solid line) 2: 파선(dashed) 3: 점선(dotted) 4: 점-파선(dot-dash)
pch	표시되는 점의 모양

plot을 이용한 x축 자료와 y축 자료들로 구성된 기본 그래프를 작성하기 위한 명령어는 다음과 같다.

```
x <- c(3,9,8,5,7,10,11,2,5,7,12,15, 17, 2, 9 )
y <- c(1,2,3,4,5,6,7,8,9,10,11,12, 13, 14, 15)
plot(x, y, main = "plot의 전체 제목", sub = "plot의 부 제목", xlab = "x축의 제목", ylab = "y축의 제목")
```

그림 4-2 plot을 이용한 기본 그래프

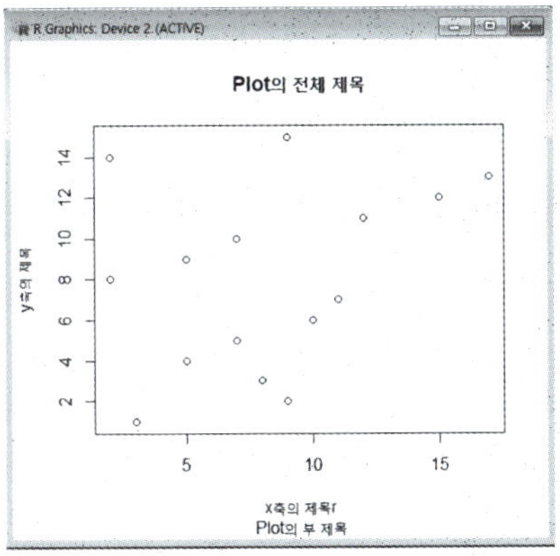

plot( ) 함수는 산포도 작성을 위한 기본적인 형식의 점 대신에 표 4-4에서와 같은 다양한 형태의 도형을 제공하고 있다.

표 4-4 type의 종류

종류	내용
p	점
l	선
b	점과 선
o	점을 선이 통과
h	수직선으로 된 Histogram
s	계단형 그래프
S	다른 계단형 그래프
n	그래프 없음

plot( ) 함수의 type = "l", type = "ol" 옵션을 사용하여 그림 4-3과 같이 선 그래프를 작성할 수 있다.

```
plot(x, y, main = "Plot의 전체 제목", sub = "Plot의 부 제목", xlab = "x축의 제목", ylab = "y축의 제목", type = "l")
plot(x, y, main = "Plot의 전체 제목", sub = "Plot의 부 제목", xlab = "x축의 제목", ylab = "y축의 제목", type = "o")
```

그림 4-3 plot을 이용한 선 그래프

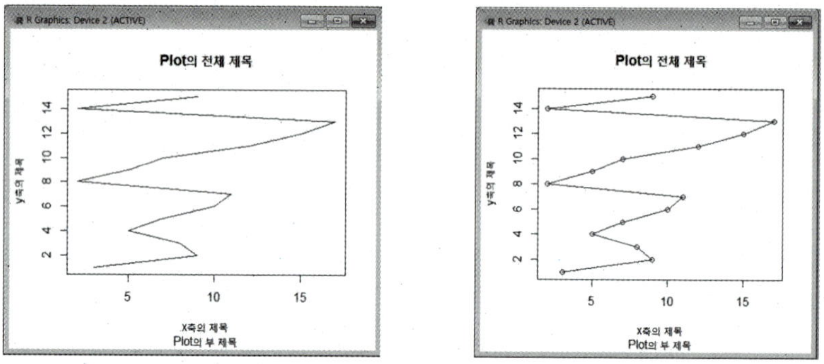

"col = "는 plot( ) 함수에서 그래픽 요소들의 색상을 지정하는 인수로 col의 종류는 표 4-5와 같다.

표 4-5 col의 종류

색상	번호	값
흰색	0	white
검정색	1	black
빨강색	2	red
초록색	3	green
파랑색	4	blue
청록색	5	turquoise
자홍색	6	magenta

색상	번호	값
노란색	7	yellow
회색	8	gray

상기의 type 옵션에서 점 모양을 표시하는 경우 pch의 번호와 종류는 그림 4-4와 같은 다양한 도형으로 표시할 수 있다.

그림 4-4 pch의 종류

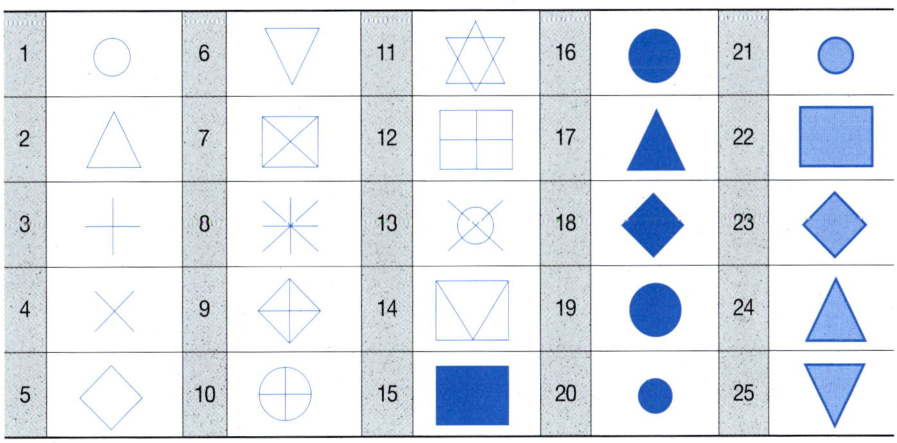

3. par( ) 함수

par( ) 함수는 그래프를 작성할 때 유용한 함수로 한 화면에 중복 그래프를 그리거나, 한 화면을 여러 영역으로 분할하여 다수의 그래프를 한 화면에 그릴 수 있는 환경을 제공한다.

1) 한 화면에 중복 그래프 그리기

고수준 그래프 함수를 이용한 그래프를 그릴 경우 기본적으로 하나만 그릴 수 있다. 그러나 par(new = T)를 사용하여 그래프를 그리면 이전에 실행한 그래프에 겹쳐서 그리는 것이 가능하다. 다음은 고수준 그래프 함수인 barplot( )를 이용하여 막대 그래프를 작성한 화면에 선 그래프를 부가적으로 그리는 R 명령어들이다.

```
data = c( 1, 2, 3, 4, 5, 6, 7)
barplot(data)                          # 막대 그래프 작성
par(new = T)                           # 겹쳐 출력 지정
plot(data,type = "o")                  # 선그래프 작성
```

그림 4-5 중복 그래프 그리기

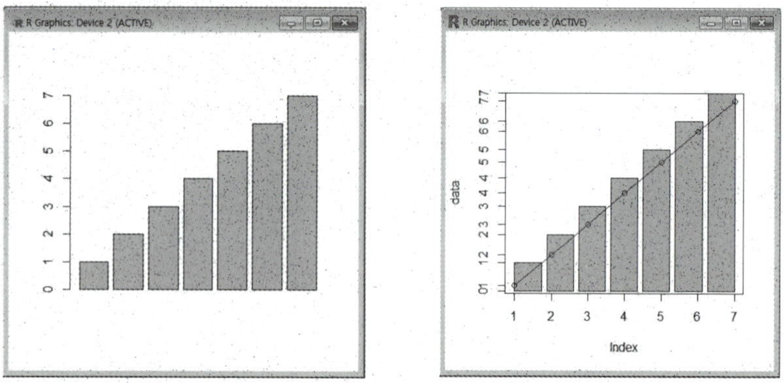

2) 화면 분할 그래프 그리기

par( )함수에 인수인 mfrow = c(nrows,ncols)나 mfcol = c(nrows,ncols) 옵션을 사용하면 한 화면을 열과 행(nrows*ncols)개의 여러 영역으로 분할하여 그림을 그릴 수 있다. 이때 순서는 mfrow은 열, mfcol은 행을 기준으로 채워진다.

다음은 열과 행이 3으로 분할된 화면에 plot( ) 함수를 이용한 다양한 형식의 그래

프들을 그리는 R 명령어들이다.

```
par(mfrow = c(3,3))                                                    # 3*3으로 화면 분할
plot(x, y, main = "Plot p-type",  xlab = "x-label", ylab = "y-label", type = "p")
plot(x, y, main = "Plot l-type",  xlab = "x-label", ylab = "y-label", type = "l")
plot(x, y, main = "Plot b-type",  xlab = "x-label", ylab = "y-label", type = "b")
plot(x, y, main = "Plot c-type",  xlab = "x-label", ylab = "y-label", type = "c")
plot(x, y, main = "Plot o-type",  xlab = "x-label", ylab = "y-label", type = "o")
plot(x, y, main = "Plot h-type",  xlab = "x-label", ylab = "y-label", type = "h")
plot(x, y, main = "Plot s-type",  xlab = "x-label", ylab = "y-label", type = "s")
plot(x, y, main = "Plot S-type",  xlab = "x-label", ylab = "y-label", type = "S")
plot(x, y, main = "Plot n-type",  xlab = "x-label", ylab = "y-label", type = "n")
```

그림 4-6 **Plot의 다양한 형식의 그래프**

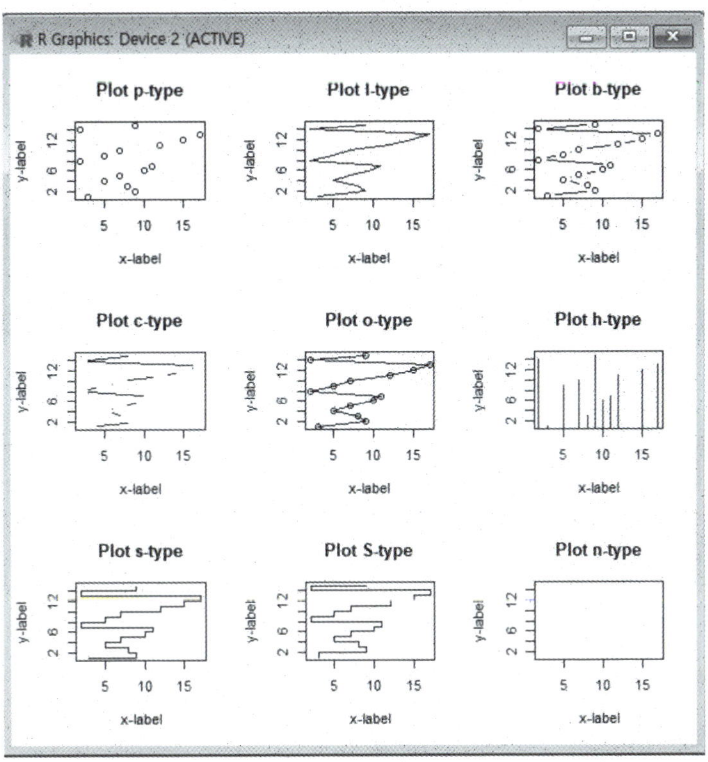

3절 기본 그래프 작성

R에서는 시각적인 분석을 위하여 다양한 고수준 그래프 함수들을 제공하여 막대 그래프, 선 그래프, 파이차트, 히스토그램, 산포도 같은 기본적인 그래프들을 쉽고 편리하게 그리는 기능을 제공하고 있다.

1. 막대 그래프

막대 그래프는 시각적으로 범주형 자료들을 쉽게 비교 분석하기 위한 그래프 형식으로 동일한 너비의 여러 막대를 사용하여 자료를 표시하여 특정 범주를 나타낸다. 막대 그래프 작성을 위하여 R에서는 barplot( ) 함수를 제공한다.

1) 단순 막대 그래프

단순 막대 그래프는 일차원의 자료들을 막대 그래프로 표현하는 것으로 벡터 형식의 자료를 인수로 사용한다. 단순 막대 그래프는 수직 막대 그래프와 수평 막대 그래프가 있다. 수직 막대 그래프는 옵션으로 "horiz = TRUE"을 사용한다.

```
data = c( 1, 2, 3, 4, 5, 6, 7)
barplot(data)                          # 수직 막대 그래프
barplot(data, horiz = TRUE)            # 수평 막대 그래프
```

그림 4-7 수직 막대 그래프

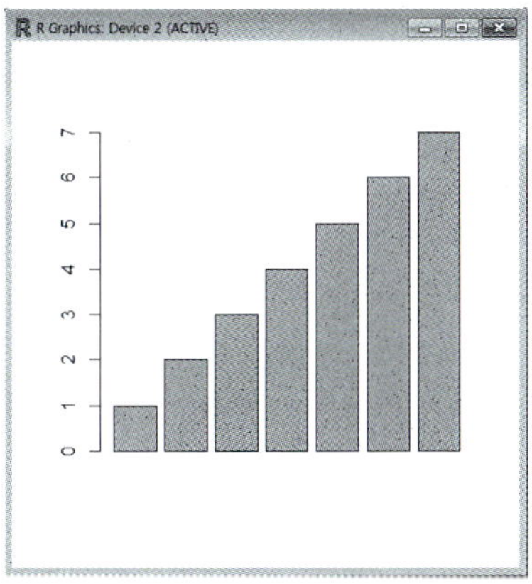

그림 4-8 수평 막대 그래프

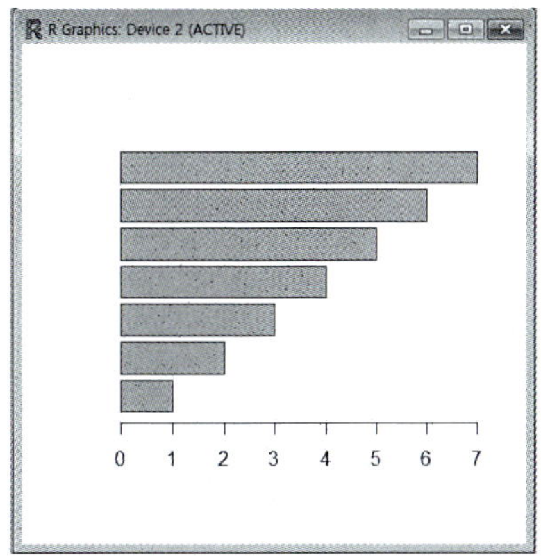

2) 다중 막대 그래프

다중 막대 그래프는 다차원 형식의 자료들을 막대 그래프로 표현하는 것으로 매트릭스 형식의 자료를 인수로 사용한다. 다중 막대 그래프는 중첩 막대 그래프(Stacked Bar Plot)와 그룹화 막대 그래프(Grouped Bar Plot)가 있다. 그룹화 막대 그래프는 옵션으로 "beside = T"을 사용한다. barplot( )에서는 다음의 명령어와 같이 "legend = " 인수를 사용하여 범례를 표시할 수 있다.

```
data = matrix(c( 3, 2, 1, 4, 1, 2, 7, 5),4,2)
barplot(data)
barplot(data, beside = T, main = "학생수", legend = c("1학년", "2학년", "2학년", "3학년"))
```

그림 4-9 중첩 막대 그래프

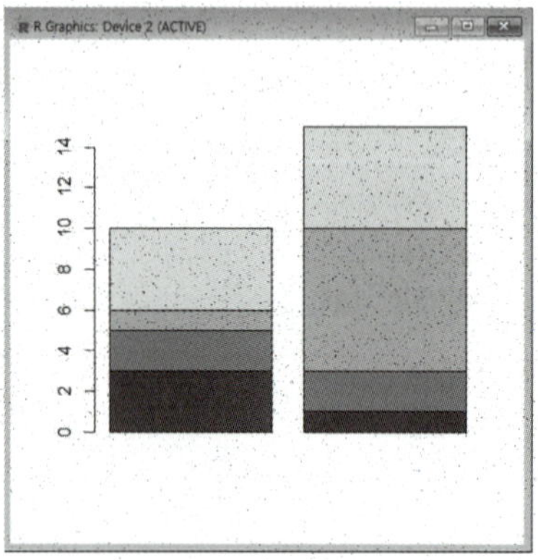

그림 4-10 그룹화 막대 그래프

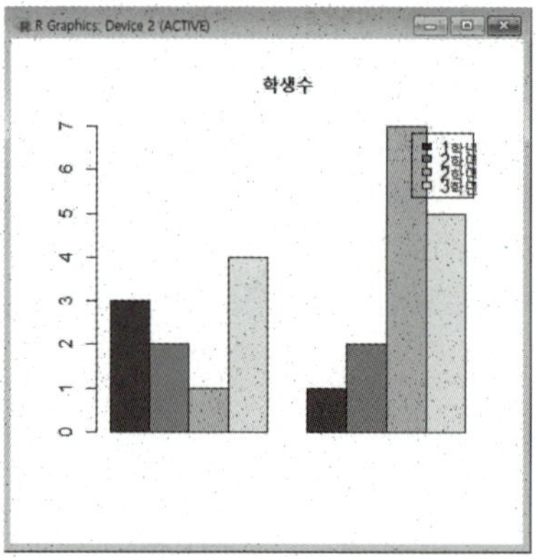

2. 선 그래프

선 그래프는 시간별 추세를 파악하거나 미래값을 예측하려는 경우에 유용한 그래프 형식으로 R에서는 선 그래프 작성을 위하여 plot( ) 함수를 이용한다. 이때 type은 "l", "o"을 사용한다. 다중 선 그래프를 작성할 경우 다음과 같이 저수준 그래프 함수인 lines( ) 함수를 이용한다.

```
x = c( 125, 180, 196, 172, 201, 230, 221)
plot(x, type = "l")                                          # 선 그래프
y = c( 135, 152, 186, 192, 198, 220, 201)
plot(x, type = "o",col = "red", xlab = "년도", ylab = "억원", main = "매출현황")
lines(y, type = "o", col = "blue")                           # 선 추가, 다중 선 그래프
```

그림 4-11 선 그래프

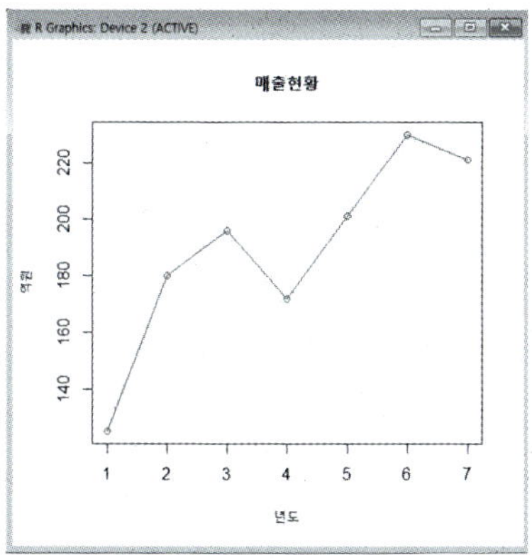

그림 4-12 다중 선 그래프

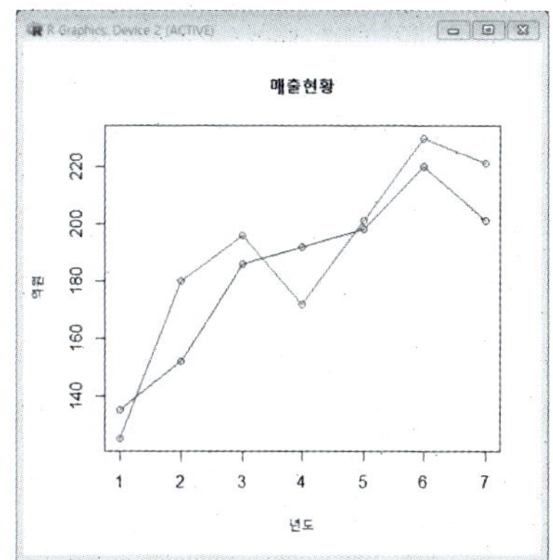

3. 히스토그램

히스토그램은 도수 분포표의 하나로 가로축에 계급을 세로축에 도수를 취하고 도수 분포의 상태를 직사각형의 기둥 모양으로 나타낸 그래프로 데이터의 분포의 특징이 한눈에 보이도록 나타내는 특징이 있다. R에서는 히스토그램 작성을 위하여 hist( ) 함수를 제공한다. 다음의 명령어는 rnorm( ) 함수를 이용하여 평균이 5이고 표준편차가 1인 정규분포에서 200의 샘플을 무작위로 생성하여 이를 히스토그램으로 그리는 것이다. hist( ) 함수에서 "freq = F"을 사용할 경우 세로축 제목이 빈도가 아닌 밀도로 표시된다.

```
x <- rnorm(200, mean = 5, sd = 1)      # 평균이 5, 표준편차가 1, 200의 샘플을 생성
hist(x)                                # 히스토그램 작성
hist(x, freq = F)                      # freq = F : 빈도가 아닌 밀도로 표시
```

그림 4-13 히스토그램

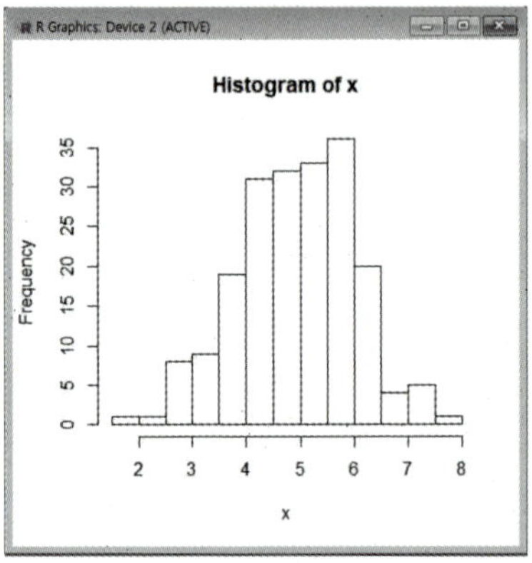

그림 4-14 히스토그램 밀도 표시

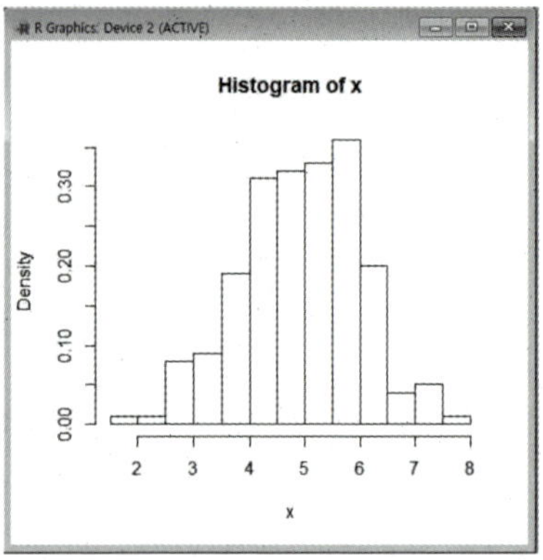

4. 파이차트

파이차트는 부분(섹터)으로 구분된 원 형태의 그래프로 전체를 기준으로 한 부분의 상대적 크기를 표시하는 데 사용된다. R에서는 파이차트 작성을 위하여 pie( ) 함수를 제공한다. pie( )에서는 다음의 명령어와 같이 "labels = " 인수를 사용하여 라벨을 표시할 수 있다. 라벨은 다음과 같은 명령어들을 사용하여 라벨과 백분율로 표시할 수 있다.

```
data = c(10, 8, 7, 5, 6)
pie(data)                                        # 파이차트 작성
lbls <- c("서울", "부산", "경북", "전남", "충청")    # 라벨을 벡터로 생성
pct = round(data/sum(data)*100)
lbls <- paste(lbls, pct)                         # 라벨에 백분율 추가
lbls <- paste(lbls, "%",sep = "")                # 라벨에 % 추가
pie(data,labels = lbls)                          # 라벨 포함 파이차트
```

상기의 past( ) 함수는 문자열을 이어 붙이는 함수로 "sep = " 옵션은 이어 붙일 때 중간에 삽입되는 내용은 설정하는 것이다. 즉 sep = " "은 중간에 공백을 삽입하는 설정이다.

그림 4-15 파이차트

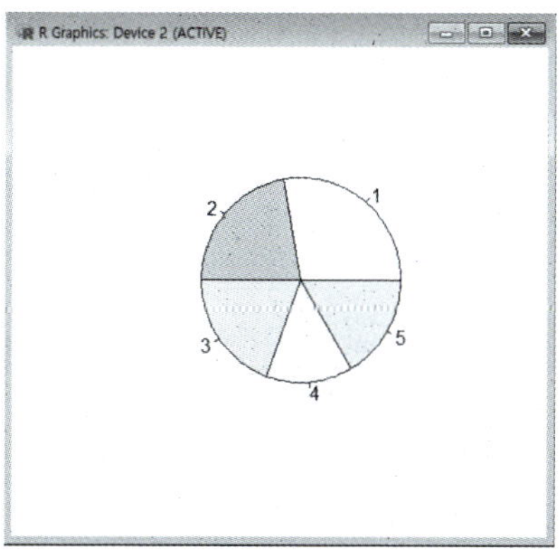

그림 4-15 라벨 포함 파이차트

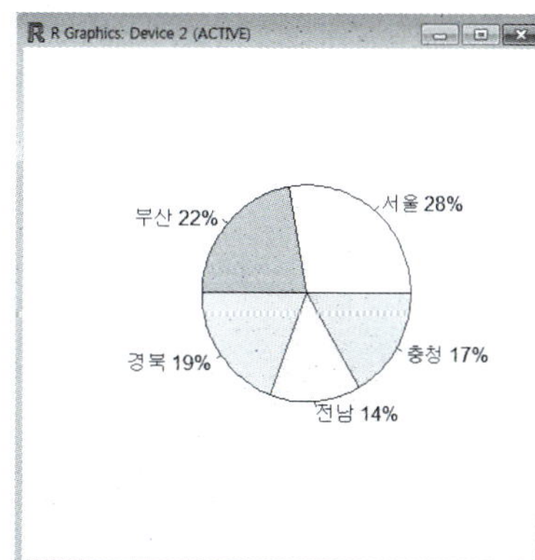

5. 박스플롯

박스플롯은 그림을 이용해 자료 집합의 범위와 중앙값을 빠르게 확인할 수 있는 목적으로 사용한다. 또한 통계적으로 이상치(outlier)가 있는지 확인할 때에도 이용된다. R에서는 박스플롯 작성을 위하여 boxplot( ) 함수를 제공한다. boxplot( )에서는 다음의 R 명령어에서와 같이 여러 개의 벡터값들을 동시에 등록하여 한 번에 여러 개의 박스플롯을 그릴 수 있다.

```
x=c(41,73, 31, 51, 41, 50, 55, 59, 52)
y=c(56, 56, 57, 45, 45, 38, 45, 43, 50, 73, 52)
z=c(78, 44, 56, 72, 48, 81, 45, 86, 55)
boxplot(x, y, z)                              # 박스플롯 작성
```

그림 4-17 박스플롯

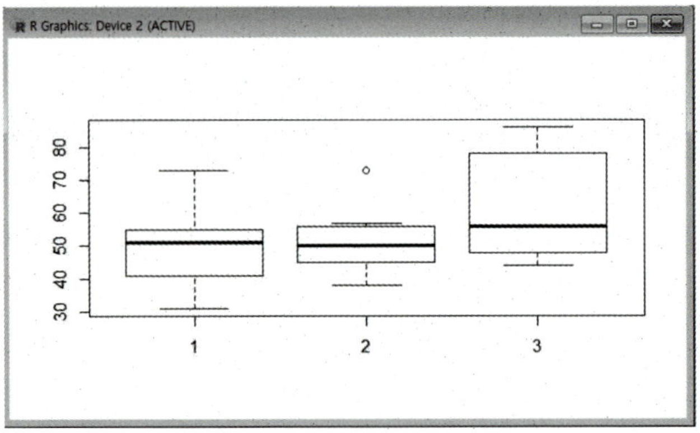

6. 산포도

산포도는 두 변수 간의 영향력을 보여주기 위해 가로축과 세로축에 자료를 점으로 그리는 데 사용된다. 산포도 작성을 위하여 R에서는 plot( ) 함수가 사용된다. 다음과 같이 가로축과 세로축에 자료들에 대한 산포도를 작성한 후 lm( ) 함수를 이용하여 회귀계수를 산출한 후 이를 저순위 그래프 함수인 abline( ) 함수를 사용하여 분포도에 회귀계수의 선을 추가하여 회귀식의 적합도를 시각적으로 파악할 수 있다.

```
x = c(2.620, 2.875, 2.320, 3.215, 3.440, 3.460, 3.570, 3.190, 3.150, 3.440, 3.440, 4.070,
3.730, 3.780)
y = c(21.0, 21.0, 22.8, 21.4, 18.7, 18.1, 14.3, 24.4, 22.8, 19.2, 17.8, 16.4, 17.3, 15.2)
plot(x, y)                                  # 산포도 작성
k=lm(y~x)                                   # 회귀식 산출
abline(k)                                   # 경사가 회귀계수인 선 추가
```

그림 4-18 산포도

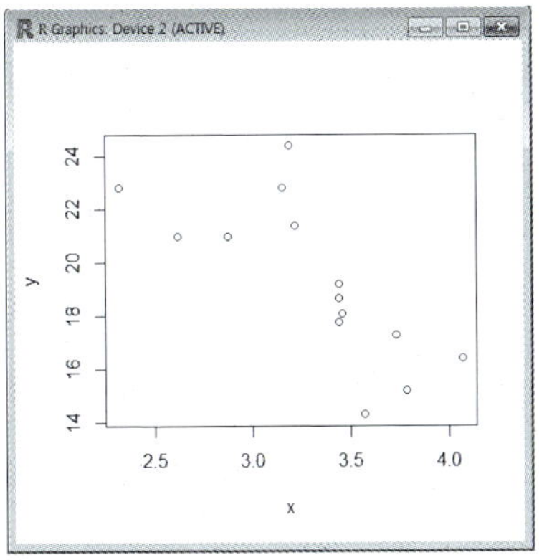

그림 4-19 회귀선 포함 산포도

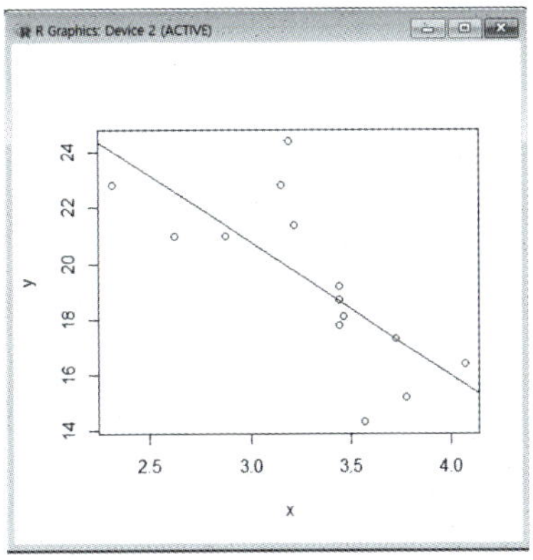

통계분석

STATISTICAL ANALYSIS

제2부 통계분석 기초 및 기술통계

Chapter 5

통계분석 기초 이론

1절 통계분석 기초

1. 통계학의 정의

통계학(statistics) 또는 통계는 적절한 조사와 실험을 통하여 수집된 자료를 정리, 요약, 분석 및 확률을 기반으로 추론하여 결론을 이끌기 위한 학문으로, 실무적으로도 마케팅, 금융, 보건의료, 날씨 예측, 선거 등 폭넓고 다양한 분야에서 응용되어 사용되고 있다.

2. 통계학의 분류

통계학은 자료의 주요 특성을 분석하는 기술통계와 표본을 근간으로 모집단의 특성을 추정하는 추리통계로 나눌 수 있다.

1) 기술통계

기술통계(descriptive statistics)는 수집한 자료의 정리, 표현, 요약 및 해석을 통해 자료의 특성을 규명하는 통계적 방법으로 이를 통해 현재의 현상을 기술하는 것을 목적으로 한다.

2) 추리통계

추리통계(inferential statistics)는 수집한 데이터에서 표본(sample)을 추출하여 특성을 파악한 후 모집단의 특성으로 일반화할 수 있는지 여부를 판단하여 모집단의 특성인 모수를 추정하는 통계분석을 의미한다. 따라서 추리통계는 표본을 기초로 전체나 미래를 예측하는 것에 초점을 맞추고 있다.

- 모집단(population): 정보를 얻고자 하는 대상이 되는 집단 전체

  예 한국의 전체 대학생, 21대 국회의원 선거 유권자

- 표본(sample): 모집단에서 추출된 모집단의 일부

  예 한국의 대학생 100명, 21대 국회의원 선거 유권자 100명

3. 모수통계기법과 비모수통계기법

추리통계는 모수에 대한 가정(assumption) 여부에 따라 모수통계기법과 비모수통계기법으로 구분된다.

1) 모수통계기법

모수통계기법(parametric statistics)은 모수에 대한 가정을 전제로 통계학적 검정을 하는 분석기법으로 모집단의 확률분포가 정규분포를 따르며 대체로 연속형의 수량적 자료를 분석할 때 사용되는 통계분석기법이다.

2) 비모수통계기법

비모수통계기법(non-parametric statistics)은 모수에 대한 가정을 전제로 하지 않고 수집된 자료를 가지고 직접적인 확률 계산을 통하여 통계학적 검정을 하는 분석기법이다. 정성적 자료나 수량적 자료 중에서 빈도수와 같은 비연속적 자료를 분석할 때 주로 이용된다.

- 모수(parameter): 모집단의 특성을 나타내는 정도

  예 모평균, 모표준편차, 모분산

2절 자료

통계의 대상이 되는 자료(data)는 **그림 5-1**과 같이 자료의 속성에 따라 정성적 자료와 정량적 자료로 구분된다. 정성적 자료(qualitative data)는 이산형, 범주형, 순위형과 같은 자료에 해당하는 명목척도나 서열척도 형태의 자료로 구분되며, 정량적 자료(quantitative data)는 연속형의 자료로 등간척도나 비율척도 형태의 자료로 분류된다.

그림 5-1 자료의 구분

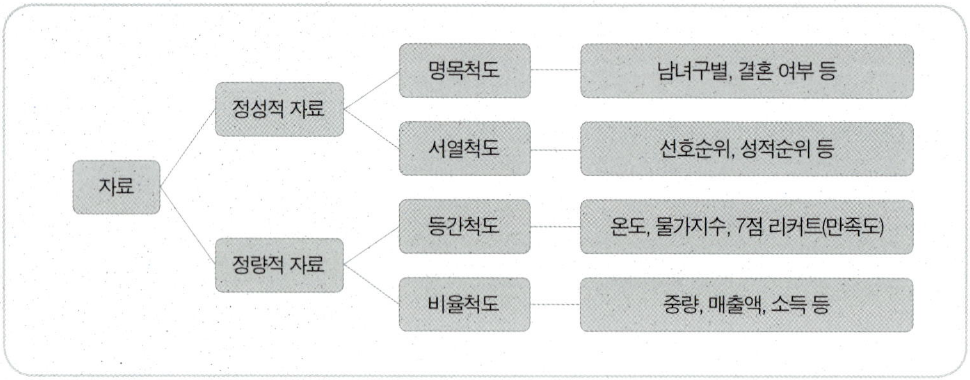

1. 자료의 종류

1) 명목척도

명목척도(nominal scale)는 남녀구별, 결혼 여부, 좋아하는 색상, 출신지역 등과 같이 단지 자료들이 서로 다르다는 것을 표시하는 이산형 자료(discrete data)나 범주형 자료(categorical data)에 해당하는 척도이다. 통계분석을 위하여 남자는 0, 여자는 1과 같이 코드 형태의 숫자로 표시할 수는 있으나, 이는 단지 하나의 코드로 숫자를 부여한 것으로 이를 이용해 측정대상 간의 크기를 나타내거나 더하기 빼기를 할 수 없다. 명목척도를 이용하는 통계분석 방법은 빈도나 비율분석, 최빈값, 교차분석 등으로 제한되어 있으나 실제조사에서 많이 사용된다. 특히 **표 5-1**과 같이 사회과학 연구에서 설문 응답자의 인구 통계학적 특성을 파악하기 위한 자료를 수립할 때 주로 사용된다.

표 5-1 명목척도 자료 예시

1. 귀하의 성별은 무엇입니까?
 ○남자 ○여자

2. 귀하의 학력은 무엇입니까?
 ○고졸 미만 ○고졸 ○대학재학 ○대학졸업 ○대학원 이상

3. 귀하의 직업은 무엇입니까?
 ○없음 ○학생 ○회사원 ○주부 ○전문직 ○기타

2) 서열척도

서열척도(ordinal scale)는 측정대상 간에 높고 낮음의 관계를 순서에 따라 값을 부여한 것으로, 측정대상 간의 해당 속성의 양적인 비교를 할 수 있는 정보를 포함하지 않는다. 예를 들면 국내 프로야구단에 대한 선호하는 순서대로 1, 2, 3 등으로 숫자를 부여하거나, 반 학생들의 중간고사 성적에 따라 나열하여 순위 번호를 매기면 서열척도가 된다. 서열척도로 얻어진 자료는 일반적으로 비모수통계분석기법인 서열 간의 차이분석이나 순위상관관계분석, 중앙값 산출 등의 분석을 수행할 수 있으나 산술평균, 표준편차와 같은 산술계산을 포함하는 통계분석은 수행할 수 없다.

3) 등간척도

등간척도(interval scale)는 각 수준 간의 간격이 동일하지만 절대원점을 갖고 있지 않은 척도이다. 즉 자료 간의 양적 차이는 알 수 있지만 양의 절대적 크기는 알 수가 없다. 예를 들어 절대원점이 없는 온도나 물가지수, 주가지수와 같은 지수들을 측정하는 데 이용되며, 리커트척도를 사용하여 태도나 만족도 같은 사람의 인지 정도를 측정하는 경우에 주로 사용된다. 등간척도는 사회과학연구 통계분석에서 일반적으로 사용되는 자료 형식으로 등간척도로 얻어진 자료는 평균, 표준편차는 물론 t검정,

분산분석, 회귀분석과 같은 일반적인 모수통계기법을 수행하는 데 사용된다.

리커트척도(Likert scale)는 표 5-2와 같이 설문조사에서 주로 개인의 생각이나 지각과 같은 태도나 감정 등을 측정하는 데 사용되는 척도로 응답자에게 문장을 제시하고 제시된 문장에 대해 얼마나 동의하는지를 선택하도록 하는 방식으로 일반적으로 5점 또는 7점의 리커트척도가 사용된다.

표 5-2 등간척도 자료 예시

1. 이 e-러닝 강좌는 나의 호기심을 자극한다.(5점 리커트척도 예시)
   ① 전혀 그렇지 않다.
   ② 그렇지 않다.
   ③ 보통이다.
   ④ 그렇다.
   ⑤ 매우 그렇다.

2. 이 레스토랑의 음식품질은 좋다.(7점 리커트척도 예시)

동의안함			보통			매우동의
○	○	○	○	○	○	○

4) 비율척도

비율척도(ratio scale)는 각 수준 간의 간격이 동일하면서도 동시에 절대원점을 갖는 척도이다. 나이, 중량, 매출액, 소득, 시장점유율과 같이 수치들을 더하고 뺄 수 있을 뿐 아니라 곱하기도 가능하다. 비율척도로 얻어진 자료는 등간척도의 자료와 같이 일반적인 모수통계기법을 수행하는 데 이용된다.

2. 자료 종류에 따른 통계분석기법

자료 종류에 따른 통계분석기법은 크게 모수통계와 비모수통계로 나누어 볼 수 있다. 일반적으로 모수통계는 등간척도나 비율척도로 측정된 경우에 적용할 수 있는 기법이고, 비모수통계기법은 변수가 명목척도나 서열척도로 측정된 경우에 적용할 수 있는 기법이다. 자료 종류에 따른 세분적인 통계분석기법은 표 5-3과 같다.

표 5-3 자료 종류에 따른 통계분석기법

척도	비교방법	평균의 측정	적용가능 분석방법	자료의 예시
명목척도	확인, 분류	최빈치	빈도분석, 비모수통계, 교차분석	남녀구별, 결혼 여부, 좋아하는 색상, 출신지역
서열척도	순위비교	중앙값	순위상관관계, 비모수통계	선호도 순위, 성적순위
등간척도	간격비교	산술평균	모수통계	온도나 물가지수, 주가지수 태도, 인지도
비율척도	절대적 크기 비교	기하평균, 조화평균	모수통계	나이, 중량, 매출액, 소득, 시장점유율

3절 기술통계

자료의 특성을 쉽게 파악할 수 있도록 묘사하는 것을 목적으로 하는 기술통계(descriptive statistics)는 수집한 자료의 주요 특성을 분석하는 통계기법으로 주로 자료의 중심경향성을 파악하기 위한 평균값, 중앙값, 최빈수값 등과 자료의 변동성을 측정하기 위한 최댓값, 최솟값, 범위, 분산, 표준편차, 변동계수, 왜도와 편도 등의 자료의 주요 특성을 파악하는 통계분석이다.

1. 중심경향 척도

중심경향(central tendency)이란 모집단 혹은 표본으로부터 얻어진 자료가 어떤 특정한

값을 중심으로 분포를 형성하는지의 경향을 의미한다. 주로 중심경향을 측정하기 위한 척도는 분포에 들어 있는 여러 수치를 하나의 값으로 요약하여 기술해 주는 지수들이 활용된다. 이런 중심경향 척도들은 평균값, 중앙값, 최빈수값 등이 있다.

1) 평균값

평균(mean)은 표본값들의 총합을 표본의 개수로 나눈 값으로 관측된 자료를 대표한다. 일반적으로 평균은 분포가 좌우대칭인 정상분포 형태의 자료에서 가장 신뢰할 만한 중심경향을 파악하는 데 사용되며, 일반적으로 등간척도와 비율척도의 자료들에서 사용된다. 평균은 모집단의 평균과 표본평균이 있으며, 이를 수식으로 표시하면 다음과 같다.

$$\text{모집단 평균}: \mu = \frac{\sum_{i=1}^{N} x_i}{N}, \quad \text{표본평균} = \overline{X} = \frac{\sum_{i=1}^{n} x_i}{N}$$

N : 모집단 개수
n : 표본 개수
μ : 모집단의 평균
$\overline{X}$: 표본평균
x_i : 자료의 i번째 관측값

2) 중앙값

중앙값(median)은 모든 표본을 대소의 순서로 배열했을 때 중간의 값을 의미한다. 중앙값은 자료가 한쪽으로 치우친 즉, 편포되었거나 극단적인 점수를 배제하고 싶을 때 사용하며, 서열척도, 동간척도 및 비율척도 등으로 수집된 자료에서 사용될 수 있다.

3) 최빈값

최빈값(mode)은 표본에서 가장 빈번하게 나타나는 값을 의미하며, 중심경향을 빨리 알고 싶거나 대략 짐작하고 싶을 때 사용된다. 최빈값은 일반적으로 명목척도나 서열척도로 측정된 자료들에 대한 대표치로 사용된다.

2. 변동성 척도

변동성(variability)이란 한 분포가 그 대푯값 주변에 분산해 있는 정도 또는 밀집해 있는 정도를 의미하며, 변동성 척도들은 자료가 얼마나 일관성 있게 측정되었는지를 나타내기 위한 척도로 활용된다. 변동성 척도는 범위, 사분위편차, 분산, 표준편차, 변동계수, 왜도와 첨도 등이 있다.

1) 범위

범위(range)는 한 자료의 분포에 있어서 최대치에서 최소치까지의 거리를 의미한다. 대략적인 변동경향을 즉각적으로 파악하는 데 유용하나, 극단값의 영향이 크므로 변동성 척도로서 안정성이 결여되어 있다.

2) 사분위편차

사분위편차(Quartile Deviation, QD)는 자료의 최대치와 최소치의 양극 변량의 차이로 자료의 중앙부에서 반으로 나눈 즉, 상하위로 25% 위치에 해당하는 점수의 범위를 의미한다. 사분위편차는 자료들이 얼마나 중간 부분에 있는가를 나타내어 주는 퍼짐 정도에 대한 정보를 제공한다.

- 제1사분위수(Q_1) : 25%에 위치한 값
- 제2사분위수(Q_2) : 50%에 위치한 값
- 제3사분위수(Q_3) : 75%에 위치한 값

사분위편차는 작은 값들 25%, 큰 값들 25%를 제외한 가운데 쪽 50% 자료들의 범위(Q_3-Q_1)를 2로 나눈 값으로 다음과 같이 정의된다.

$$QD = \frac{Q_3 - Q_1}{2}$$

3) 분산

분산(variance)은 자료의 흩어진 정도로 평균과 각 측정값들의 차이를 구한 후 그 차이를 제곱하여 자료의 크기로 나눈 값이다. 분산은 분포상에 있는 모든 측정값들의 영향을 받는다. 분산은 모집단의 분산과 표본분산이 있으며, 이를 수식으로 표시하면 다음과 같다.

모집단 분산 : $\sigma^2 = \frac{1}{N}\sum_{i=1}^{N}(x_i - \mu)^2$, 표본분산 : $S^2 = \frac{1}{n-1}\sum_{i=1}^{n}(x_i - \overline{X})^2$

σ^2 : 모집단의 분산
S^2 : 표본분산

4) 표준편차

표준편차(standard deviation)는 분산에 제곱근을 한 값으로 표준편차가 작을수록 평균값에서 변량들의 거리가 가깝다. 여러 가지의 변동성 척도 중에서 가장 널리 사용되고, 가장 믿을 만한 척도이다. 표준편차는 모집단의 분산과 표본표준편차가 있으며, 이를 수식으로 표시하면 다음과 같다.

모집단 분산 : $\sigma^2 = \sqrt{\sigma^2}$, 표본분산 : $S^2 = \sqrt{S^2}$

σ : 모집단의 표준편차
S : 표본표준편차

5) 변동계수

변동계수(Coefficient of Variation, CV)는 분산의 정도를 상대적으로 측정하는 지표로 표준편차를 평균값으로 나눈 값이다. 표준편차가 분산의 정도를 나타내주는 유용한 지수이나 분산의 정도를 절대적으로 측정하는 척도이기 때문에 두 집단의 분산도를 비교하는 데는 부적합하다. 이에 반해 변동계수는 표준편차를 평균에 대한 백분율로 나타낸 것으로, 측정단위가 서로 다른 자료를 비교하는 데 유용하게 사용될 수 있다.

$$CV = \frac{\sigma}{\overline{X}}$$

σ : 표준편차
$\overline{X}$: 표본평균

6) 왜도

왜도(skewness)는 자료분포의 대칭 정도를 말하며 왜도값은 다음과 같은 수식으로 산출된다.

$$\text{왜도} = \frac{\sum(x_i - \overline{x})^3 / n}{[\sum(x_i - \overline{x})^2 / (n-1)]^{3/2}}$$

x_i : 자료의 i 번째 관측값
$\overline{x}$: 표본평균
n : 표본 개수

자료들이 중심으로부터 좌우대칭일 경우에는 왜도의 값이 0이고, 0보다 크면 오른쪽으로 치우친 분포(양의 왜도)이고 0보다 작으면 왼쪽으로 치우친 분포(음의 왜도)가 된다. 일반적으로 왜도의 절댓값이 1보다 큰 경우에는 정규분포에서 벗어난 것으로 평가된다. 따라서 왜도의 기준은 절댓값 1로 사용된다.

그림 5-2 양의 왜도

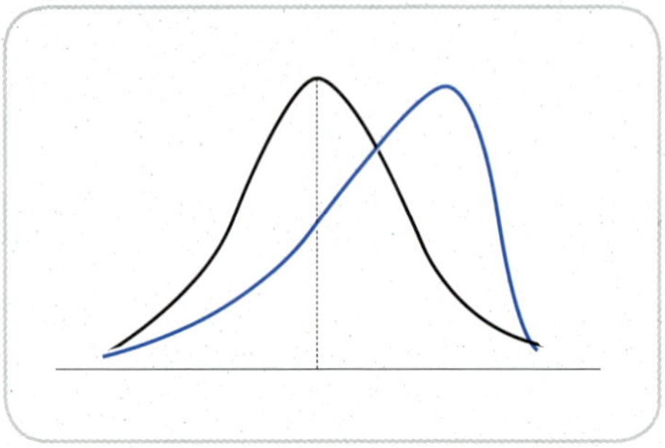

그림 5-3 음의 왜도

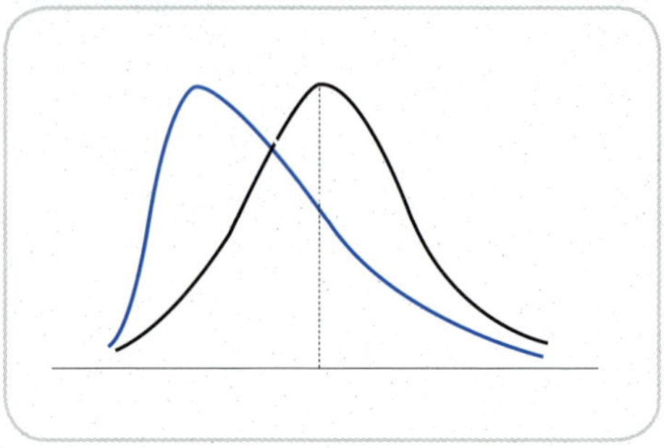

7) 첨도

첨도(kurtosis)는 자료의 분포에서 뾰족한 정도를 말하며 첨도값은 다음과 같은 수식으로 산출된다.

$$\text{첨도} = \frac{\sum(x_i - \bar{x})^4 / n}{[\sum(x_i - \bar{x})^2 / (n-1)]^2} - 3$$

x_i : 자료의 i 번째 관측값

$\bar{x}$: 표본평균

n : 표본 개수

정규분포의 첨도는 0, 정규분포보다 중심이 높아 뾰족한 경우는 첨도값이 양수로 나오고(양의 첨도), 중심이 정규분포보다 낮고 분포가 비교적 퍼져 있으며, 꼬리부분이 짧은 경우는 음수값(음의 첨도)을 가진다. 일반적으로 첨도의 절댓값이 7보다 작아야 정상분포라고 평가된다. 따라서 첨도의 기준은 절댓값이 7이다.

그림 5-4 양의 첨도

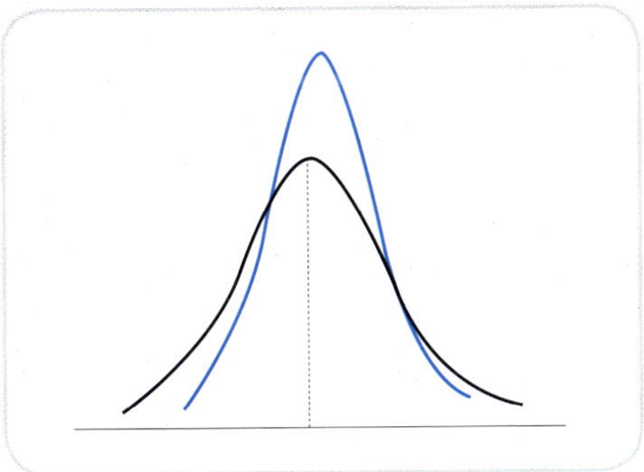

그림 5-5 음의 첨도

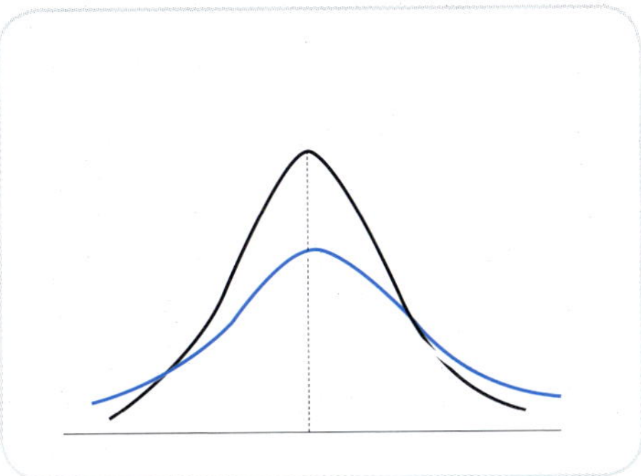

4절 추리통계

추리통계(inferential statistics)는 표본(sample)을 추출하여 특성을 파악한 후 모집단의 특성으로 일반화할 수 있는지 여부를 판단하여 모수를 통계적으로 추정하거나 가설을 검정하는 데 사용되는 통계분석을 의미한다.

- 통계적 추정: 표본의 특성을 나타내는 통계량을 기초로 하여 모수를 측정하는 방법
- 가설검정: 모수에 대하여 특정한 가설을 세워 놓고 표본을 추출하여 통계량을 계산한 다음 이를 기초로 하여 모수에 대한 가설의 진위를 판단하는 방법

추리통계분석은 분석기법에 부합하는 확률분포를 이용하여 통계적 추정이나 가설검정을 수행한다.

1. 분포

분포(distribution)는 표본을 이용하여 모집단의 특성을 추정하는 추리통계에서 모수 추정을 위한 기준으로 활용된다. 추리통계에 주로 사용되는 분포는 정규분포, t-분포, χ^2-분포, F-분포 등이 있다.

1) 정규분포

정규분포(normal distribution)는 연속적이고 좌우대칭인 종 모양의 확률분포로서, 실생활에서 관측하는 대부분의 자료들은 정규분포와 비슷한 형태를 가지고 있다. 중심극한정리에 따르면 표본의 크기가 커질수록 표본평균의 분포는 모집단의 분포 모양과는 관계없이 정규분포에 가까워진다. 정규분포의 확률밀도함수는 다음과 같다.

$$f(x) = \frac{1}{\sqrt{2\pi\sigma^2}} e^{-(x-\mu)^2/(2\sigma^2)}, (-\infty < x < -\infty)$$

μ : 모집단의 평균
σ^2 : 모집단의 분산
π : 3.1416
e : 2.7183

2) 표준정규분포

표준정규분포(standard normal distribution)는 정규분포의 성질을 이용하여 확률계산을 할 목적으로 임의의 정규분포로 변환시켜 만든 것으로, 정규분포를 따르는 확률변수 X를 표준화시킨 새로운 확률변수 Z의 분포로서 확률변수 X의 평균과 분산에 관계없이 Z는 평균이 0이고 분산이 1이라는 일정한 형태를 갖는다.

$$Z = \frac{(X - \mu)}{\sigma}$$

μ : 모집단의 평균
σ : 모집단의 표준편차

3) t-분포

t-분포는 모집단이 정규분포를 하더라도 분산이 알려져 있지 않고 표본의 수가 적은 경우에 모평균에 대한 추정 및 가설검정에 유용하게 쓰이는 분포로서, 자유도에 의해 분포의 모양이 결정된다. t-분포는 모집단의 모수를 모를 때 두 집단의 모평균의 차이를 검정하는 t-검정에 주로 사용된다. 다음의 통계량은 자유도가 $n-1$인 t-분포에 따른다.

$$t = \frac{\overline{X} - \mu}{S / \sqrt{n}}$$

$\overline{X}$: 표본평균
μ : 모집단의 평균
S : 모집단의 표준편차
n : 표본 개수

- 자유도(degrees of freedom): 통계적 추정을 할 때 표본자료 중 모집단에 대한 정보를 주는 독립적인 자료의 수로 크기가 n인 표본의 관측값의 자유도는 $n-1$이다.
- 통계량(statistic): 표본평균, 표본분산, 표본표준편차와 같은 표본의 특성을 나타내는 값으로 모수를 추정하는 데 사용한다.

4) χ^2-분포

χ^2-분포(또는 카이스퀘어 분포)는 정규분포를 이루고 있는 모집단에서 각 표본의 표준화된 분산의 합이 이루는 분포로서, 관찰빈도와 기대빈도 간의 차이분석이나 명목척도로 측정된 두 변수 간의 상관관계를 검정하는 데 유용하게 쓰이는 분포이다. χ^2-분포는 비대칭이고 긴 꼬리를 가지며 항상 양의 값을 가지고 있으며, 자유도에 의해 분포의 모양이 결정된다. χ^2-분포는 교차분석이나 모집단의 분산이 특정한 값을 갖는지의 여부를 검정하는 데 사용된다. 다음의 통계량은 자유도가 $n-1$인 χ^2-분포에 따른다.

$$\chi^2 = \frac{(n-1)s^2}{\sigma^2}$$

s^2: 표본의 분산
σ^2: 모집단의 분산
n : 표본 개수

5) F-분포

F-분포는 동일한 분산을 가지고 있는 정규분포를 이루는 두 개의 모집단으로부터 추출된 표본분산들 간의 비율이 이루는 분포로서, 두 집단 간의 분산의 동일성을 검정하는 데 사용되는 분포이다. F-분포는 분자와 분모의 두 자유도에 의해 분포의 모양이 결정되며, 주로 분산분석(ANOVA)이나 회귀식의 유의성을 검정하는 데 이용된다. 다음의 통계량은 분자와 분모의 자유도가 각각 $n-1$과 $m-1$인 F-분포에 따른다.

$$F = \frac{\frac{(n-1)s_1^2}{\sigma_1^2}/(n-1)}{\frac{(m-1)s_2^2}{\sigma_2^2}/(m-1)}$$

s^2 : 모집단의 분산

σ^2 : 모집단의 분산

n, m : 표본 개수

2. 통계적 추정

추정(estimation)이란 표본을 이용하여 모수를 얻는 것으로 예를 들면 표본평균을 계산함으로써 모평균의 값을 얻고, 표본분산을 계산함으로써 모분산을 얻는다. 추정량(estimator)이란 모수를 추정하는 공식을 통해 생성된 통계량으로 표본평균과 표본분산을 이용하여 계산된 결과는 각각 모평균과 모분산의 추정량이다.

추정(estimate)은 표본으로부터 얻은 통계량(statistics)을 이용하여 미지의 모수를 과학적으로 추론하는 과정으로 점추정과 구간추정이 있다.

그림 5-6 **통계적 추정**

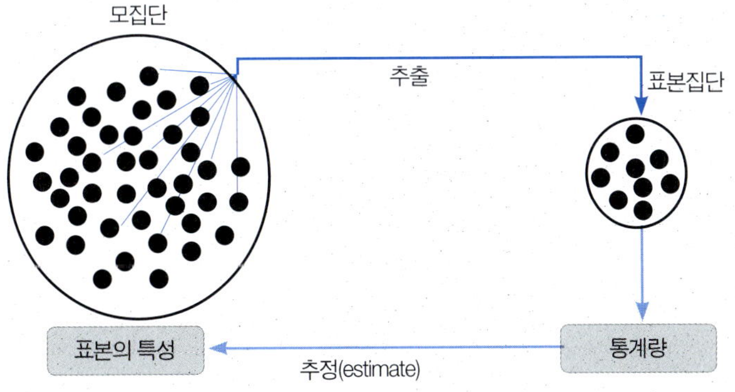

1) 점추정

점추정(point estimate)은 모수를 하나의 값으로 추정하는 것으로서, 표본평균과 표본분산을 나타내는 공식은 각각 모평균, 모분산과 모표준편차 등의 점추정량이다.

모평균 추정값 : $E(X) = \mu = \frac{\sum_{i=1}^{N} x_i}{N}$

모분산 추정값 : $\sigma^2 = \frac{\sum_{i=1}^{N} (x_i - \mu)^2}{N}$

모표준편차 추정값 : $\sigma = \sqrt{\sigma^2} = \sqrt{\frac{\sum_{i=1}^{N} (x_i - \mu)^2}{N}}$

모집단의 표준편차는 σ로, 표본의 표준편차는 S로 표시하고 모집단의 분산은 σ^2로, 표본의 분산은 S^2로 표시한다.

추정량을 선택할 때, 좋은 추정량의 성질은 불편향성(unbiasedness), 효율성(efficiency) 그리고 일치성(consistency)이다.

① 불편향성: 모든 가능한 표본에서 얻은 추정량의 기댓값, 즉, 추정량의 평균이 추정하려고 하는 모수의 값과 같아야 한다.

② 효율성: 추정량의 분산은 작을수록 좋다.

③ 일치성: 표본의 크기가 아주 커지면, 추정값이 참값과 거의 같아진다.

2) 구간추정

구간추정(interval estimate)은 한 개의 숫자로 모수를 추정하는 것이 아니라 모수가 포함되었을 것이라고 판단하는 구간을 정하여 제시하는 방식이다. 모평균의 구간추정은 모집단이 정규분포를 이룬다는 가정하에 분산을 알고 있는 경우와 모르는 경우에 다음과 같은 공식에 의하여 산출될 수 있다.

- 모집단분산을 아는 경우

$$\overline{X} \pm z_{\alpha/2}\frac{\sigma}{\sqrt{n}} = (\overline{X} - z_{\alpha/2}\frac{\sigma}{\sqrt{n}}, \overline{X} + z_{\alpha/2}\frac{\sigma}{\sqrt{n}})$$

- 모집단분산을 모르는 경우

$$\overline{X} \pm z_{\alpha/2}\frac{S}{\sqrt{n}} = (\overline{X} - z_{\alpha/2}\frac{S}{\sqrt{n}}, \overline{X} + z_{\alpha/2}\frac{S}{\sqrt{n}})$$

상기와 같은 구간추정에 의하여 산출된 구간추정의 예는 오차 범위와 유의수준 정보를 포함하여 다음과 같이 표시된다.

예 우리나라 성인의 키의 모평균은 172cm±4.8cm이고, 95%의 정확도를 갖는다.

3) 신뢰구간

구간추정 시 모수가 포함되었을 것이라고 제시되는 구간을 신뢰구간(Confidence Interval, CI)이라고 하고, 신뢰구간에서 확신하는 정도를 신뢰수준(reliability level)이라고 한다. 신뢰수준은 1에서 유의수준(α)을 뺀 $1-\alpha$로 나타내고 일반적으로 95%를 사용한다. 모분산을 아는 경우, 모평균에 대한 신뢰도 $100(1-\alpha)\%$의 신뢰구간을 그림으로 표시하면 **그림 5-7**과 같다.

그림 5-7 신뢰구간

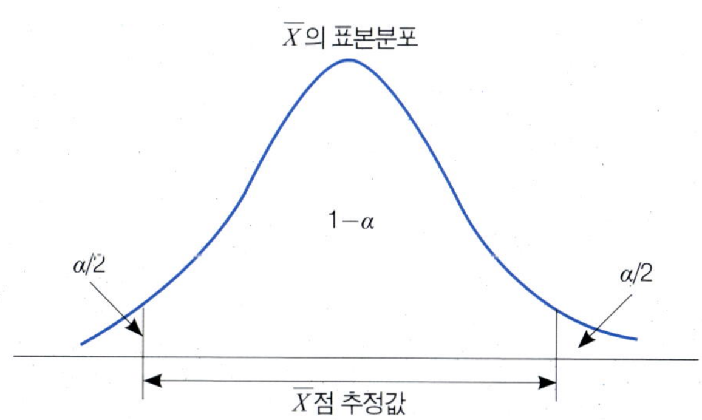

3. 가설검정

가설검정은 모수에 대한 특정한 가설을 세워 놓고 표본에서 계산된 통계량을 기초로 하여 설정된 가설의 채택 여부를 판단하는 것을 의미하며, 가설검정 절차는 그림 5-8과 같다.

그림 5-8 가설검정 절차

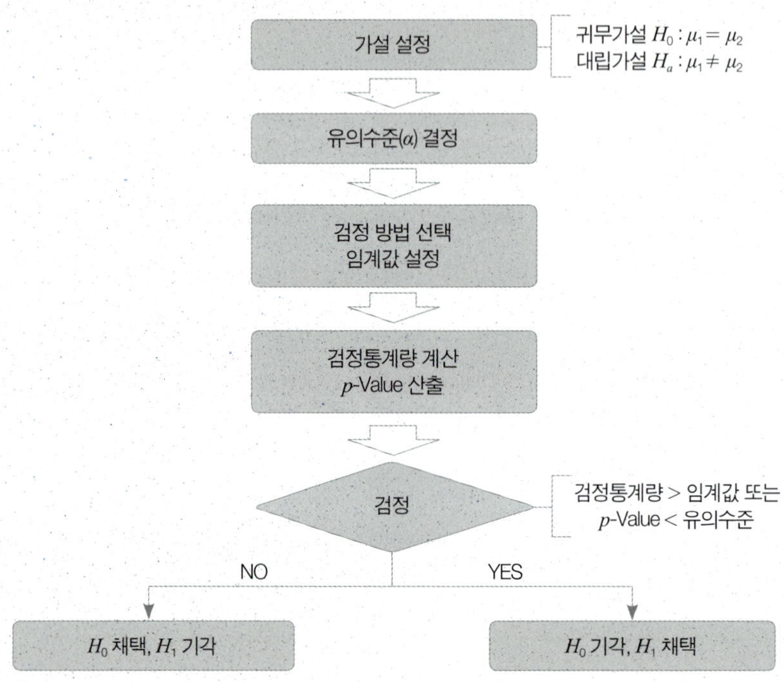

1) 가설 설정

가설(hypothesis)은 연구자가 모집단이 가지고 있는 어떤 특성(모수)에 관한 가정이나 주장을 실제 검정 이전에 하나의 문장으로 표현한 것으로 이론 또는 경험적으로 도출될 수 있으며 귀무가설과 대립가설이 있다.

- 귀무가설(null hypothesis): 어떤 주장이 잘못되었다는 것이 증명되지 않는 이상이 진실로 수용되는 것으로 귀무가설은 집단 간 하나의 검정변수에 대해 평균의 차이가 존재하지 않는다든가, 또는 두 변수 간 상호 관련성이 없다는 등의 내용으로 이루어진다. 귀무가설은 H_0으로 표시된다.
- 대립가설(alternative hypothesis): 연구자가 증명하고자 하는 또는 채택시키고자 하는 내용으로 표현된 가설로 수집된 자료분석을 통하여 하나의 객관적인 사실로 받아들여지기를 바라는 내용으로 구성된 가설을 말한다. 대립가설은 H_1으로 표시한다.

대립가설이 사실이라고 증명이 되면 귀무가설은 기각되지만 그렇지 않은 경우에는 대립가설이 기각되고 대신 귀무가설이 수용된다. 다음은 가설 설정의 예시이다.

예 H_0: 우리나라 남학생과 여학생의 평균 토익 성적은 차이가 없다.
H_1: 우리나라 남학생과 여학생의 평균 토익 성적은 차이가 있다.
(H_0: 귀무가설, H_1: 대립가설)

2) 유의수준 결정

유의수준(significance level)은 통계적인 가설검정에서 사용되는 기준값으로 일반적으로 유의수준은 α로 표시한다. 유의수준에는 1%, 5%, 10% 등이 있으나 통상적으로 5%가 많이 이용된다. 95%의 신뢰도를 기준으로 한다면 0.05값이 유의수준값이 된다. 확률을 기반으로 한 가설검정은 유의수준에 따라 오류의 가능성이 있으며 이러한 오류는 제1종 오류와 제2종 오류가 있다.

- 제1종 오류: 귀무가설이 참인데 기각하여 범하는 오류이며 제1종 오류를 범할 확률은 α로, 가설검정에 대해 설정한 유의수준이다. α가 0.05이면 귀무가설을 잘못 기각할 가능성이 5%임을 인정하는 것으로 이 오류에 대한 위험을 낮추기 위해서는 더 낮은 α값을 사용해야 한다. 그러나 낮은 수준의 α값을 사용하면

귀무가설이 거짓인데 기각하지 않은 오류가 커진다.

- 제2종 오류: 귀무가설이 거짓인데 기각하지 않아서 범하는 오류이며 제2종 오류를 범할 확률은 β로, 검정의 검정력에 따라 달라진다. 검정력을 충분하게 설정함으로써 제2종 오류를 범할 위험을 줄일 수 있다. 따라서 표본의 크기를 크게 만들어 2종 오류를 줄이는 것이 바람직하다.

표 5-4 가설검정의 가능한 결과

의사결정 \ 실제 현상	H_0 참(true)	H_0 거짓(false)
H_0 기각	제1종 오류	옳은 결정
H_0 채택	옳은 결정	제2종 오류

3) 검정 방법 선택 및 임계값 설정

가설에 대한 검정 방법은 검정대상, 검정집단의 수, 표본의 수, 모집단의 표준편차(σ)가 알려져 있는가의 여부 등에 따라 적절한 Z검정, t검정, χ^2검정 또는 F검정 등의 방법이 사용된다.

- Z검정: 단일집단에서 모집단의 분산을 알고 표본크기가 큰 경우($N>30$)의 검정으로 검정을 위해 정규분포를 이용한다.
- t검정: 모집단의 분산을 모르고 표본크기가 작은 경우에 사용되는 검정 방법으로 검정을 위해 t분포를 이용한다.
- F검정: 둘 이상 집단의 평균값 비교 시 사용되는 검정 방법으로 검정을 위해 F분포를 이용한다.
- χ^2검정: 둘 이상 집단의 특성차이 비교 시 사용되는 검정 방법으로 검정을 위해 χ^2분포를 이용한다.

검정 방법이 선정되면 유의수준에 근간해서 임계치 결정이 가능하다. 임계치란 귀무가설의 채택 및 기각 여부를 결정하기 위해 표본으로부터의 검정통계량과 비교할 수 있는 기준값으로 신뢰구간의 상한값과 하한값을 의미한다. 임계치는 유의수준과 자유도에 따라 결정된다. 이때 검정 방법에 부합하는 정규분포, t분포, F분포, χ^2분포 등의 확률분포값들을 참조하여 임계치를 결정한다. 예를 들어 정규분포를 이용한 검정에서 임계값은 유의수준 0.05이고 단측검정이면 확률분포를 통한 임계치는 $Z_\alpha = Z_{0.05} = 1.645$이고 양측검정이면 임계치는 $Z_\alpha/2 = Z_{0.025} = 1.96$이 된다.

그림 5-9 임계치 및 기각역 설정

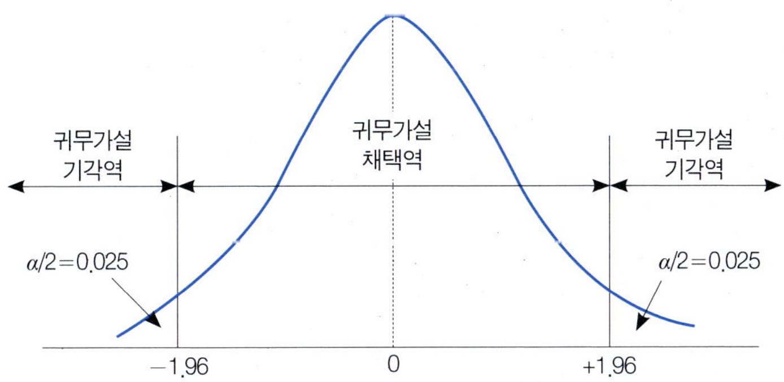

그림 5-9에서 단측검정(one-sided test)은 귀무가설 기각역을 한쪽만 설정하여 검정하는 것이고 양측검정(two-sided test)은 귀무가설 기각역을 양쪽으로 설정하여 검정하는 것이다. 양극검정의 단측검정보다 기각될 확률을 두 배로 하여 보수적으로 검정하는 방식으로 일반적으로 설정된 대립가설이 방향성을 가지면 단측검정으로, 방향성을 갖지 않으면 양측검정으로 가설검정을 수행한다.

4) 검정통계량 및 유의확률 산출

검정통계량(test statistics)은 가설을 검정할 목적으로 사용되는 통계량으로 검정 방법의 공식에 의하여 산출된다. 검정통계량은 해당 검정 방법에 따라 Z통계량, t통계량,

F통계량, χ^2통계량 등이 산출된다. SPSS, SAS와 같은 통계 프로그램 패키지들은 검정통계량을 산출하는 것이 기본 기능이다.

유의확률(*p*-value)은 검정통계량이 따르는 검정통계량 분포를 알고 있다면 실제 데이터에서 계산한 검정통계량 숫자가 분포에서 어느 부분쯤에 위치해 있는지를 나타내는 값으로 검정확률분포도에서 검정통계량을 참조하여 산출한다. 일반적으로 유의확률도 통계 프로그램들에 의하여 자동으로 산출된다.

5) 검정

가설채택 방식은 다음과 같이 임계치를 이용하는 방법과 유의확률을 이용하는 두 가지 방법에 의하여 수행될 수 있다. 임계치를 이용할 경우 임계치는 검정통계량과 비교되며, 유의확률값을 이용할 경우 유의확률은 설정된 유의수준값과 비교되어 가설에 대한 검정이 이루어진다.

1. 임계치를 이용한 가설검정
   - ▷ 검정통계량 < 임계치 : 귀무가설 채택, 대립가설 기각
   - ▷ 검정통계량 > 임계치 : 귀무가설 기각, 대립가설 채택

2. 유의확률값을 이용한 가설검정
   - ▷ 유의확률(p-value) > 유의수준(α)값: 귀무가설 채택, 대립가설 기각
   - ▷ 유의확률(p-value) < 유의수준(α)값: 귀무가설 기각, 대립가설 채택

Chapter 6

데이터 파일 관리

1절 R 데이터 생성하기

R을 이용한 통계분석은 일반적으로 엑셀 파일이나 SPSS 파일과 같은 데이터프레임 자료구조를 이용한다. 다음과 같이 edit( ) 함수를 이용하면 엑셀처럼 생긴 데이터 편집기 창이 생성되고 이를 통해 통계분석을 위한 데이터프레임 구조의 데이터를 생성할 수 있다.

```
# 데이터 입력창 edit( )
data <- data.frame( )          # 데이터프레임을 먼저 생성해 주고 나서,
data <- edit(data)             # 데이터 편집기 창 불러오기
```

그림 6-1 데이터 편집기

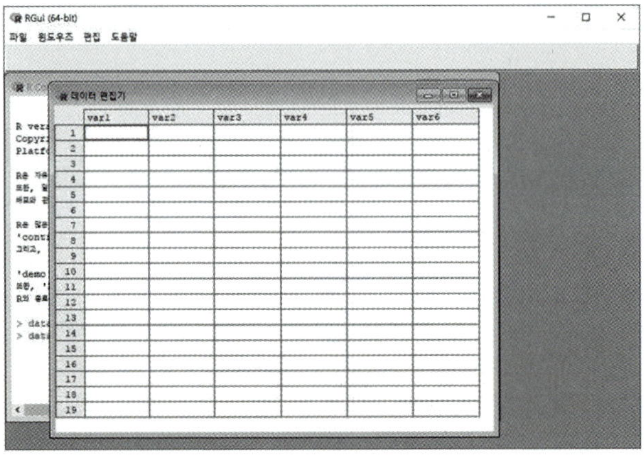

편집기를 이용한 데이터 생성은 비교적 소규모의 데이터를 입력하기에는 편리하지만, 대용량 데이터를 입력하거나 자료가 이미 엑셀 파일이나 CSV 텍스트 파일로 생성되어 있는 경우에는 통계분석을 위하여 외부 데이터 불러오기 명령어들을 사용하는 것이 바람직하다.

2절 외부 데이터 불러오기

외부 데이터 불러오기는 통계분석을 위하여 이미 엑셀 파일이나 CSV 텍스트 파일로 생성되어 있는 자료를 데이터프레임 구조의 R 데이터로 생성하는 것이다.

1. CSV 텍스트 파일 불러오기

CSV(Comma-Separated Values)는 쉼표(,)로 필드를 구분한 텍스트 파일로서 R에서 별도의 R패키지 설치 없이 사용이 가능하여 외부 데이터를 R로 불러올 때 일반적으로 사용되는 파일 형식이다. CSV 파일은 엑셀의 메뉴에서 다른 이름으로 저장하기로 생성할 수 있다.

CSV 텍스트 파일 불러오기는 다음과 같이 파일이 저장되어 있는 디렉토리로 작업영역을 설정한 후 read.csv("파일명") 함수를 실행한다. 이때 파일은 작업영역(C:/WORK_R)에 보관되어 있어야 한다.

```
setwd("C:/WORK_R")                                          # 작업영역 설정
data <- read.csv("data.csv", header = T, fileEncoding = "EUC-KR")
```

상기의 read.csv( ) 명령에서 인수로 사용된 header = T는 불러올 파일의 첫 번째 줄이 행 이름(column names)으로 설정되어 있음을 표시하고 fileEncoding = "EUC-KR"는 저장된 파일의 한글 인코딩 방식을 알려준다. CSV 텍스트 파일인 경우 상기와 같은 기본적인 내장함수로 파일 불러오기가 가능하나, 엑셀 파일의 경우 직접 R로 불러오기 위해서는 "readxl"이나 "RODBC"와 같은 추가적인 패키지를 설치하여 사용해야 한다. 따라서 통계분석을 위하여 외부 데이터 불러오기를 할 때는 가능한 CSV 텍스트 파일로 변경하여 사용할 것을 권고한다.

2. 엑셀 파일 불러오기

CSV 텍스트 파일이 외부 데이터를 R로 불러올 때 사용되는 일반적인 파일 형식이나 다음과 같이 "readxl" 패키지를 이용할 경우 데이터를 엑셀 파일에서 직접 불러들일 수 있다. 엑셀 파일 불러오기는 다음과 같이 파일이 직접적인 경로를 포함한 형태로 설정하고 가져올 시트(sheet)명을 지정한 후 read.excel( ) 함수를 실행한다.

```
library(readxl)
data <- read_excel("C:/WORK_R/data.xlsx", sheet = "data", col_names = TRUE)
data
```

상기의 read.excel( ) 명령에서 인수로 사용된 col_names = TRUE는 불러올 파일의 첫 번째 줄이 행 이름으로 설정되어 있음을 표시한다. 엑셀 2007 이상 버전인 경우에는 확장자가 xlsx이나, 엑셀 2003 이하 버전인 경우에는 확장자가 xls이기 때문에 주의할 필요가 있다.

```
# 엑셀 2003 파일 불러오기
data <- read_excel("C:/WORK_R/data.xls", sheet = "data", col_names = TRUE)
data
```

3. 파일 불러오기 실행

표 6-1과 같이 CSV 텍스트 파일 형식으로 저장된 자료를 R로 불러오기를 실행한다.

표 6-1 SNS 사용목적

SNS 사용목적	성별	연령대	이용만족도	소득
정보 · 지식 획득 및 공유	여자	40-44세	5	4,100
인맥관리	남자	35-39세	4	7,300
정보 · 지식 획득 및 공유	여자	25-29세	5	2,700
여가 및 취미	여자	45-49세	5	5,100
정보 · 지식 획득 및 공유	여자	50세 이상	6	3,800
기타	여자	50세 이상	5	4,900

※ 자료 위치 : http://ssra.or.kr/rbook/data.csv

파일 불러오기 실행을 위하여 다음과 같이 우선 작업영역을 설정하고 설정된 디렉터리(C:/WORK_R)에서 자료(data.csv)의 내용을 R 영역으로 가져와 데이터프레임으로 저장한다. 자료의 항목이 수가 많은 경우 options( ) 함수를 사용하여 한 라인에서 모든 항목이 보이도록 화면에 설정할 수 있다.

```
setwd("C:/WORK_R")
options("width" = 500)                    # 한 라인의 폭을 지정
data <- read.csv("data.csv", header = T, fileEncoding = "EUC-KR")
data                                      # 데이터프레임 형식으로 저장된 자료
```

그림 6-2 외부 데이터 불러오기 실행

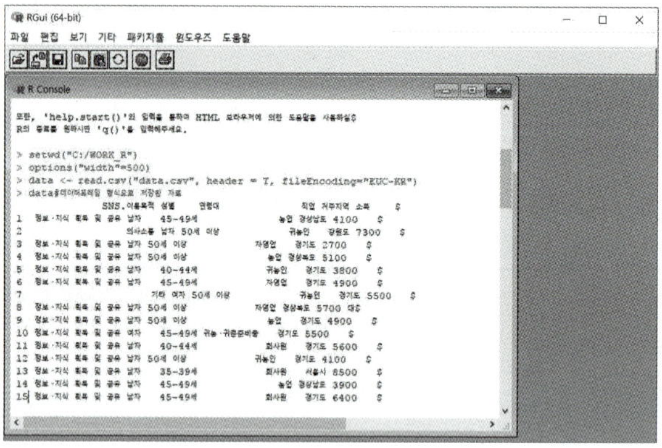

3절 데이터 관리

데이터 관리는 데이터프레임 구조로 생성된 데이터를 R의 자료구조 관점에서 관리하는 것으로 신규 변수(항목)의 생성, 데이터의 분할, 데이터의 결합 및 데이터 정렬 등의 작업 등이 포함된다.

1. 변수의 생성 및 변환

데이터프레임에서의 신규 변수의 생성은 치환연산자 <- 를 이용하여 다음과 같이 생성될 변수(항목)명을 설정하여 값을 직접 지정하거나 수치연산 또는 함수를 사용하여 값을 할당하여 생성할 수 있다.

```
data$변수 <- 'new'                          # 변수라는 항목에 모든 열의 값을 new로 등록
data$합계 <- data$a1 + data$a2 + data$a3 + data$a4                    # 합계항목 등록
data$평균 <- mean(data$a1 + data$a2 + data$a3 + data$a4)              # 평균항목 등록
data
```

데이터프레임에서의 변수의 값들의 변경은 생성과 같이 치환연산자 <- 를 이용하여 다음과 같이 변경될 변수명에 변경할 값을 지정하여 변경할 수 있다.

```
data$변수 <- 'change'                       # change 로 모든 열의 값 변경
data$변수
```

데이터프레임에서의 변수가 문자열인 명목척도로 구성되어 있을 경우 통계분석을 위하여 숫자로 코드화할 필요가 있다. 이럴 경우 다음과 같이 변수를 요인으로 바꾸어주는 as.factor( ) 함수와 숫자로 변경시키는 as.numeric( )를 이용하여 숫자로 변경할 수 있다.

```
data$성별
data$성별 <- as.numeric(as.factor(data$성별))
data$성별
```

2. 데이터의 분할 및 축출

데이터프레임에서의 자료의 분할은 실질적으로 새로운 데이터프레임들을 생성하는 형태로 작업이 이루어진다. 이러한 데이터 분할에서 가장 일반적으로 사용되는 함수는 subset( ) 함수이다. 다음과 같이 전세 사료(data)를 특정 변수를 근간으로 예를 들면, 성별과 같은 변수를 기준으로 분할을 원할 경우 subset( ) 함수를 이용하여 조건에 맞는 자료들을 축출하여 새로운 분할된 데이터프레임들(data1, data2)로 생성한다.

```
data
data1 <- subset(data, data$성별 = = '남자')          # 남자 표본자료 추출
data2 <- subset(data, data$성별 = = '여자')          # 여자 표본자료 추출
data1                                                # 남자 표본자료
data2                                                # 여자 표본자료
```

데이터 분할이 표본의 수를 분할하는 방법이나 때때로 전체 데이터에서 일부 항목들의 값들만 추출하여 데이터프레임을 생성할 필요가 있다. 다음과 같이 subset( ) 함수에서 select 옵션을 사용하면 일부 항목들(예, 성별, 연령대, 직업, 소득)로 구성된 신규 데이터프레임(sub_data)을 생성하여 사용할 수 있다.

```
sub_data <- subset(data, select = c(성별, 연령대, 직업, 소득))
sub_data                       # 성별, 연령대, 직업, 소득으로만 구성된 데이터프레임
```

3. 데이터의 병합

데이터프레임에서의 자료의 병합은 두 개의 데이터프레임을 수평적으로 결합하는 것으로 이때 사용되는 함수는 cbind( ) 함수이다. 이러한 데이터프레임 결합을 수평적 자료의 결합이라 하고 다음과 같이 두 개의 데이터프레임(sub_data1, sub_data2)을 cbind( ) 함수를 이용하여 하나의 병합된 데이터프레임(merge_data)으로 생성한다. cbind( )함수를 이용한 수평적 데이터프레임 자료의 결합을 위한 전제조건은 두 개 데이터프레임 벡터(열)가 같아야 한다.

```
sub_data1 <- subset(data, select = c(성별, 연령대))
sub_data2 <- subset(data, select = c(직업, 소득))
# 수평적 자료의 결합
cmerge_data <- cbind(sub_data1, sub_data2)
```

데이터 병합은 때론 표본의 수(열)를 합치는 것도 포함한다. 이때 사용되는 함수는 rbind( ) 함수이고 이러한 데이터프레임 결합을 수직적 자료의 결합이라 한다. 수직적 자료의 결합은 다음과 같이 두 개의 데이터프레임(sub_data1, sub_data2)을 rbind( ) 함수를 이용하여 하나의 병합된 데이터프레임(rmerge_data)으로 생성한다. 이때 두 개의 데이터프레임은 동일한 구조를 가져야만 한다.

```
sub_data1 <- subset(data, data$성별 = = '남자')          # 남자 표본자료
sub_data2 <- subset(data, data$성별 = = '여자')          # 여자 표본자료
# 수직적 자료의 결합
rmerge_data <- rbind(sub_data1, sub_data2)
```

4. 데이터의 정렬

데이터프레임에서의 데이터의 정렬은 특정 항목(들)을 기준으로 자료를 오름차순 또는 내림차순으로 정렬하는 것이다. 데이터의 정렬을 위하여 사용되는 함수는 order( ) 이다.

```
order_data <- data[order(data$소득),]                # sort by 소득
order_data <- data[order(data$성별, data$소득),]      # sort by 성별과 소득
order_data <- data[order(data$성별, -data$소득),]     # sort by 성별(오름차순)과 소득(내림차순)
order_data
```

4절 데이터 외부로 내보내기

데이터 외부로 내보내기는 데이터프레임 구조의 R 데이터를 엑셀 파일이나 CSV 텍스트 파일로 생성하는 것이다.

1. CSV 텍스트 파일로 저장하기

CSV 텍스트 파일 저장하기는 다음과 같이 작업영역을 설정한 후 write.csv("데이터프레임명", "데이터를 저장할 파일명")에서 실행한다. 이때 row.names = TRUE 옵션은 행 이름을 CSV 파일에 포함하여 저장한다는 의미이다.

```
setwd("C:/WORK_R")                                    # 작업영역 설정
write.csv(data, "save_data.csv", row.names = TRUE)
```

2. 엑셀 파일로 내보내기

다음과 같이 "WriteXLS" 패키지를 이용할 경우 데이터프레임 자료를 엑셀 파일로 저장할 수 있다.

```
library(WriteXLS)
WriteXLS(data, "save_data.xls")
```

Chapter 7

데이터 탐색

1절 데이터 탐색

데이터 탐색이란 본격적인 통계분석에 앞서 자료의 특성을 개략적으로 파악하는 것을 말한다. 이를 통해 데이터분석에 사용하려는 통계기법이 적합한지 여부를 결정할 수 있다. 데이터 탐색은 다양한 기술 통계량 제공을 통하여 자료들에 대한 탐색적인 분석을 지원하고 자료의 정규성을 검정하며, 또한 다양한 시각적인 도표 제공을 통하여 자료에 대한 변환 여부를 결정하거나, 자료에 대하여 모수통계분석 또는 비모수통계분석이 적합한지를 판단할 수 있도록 지원한다.

2절 데이터 탐색 예시

일반인들의 SNS 사용목적을 분석하기 위해 설문조사를 시행하였다. 설문에는 SNS 사용목적은 물론 응답자의 인구통계학적 특성을 확인하기 위하여 성별, 연령대, 직업과 소득, 순재산, 월생활비 등 항목들을 추가하여 자료를 수집하였다. 수집된 자료는 표 7-1에서 보이는 바와 같다. 수집된 자료에 대한 데이터 탐색을 실시하고자 한다.

표 7-1 SNS 사용목적 자료

SNS 사용목적	성별	연령대	직업	소득	월생활비
정보 · 지식 획득 및 공유	여자	40-44세	기타	4100	342
인맥관리	남자	35-39세	무직	7300	608
정보 · 지식 획득 및 공유	여자	25-29세	회사원	2700	225
여가 및 취미	여자	45-49세	기타	5100	425
정보 · 지식 획득 및 공유	여자	50세 이상	회사원	3800	–
기타	여자	50세 이상	자영업	4900	408

※ 자료 위치 : http://ssra.or.kr/rbook/data.csv

3절 탐색적 자료분석

탐색적 자료분석(exploratory data analysis)이란 자료의 특징과 내재하는 구조적 관계를 알아내기 위해 시행하는 모든 방법으로 여기서 얻은 정보를 바탕으로 통계분석 방법을 판단하는 데 도움을 준다.

1. 작업영역 설정 및 파일 불러오기

탐색적 자료분석을 위하여 다음과 같이 우선 작업영역을 설정하고 설정된 디렉터리(C:/WORK_R)에서 수집된 자료의 내용을 R 영역으로 가져와 데이터프레임으로 저장한다.

```
setwd("C:/WORK_R")
options("width" = 500)
data <- read.csv("data.csv", header = T, fileEncoding = "EUC-KR")
# 데이터프레임 형식으로 저장된 자료
data <- subset(data, select = c(SNS이용목적,성별,연령대,직업,학력,거주지역,소득,순재산,월생
활비))
data
```

2. 결측치 처리 R 스크립트

탐색적 자료분석에 앞서 우선 자료에서의 결측치를 확인하기 위해 삭제나 대체를 통하여 자료를 정제할 필요가 있다. 자료에서 결측치를 확인하기 위한 함수는 is.na( ) 함수로 다음과 같은 R 명령어로 결측치 확인과 결측치 빈도를 산출할 수 있다.

```
is.na(data)                                      # 결측치 확인

table(is.na(data))                               # 결측치 빈도 출력

  FALSE  TRUE
   3235     5
```

상기의 명령어에서 결측치(TURE 값)가 발견되었을 경우 다음과 같이 colSums( ) 함수를 사용하여 데이터프레임 내 다수의 변수들에 대해서 각 개별 변수별 결측값의 개수를 찾을 수 있다.

```
colSums(is.na(data))                             # 결측값의 개수 산출
SNS이용목적    성별   연령대    직업    학력   거주지역    소득   순재산  월생활비
      0         0       0        0       0       0          0       0       5
```

상기의 결과를 참조하여 데이터프레임에서 결측치가 확인된 월생활비 변수에 대하여 결측 현황을 보기 위한 R 명령어는 다음과 같다.

```
table(is.na(data$월생활비))                      # 월생활비 결측치 빈도 출력
  FALSE  TRUE
    85      5
```

상기의 결과를 보면 월생활비 자료에 대한 유효한 케이스는 85개이며, 결측 자료는 5개로 나타내고 있다. 이러한 결측치는 자료분석 전에 처리되어야 하며, 결측치에 대한 처리 방안은 결측지를 삭제하거나, 대체하는 방법이 있다.

결측치 삭제 방법은 다음과 같이 데이터프레임에서 모든 결측치를 한 번에 제거하는 na.omit( ) 함수를 사용하여 결측치 모두를 제거할 수 있으며, 특정 변수에 대하

여 결측치들을 삭제하는 방법은 이전 장에서 설명된 subset( )함수를 이용하면 된다.

```
data <- na.omit(data)                                  # 모든 변수의 결측치 제외
data <- subset(data, !is.na(data$월생활비))            # 월생활비 변수의 결측치 제외
```

여러 변수에 걸쳐 있는 결측치를 삭제할 때는 다음과 같이 subset( ) 함수와 논리 연산자를 사용한다.

```
data <- subset(data, !is.na(data$월생활비)&!is.na(data$직업))
                                                # 월생활비와 직업 변수의 결측치 제외
```

결측치가 많을 경우 모두 제거하면 데이터 손실이 크기 때문에 결측치를 평균, 최빈값 등과 같은 대푯값으로 일괄 대체하여 사용한다. 결측치를 평균값으로 대체하는 방법은 다음과 같다.

```
data <- read.csv("data.csv", header = T, fileEncoding = "EUC-KR")
data <- subset(data, select = c(SNS이용목적,성별,연령대,직업,학력,거주지역,소득,순재산,월생
활비))

AVE <- mean(data$월생활비, na.rm = T)              # 결측치 제외하고 평균 산출
data$월생활비 <- ifelse(is.na(data$월생활비), AVE, data$월생활비)
                                                # 월생활비가 NA면 평균(AVE)로 대체

table(is.na(data$월생활비))                        # 결측치 빈도표 생성
 FALSE
   90
```

3. 탐색적 자료분석 R 스크립트

탐색적 자료분석은 특정 변수의 평균, 중앙값, 표준편차, 분산, 최댓값, 최솟값 등과 같은 기술통계량을 파악하는 것으로 탐색적 자료분석을 위하여 R에서는 다음과 같은 다양한 함수들이 이용될 수 있다.

```
length(data$소득)                                    # 자료수(항목의 개수)
  [1] 90

mean(data$소득)                                      # 평균
  [1] 4978.889

median(data$소득)                                    # 중앙값
  [1] 4900

var(data$소득)                                       # 분산
  [1] 3673988

sd(data$소득)                                        # 표준편차
  [1] 1916.765

min(data$소득)                                       # 최솟값
  [1] 0

max(data$소득)                                       # 최댓값
  [1] 9300

range(data$소득)                                     # 범위
  [1]   0 9300

quantile(data$소득)                                  # 사분위수 범위
  0%   25%   50%   75%   100%
  0    3800  4900  5900  9300

quantile(data$소득,0.05)                             # 제5백분위수
  5%
 2345
```

```
quantile(data$소득,0.5)                          # 제50백분위수(=중위수)
  50%
 4900

quantile(data$소득,0.95)                         # 제95백분위수
  95%
 8400

Q1 <- quantile(data$소득,0.25)                   # 제1사분위수
Q3 <- quantile(data$소득,0.75)                   # 제3사분위수
QD <- (Q3 - Q1) / 2                              # 사분위편차
QD
  75%
  1050

CV <- sd(data$소득) / mean(data$소득)             # 변동계수
CV
  [1] 0.3849784
```

상기와 같이 여러 함수들을 통하여 표본수, 평균, 최댓값, 최솟값, 중앙값, 분산, 표준편차와 같은 변수의 특성을 분석할 수 있다. 그러나 최빈값의 경우 R에서 기본적으로 제공되는 함수가 없어 다음과 같은 사용자함수를 사용하거나 prettyR 패키지에서 제공하는 Mode( ) 함수를 사용하여 분석할 수 있다.

```
# 사용자함수를 이용한 최빈값 구하기
Mode <- function(x) {
  u <- unique(x)
  u[which.max(tabulate(match(x, u)))]
  }

Mode(data$소득)                                  # 최빈값
  [1] 4100

# 패키지를 이용한 최빈값 구하기
library(prettyR)                                 # prettyR 패키지 사용
Mode(data$소득)                                  # 최빈값
  [1] 4100
```

summary( ) 함수를 사용할 경우 특정 변수에 대하여 최솟값, 사분위값, 중앙값, 평균, 최댓값을 한 번에 파악할 수 있다.

```
summary(data$소득)

 Min.  1st Qu.  Median   Mean  3rd Qu.  Max.
    0    3800     4900   4979    5900   9300
```

왜도와 첨도는 R에서 기본적으로 제공하지 않는다. 따라서 자료의 왜도와 첨도의 값은 fBasics 패키지의 skewness( ) 함수와 kurtosis( ) 함수를 이용하여 구할 수 있다.

```
library(fBasics)
skewness(data$소득)                                    # 왜도
  [1] 0.0698256
  attr(,"method")
  [1] "moment"

kurtosis(data$소득)                                    # 첨도
  [1] -0.09877002
  attr(,"method")
  [1] "excess"
```

자료의 사분위수 범위의 경우 다음과 같이 상기의 quantile( ) 함수를 이용하면 좀 더 세분하여 백분위수를 5%, 10%, 25%, 50%, 75%, 90%, 95%에 해당하는 값을 표시해 준다.

```
quantile(data$소득, probs = c(0.05, 0.10, 0.25, 0.5, 0.75, 0.90, 0.95))

  5%  10%  25%  50%  75%  90%  95%
2345 2690 3800 4900 5900 7500 8400
```

4절 정규성 검정

정규성 검정(normality test)은 데이터의 분포가 정규분포를 따르는지를 검정하는 것을 말한다. 자료가 정규성을 만족하지 않는 경우 t-검정이나 분산분석과 같은 모수통계 분석 대신에 비모수적인 통계분석기법을 사용해야 하기 때문에 표본수가 적은 경우 본격적인 통계분석에 앞서 수행된다. 일반적으로 통계분석에서 정규성 검정은 콜모코르프-스미르노프 검정이나 샤피로 윌크 정규성 검정이 사용된다. 이 중 샤피로 윌크 검정이 더 보수적인 방법으로 알려져 있다.

상기의 자료에서 소득에 대한 정규성 검정을 위해서 다음과 같은 가설을 설정하여 검정한다.

■ 가설설정

H_0: 소득자료는 정규분포를 따른다.

H_1: 소득자료는 정규분포를 따르지 않는다.

(H_0: 귀무가설, H_1: 대립가설)

상기와 같은 가설에서 유의확률(p-value)이 0.05보다 커야 귀무가설을 채택할 수 있다.

1. 샤피로 윌크 정규성 검정

샤피로 윌크 정규성 검정(Shapiro-Wilk normality test)은 자료의 정규성 검정을 위해 일반적으로 사용되는 통계분석기법이다.

1) 샤피로 윌크 검정 R 스크립트

R에서 샤피로 윌크 검정은 shapiro.test( ) 함수를 이용하며, shapiro.test( ) 함수의 사용 형식은 다음과 같다.

```
shapiro.test(x)

x: 숫자형 벡터값
```

소득 자료에 대한 정규성 검정을 위한 샤피로 윌크 검정은 다음과 같이 실행한다.

```
shapiro.test(data$소득)

    Shapiro-Wilk normality test

data:  data$소득
W = 0.98508, p-value = 0.3948
```

2) 샤피로 윌크 검정결과 해설

상기의 소득 자료에 대한 샤피로 윌크 검정 결과 유의확률(*p*-value)이 0.3948로 0.05보다 커서 귀무가설이 기각되지 않았고, 따라서 소득은 정규분포를 따르는 것으로 분석되었다.

2. 콜모코르프-스미르노프 검정

콜모코르프-스미르노프(Kolmogorov-Smirnov) 검정은 자료의 누적분포함수와 비교하고자 하는 분포의 누적분포함수 간의 최대 거리를 통계량으로 사용하여 가설검정을 하는 방법이다.

1) 콜모코르프-스미르노프 R 스크립트

콜모코르프-스미르노프 검정은 ks.test( ) 함수를 이용하며, ks.test( ) 함수의 사용 형식은 다음과 같다.

```
ks.test(x, y, ..., alternative = c("two.sided", "less", "greater"),
      exact = NULL)

x: 숫자형 벡터값
y: 비교하려는 숫자형 벡터값 또는 누적분포함수 약어
...: y에 따른 인수들(예, 평균, 표준편차 등)
alternative: 대립가설의 표시
exact: 정확한 p-value 계산 여부
```

소득 자료에 대한 정규성 검정을 위한 콜모코르프-스미르노프 검정은 다음과 같이 실행한다. 비교하려는 누적분포를 의미하는 인수인 "pnorm"은 정규분포를 의미하며, 여기에 자료의 평균과 분산을 함께 인수로 사용하면 된다.

```
ks.test(data$소득, "pnorm", mean(data$소득), sd(data$소득) )

      One-sample Kolmogorov-Smirnov test

data:  data$소득
D = 0.074889, p-value = 0.6938
alternative hypothesis: two-sided
```

2) 콜모코르프-스미르노프 검정결과 해설

상기의 콜모코르프-스미르노프 검정 결과를 보면 최대극단값(D)은 0.074889이고 유의확률(p-value)은 0.6938로 나타나 0.05보다 큰 것으로 나타나고 있다. 따라서 "소득 자료는 정규분포를 따를 것이다"라는 귀무가설은 기각되지 않았다.

5절 그래프 그리기

데이터 분석에 사용하려는 통계기법이 적합한지 여부를 결정하기 위하여 데이터 탐색에서는 자료의 특징을 파악하고 통계량이나 그림기법들을 이용하면 된다. 이 때 자주 사용되는 그림은 히스토그램, 줄기 잎 도표, $Q-Q$ 도표, 박스플롯 등이 있다.

1. 히스토그램

가로축에 계급을, 세로축에 도수를 취하고, 도수분포의 상태를 직사각형의 기둥 모양으로 나타낸 그래프인 히스토그램은 자료의 정규성을 시각적으로 검토할 수 있도록 도와준다. R에서 히스토그램은 hist( ) 함수를 이용하여 그릴 수 있다.

```
hist(data$소득, main = "소득")                    # 히스토그램 작성
```

그림 7-1 소득변수의 히스토그램

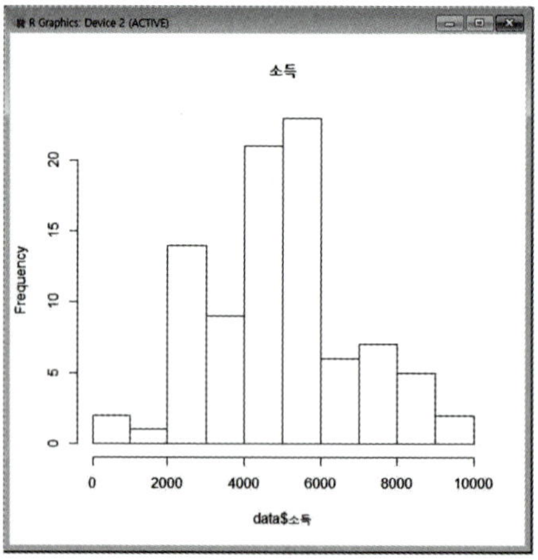

2. 줄기 잎 도표

줄기 잎 도표(stem and leaf diagram)는 자료를 크기 순서로 배열하되, 줄기에 해당되는 단위를 정하고 그 단위 아래 단위의 자료를 잎으로 크기 순서로 배열한 도표이다. 줄기 잎 도표는 자료분포의 개략적인 형태를 알 수 있는 정보를 제공한다. 즉, 분포가 좌우대칭 형태인지, 편향(skewed)되었는지, 봉우리(modal)는 하나인지 다수인지와 이상치의 존재 여부를 쉽게 파악할 수 있도록 도와준다. R에서 줄기 잎 도표의 생성은 stem( ) 함수를 이용한다.

```
stem(data$소득)                                    # 줄기 잎 도표 생성
  The decimal point is 3 digit(s) to the right of the |

  0 | 02
  1 | 9
  2 | 13445677788999
  3 | 14678889
  4 | 0111111344445557889999
  5 | 0122345556667777788999
  6 | 0013489
  7 | 0123355
  8 | 03445
  9 | 023
```

상기의 결과를 보면 자료에서 세 번째 자리가 줄기로 되어 있고 잎은 그 줄기에 해당되는 값들로 1일 때 값이 9인 1개의 잎과 5일 때 22개 잎으로 자료가 있어 가장 많은 것으로 보여주고 있다.

3. $Q-Q$ 도표

$Q-Q$ 도표는 데이터가 특정 분포를 따르는지를 시각적으로 검토하는 방법이다. Q는 분위수 Quantile의 약어로 $Q-Q$ 도표는 비교하고자 하는 분포의 분위수끼리

좌표평면에 표시하여 그린 그림이다. 분위수들을 차트에 그리고 데이터의 분위수와 비교하고자 하는 분포의 분위수 간에 직선 관계가 보이는지 확인한다.

```
qqnorm(data$소득, main = "소득")          # Q-Q 도표 작성
qqline(data$소득)                         # Q1와 Q3를 지나는 선
```

그림 7-2 **소득변수의 $Q-Q$ 도표**

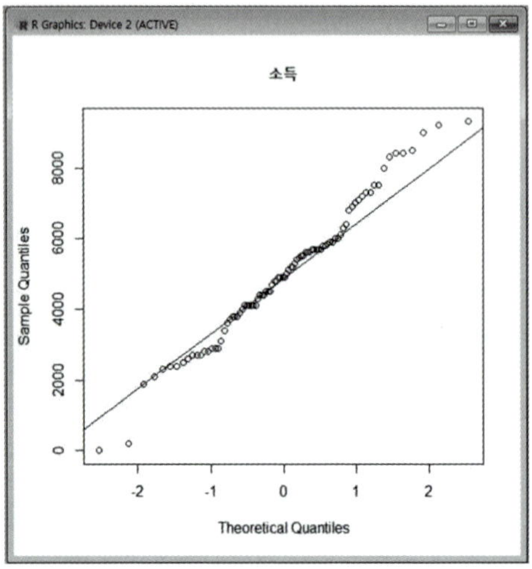

4. 박스플롯

자료 집합의 범위와 중앙값을 빠르게 확인할 수 있는 목적으로 사용되는 박스플롯(Box plot)은 탐색적 데이터 분석 방법으로 상자 안의 직선은 중위수를, 상자의 양쪽 끝은 1과 3사분위수를 그리고, 상자의 양쪽에 이상치를 제외한 최댓값과 최솟값을 직선으로 그려줌으로써 자료의 전체적 분포 양상을 쉽게 파악할 수 있다. 최댓값과 최솟값을 벗어나는 자료들은 o로 표기되어 이상치를 식별하는 데 도움을 준다.

```
boxplot(data$소득)                                          # 박스플롯 작성
```

그림 7-3 **소득변수의 박스플롯**

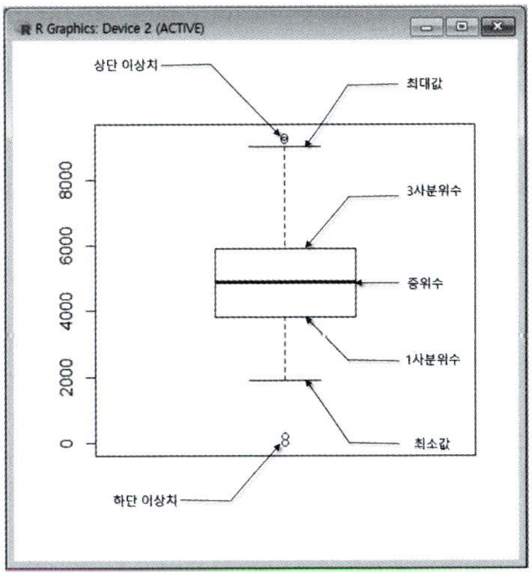

Chapter 8

빈도분석

1절 빈도분석
2절 빈도분석 예시
3절 빈도분석 실행

1절 빈도분석

빈도분석이란 범주형 변수에 대하여 빈도표(frequency table)를 작성하고 그에 적절한 막대 그래프, 파이차트, 히스토그램과 같은 그래프를 그리는 분석 방법이다. 빈도분석의 목적은 자료의 분포 현황을 파악하여 분포적 특성을 파악하는 것으로 표로 기술하는 것보다는 그래프로 기술하는 것이 시각적으로 이해하기가 쉽다. 빈도분석은 일반적으로 설문조사에서 응답자들의 인구통계학적 특성을 확인할 때 많이 이용된다.

2절 빈도분석 예시

일반인들의 SNS 사용목적을 분석하기 위해 설문조사를 시행하였다. 설문에는 SNS 사용목적은 물론 응답자의 인구통계학적 특성을 확인하기 위하여 성별, 연령대, 직업과 학력, 거주지역 등 항목들을 추가하여 자료를 수집하였다. 수집된 자료는 표 8-1에서 보이는 바와 같다. 수집된 자료에 대한 빈도분석을 실시하고자 한다.

표 8-1 SNS 사용목적 자료

SNS 사용목적	성별	연령대	직업	학력	거주지역
정보 · 지식 획득 및 공유	여자	40-44세	기타	대학졸업	경상남도
인맥관리	남자	35-39세	무직	대학졸업	경기도
정보 · 지식 획득 및 공유	여자	25-29세	회사원	고졸	서울시
여가 및 취미	여자	45-49세	기타	대학졸업	경상북도
정보 · 지식 획득 및 공유	여자	50세 이상	회사원	대학졸업	서울시
기타	여자	50세 이상	자영업	대학졸업	경상북도

※ 자료 위치 : http://ssra.or.kr/rbook/data.csv

3절 빈도분석 실행

1. 작업영역 설정 및 파일 불러오기

빈도분석을 위하여 다음과 같이 우선 작업영역을 설정하고 설정된 디렉터리(C:/WORK_R)에서 수집된 자료(freq.csv)의 내용을 R 영역으로 가져와 데이터프레임으로 저장한다.

```
setwd("C:/WORK_R")
options("width" = 500)
data <- read.csv("data.csv", header = T, fileEncoding = "EUC-KR")
# 데이터프레임 형식으로 저장된 자료
data <- subset(data, select = c(SNS이용목적,성별,연령대,직업,학력,거주지역))
```

2. 빈도분석 R 스크립트

빈도분석을 위하여 R에서 기본적으로 사용되는 함수는 table( )과 prop.table( )이다. table( ) 함수는 입력된 벡터에 대하여 범주별 빈도수를 산출하는 함수이고 prop.table( ) 함수는 입력된 빈도에 대하여 백분율을 산출하는 함수이다. 따라서 예시 자료에 대한 빈도분석을 위해서는 다음과 같이 항목별로 빈도표 작성을 위한 R 스크립트를 실행하면 된다.

```
freqc <- table(data$성별)                          # 성별에 대한 빈도분석
propc <- prop.table(freqc)*100                     # 백분율
propc_r <- round(propc, 1)                         # 백분율 반올림
freq_table <- cbind(빈도 = freqc, 백분율 = propc_r)  # 빈도와 백분율 결합
freq_table                                         # 성별에 대한 빈도표
```

상기의 R 스크립트에서 round( ) 함수는 prop.table( )에서 산출된 백분율의 소수점을 1자리로 만들기 위하여 이용되었고, cbind( ) 함수는 각기 산출된 빈도와 백분율을 결합하여 빈도표를 생성하기 위하여 사용되었다.

상기의 R 스크립트를 이용하여 다음과 같은 사용자함수를 작성할 경우 전체 데이터프레임의 모든 항목을 한 번에 빈도분석할 수 있다.

```
Freq_data <- function(x) {
N <- ncol(x)                                              # 항목 개수
freq_table <- NULL
for (i in 1:N) {
        freqc <- table(data[i])
        propc <- prop.table(freqc)*100
        propc_r <- round(propc, 1)
        f_table <- cbind(빈도 = freqc, 백분율 = propc_r)     # 항목별 빈도표
        freq_table <- rbind(freq_table, f_table)          # 빈도표 수직 병합
        }
  freq_table
  }

freq_sub_data <- Freq_data(data)                          # 전체 빈도분석 사용자함수
```

R에서 기본적으로 제공되는 table( )과 prop.table( ) 함수 이외에 빈도분석은 “descr” 패키지의 freq( ) 함수를 이용하여 다음과 같이 간편하게 수행할 수 있다. freq( ) 함수의 사용 형식은 다음과 같다.

```
freq(x, plot = getOption("descr.plot"), …)

x: 숫자형 벡터값
plot: 그래프 생성 default는 TRUE
```

빈도분석은 다음과 같이 패키지를 사용하기 위한 library(descr)를 실행한 후 freq( ) 함수를 실행하면 된다.

```
library(descr)
freq_table1 <- freq(data$성별, plot = FALSE)
freq_table1                                              # 성별에 대한 빈도표
```

3. 빈도분석 실행결과

상기의 R 스크립트에서 생성된 freq_table을 실행하면 다음과 같은 특정 항목들에 대한 빈도표를 얻을 수 있다.

```
freq_table                                               # 성별에 대한 빈도표

     빈도  백분율
남자  55    61.1
여자  35    38.9

freq_sub_data                                            # 전체 빈도분석
                       빈도  백분율
기타                     4     4.4
여가 및 취미            10    11.1
의사소통                11    12.2
인맥관리                 8     8.9
자기표현 공간            3     3.3
정보 · 지식 획득 및 공유 54    60.0
남자                    55    61.1
여자                    35    38.9
25-29세                  3     3.3
30-34세                  2     2.2
35-39세                  7     7.8
40-44세                 11    12.2
45-49세                 24    26.7
50세 이상               43    47.8
```

```
공무원           12   13.3
농어업           14   15.6
자영업           17   18.9
전문직           17   18.9
회사원           30   33.3
고졸             14   15.6
대학원 이상       9   10.0
대학졸업         67   74.4
강원도            1    1.1
경기도           21   23.3
경상남도          5    5.6
경상북도          5    5.6
광주시           16   17.8
대구시            2    2.2
대전시            1    1.1
부산시            4    4.4
서울시           10   11.1
울산시            1    1.1
인천시            2    2.2
전라남도          9   10.0
전라북도          9   10.0
충청남도          3    3.3
충청북도          1    1.1
```

descr 패키지의 freq( ) 함수를 이용하여 생성한 성별에 대한 빈도표 freq_table1를 실행하면 다음과 같다.

```
freq_table1                                    # 성별에 대한 빈도표
                   data$성별
      Frequency  Percent
남자       55     61.11
여자       35     38.89
Total      90    100.00
```

4. 그래프 그리기

빈도분석에서는 표로 기술하는 것보다는 그래프로 기술하는 것이 시각적으로 이해하기가 쉽다. 빈도분석에서 자주 사용되는 그림은 막대 그래프, 파이차트, 히스토그램 등이 있다.

1) 막대 그래프

막대 그래프는 데이터를 분류한 후 각 데이터를 비교하는 데 많이 사용하는 형태의 그래프로 빈도를 시각적으로 분석할 때 주로 사용된다. R에서 막대 그래프는 barplot( ) 함수를 이용하여 그릴 수 있다.

```
freqc  <- table(data$성별)                          # 관측치
barplot(freqc, main = "성별", xlab = "표본수")       # 막대 그래프 작성
```

그림 8-1 성별에 대한 빈도를 나타내는 막대 그래프

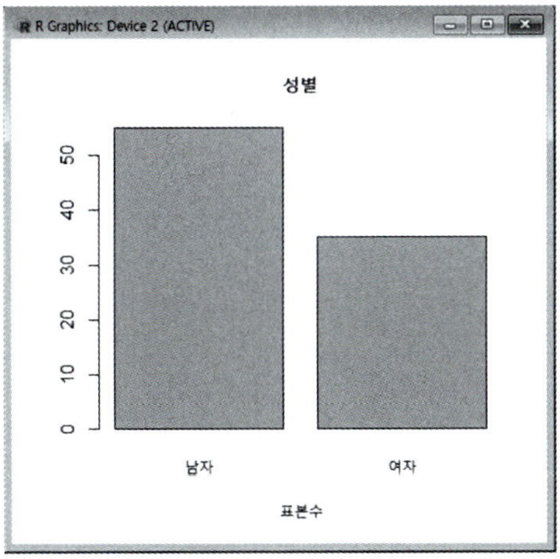

2) 파이차트

파이차트는 분할로 나눠서 각 범주에 있는 관측치의 비율을 나타내는 원으로 각 범주 또는 그룹의 데이터 비율을 비교한다. R에서 파이차트는 pie( ) 함수를 이용하여 그릴 수 있다.

```
freqc  <- table(data$SNS이용목적)                       # 관측치
lbls <- rownames(freqc)                                # 라벨
pie(freqc, labels = lbls, main = "SNS이용목적")          # 파이차트 작성
```

그림 8-2 SNS 사용목적별 빈도를 나타내는 파이차트

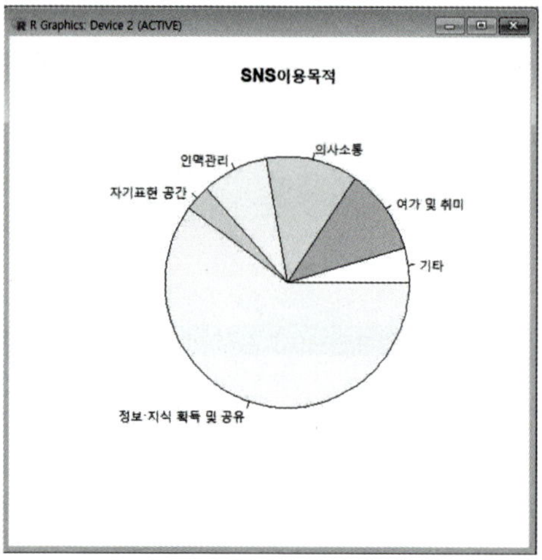

3) 히스토그램

히스토그램에 정규곡선을 표시하여 좀 더 다양한 분석을 할 수 있다. R에서 히스토그램은 hist( ) 함수를 이용하여 그릴 수 있으며, lines( ) 함수를 이용하여 정규곡선을 그릴 수 있다.

```
hist(data$소득, breaks = 20, probability = TRUE, main = "소득")        # 히스토그램 작성
lines(density(data$소득))                                            # 정규곡선 작성
```

그림 8-3 **소득에 대한 히스토그램**

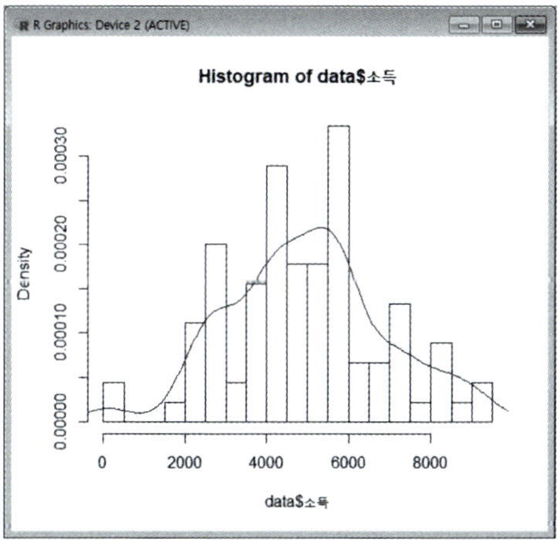

Chapter 9

기술통계분석

1절 기술통계분석

기술통계분석이란 수집한 자료의 특성을 파악하기 위해 변수들의 표본수, 평균, 최댓값, 최솟값, 최빈값, 중앙값, 분산, 표준편차, 왜도, 첨도 등 변수의 개략적 특성을 살펴보는 분석 방법이다.

2절 기술통계분석 예시

일반인들의 SNS 사용목적을 분석하기 위해 설문조사를 시행하였다. 설문에는 SNS 사용목적은 물론 응답자의 인구통계학적 특성을 확인하기 위하여 성별, 연령대, 직업과 소득, 순재산 등 항목들을 추가하여 자료를 수집하였다. 수집된 자료는 표 9-1에서 보이는 바와 같다. 수집된 자료에 대한 기술통계분석을 실시하고자 한다.

표 9-1 SNS 사용목적 자료

SNS 사용목적	성별	연령대	직업	소득	순재산
정보 · 지식 획득 및 공유	여자	40-44세	기타	4100	31200
인맥관리	남자	35-39세	무직	7300	42900
정보 · 지식 획득 및 공유	여자	25-29세	회사원	2700	26000
여가 및 취미	여자	45-49세	기타	5100	20800
정보 · 지식 획득 및 공유	여자	50세 이상	회사원	3800	48750
기타	여자	50세 이상	자영업	4900	52650

※ 자료 위치 : http://ssra.or.kr/rbook/data.csv

3절 기술통계분석 실행

1. 작업영역 설정 및 파일 불러오기

기술통계분석을 위하여 다음과 같이 우선 작업영역을 설정하고 설정된 디렉터리(C:/WORK_R)에서 수집된 자료의 내용을 R 영역으로 가져와 데이터프레임으로 저장한다.

```
setwd("C:/WORK_R")
options("width" = 500)
data <- read.csv("data.csv", header = T, fileEncoding = "EUC-KR")
# 데이터프레임 형식으로 저장된 자료
data <- subset(data, select = c(SNS이용목적,성별,연령대,직업,학력,거주지역,소득,순재산))
```

2. 기술통계분석 R 스크립트

기술통계분석을 위하여 "psych" 패키지의 describe( ) 함수를 이용할 경우 표본수, 평균, 표준편차는 물론 일반적인 통계 소프트웨어 패키지에서 제공하는 왜도와 첨도, 표준오차와 같은 변수의 다양한 특성을 한 번에 분석할 수 있다. describe( ) 함수의 사용 형식은 다음과 같다.

```
describe(x, na.rm = TRUE, interp = FALSE, skew = TRUE, ranges = TRUE,trim = .1,type =
3,check = TRUE,fast = NULL,quant = NULL,IQR = FALSE)

x: 숫자형 벡터값
na.rm: 결측값 삭제
skew, ranges: 포함 여부
trim: 결과값 절사
quant: 4분위값 지정
```

기술통계분석은 다음과 같이 패키지를 사용하기 위한 library(psych)를 실행한 후 describe( ) 함수를 실행하면 된다.

```
library(psych)
desc_result <- describe(data$소득)              # 소득변수에 대한 기술통계분석
desc_result_all <- describe(data)              # data 데이터프레임 모든 변수에
                                                 대한 기술통계분석
```

3. 기술통계분석 실행결과

상기의 R 스크립트에서 생성된 desc_result를 실행하면 다음과 같은 소득변수에 대한 기술통계량 자료를 얻을 수 있다.

```
desc_result1
vars n  mean      sd   median trimmed   mad     min max  range skew kurtosis   se
X1   1    90 4978.89 1916.76    4900 4931.94 1630.86   0 9300 9300   0.07  −0.1 202.
```

※ n: 표본수, mean: 평균, sd: 표준편차, median: 중앙값, min: 최솟값, median: 중앙값, trimmed: 절사평균, mad: 중앙값 절대 편차, max: 최댓값, range: 범위 skew: 왜도, kurtosis: 첨도, se: 표준오차

또한 상기의 R 스크립트에서 생성된 desc_result_all을 실행하면 다음과 같은 data 데이터프레임 모든 변수에 대한 기술통계량 자료를 얻을 수 있다.

```
desc_result2

             vars  n  mean   sd median trimmed  mad min max range  skew kurtosis   se
SNS 사용목적*   1 90  4.76 1.69      6    5.00 0.00   1   6     5 −0.87    −0.82 0.18
성별*           2 90  1.39 0.49      1    1.36 0.00   1   2     1  0.45    −1.82 0.05
연령대*         3 90  5.00 1.29      5    5.24 1.48   1   6     5 −1.40     1.40 0.14
직업*           4 90  3.43 1.43      4    3.54 1.48   1   5     4 −0.37    −1.24 0.15
학력*           5 90  2.59 0.75      3    2.74 0.00   1   3     2 −1.42     0.27 0.08
```

거주지역*	6	90	6.81	4.23	5	6.58	4.45	1	15	14	0.34	−1.37	0.45
소득	7	90	4978.89	1916.76	4900	4931.94	1630.86	0	9300	9300	0.07	−0.10	202.04
순재산	8	90	34457.22	12297.22	33150	34224.31	11082.43	650	60450	59800	0.00	−0.14	1296.24

Chapter 10

교차분석

1절 교차분석

교차분석은 범주형 자료인 두 개 이상의 변수에 대한 교차되는 빈도를 표로 나타내 주는 분석 방법이다. 빈도분석이 한 개의 변수에 대한 빈도를 측정하는 방법이었다면 교차분석은 두 개의 변수를 교차한 자료에 대한 빈도를 분석하는 통계기법이다. 교차분석은 행과 열을 갖는 교차표(crosstabs table)를 작성하여 단순히 교차빈도를 분석할 뿐만 아니라 일반적으로 두 변수 간의 독립성 여부를 검정하는 카이제곱(Chi-square) 검정도 같이 수행된다. 이때 카이제곱 검정은 다음과 같은 기대빈도와 실제빈도 간의 차이에 의하여 계산된다.

$$\chi^2 = \Sigma\left(\frac{O_{ij} - \widehat{E_{ij}}}{\widehat{E_{ij}}}\right)O_{ij}$$

E_{ij}: 기대빈도

O_{ij}: 실제빈도

상기의 수식에서 카이제곱(χ^2)의 값이 커진다는 것은 기대빈도와 실제빈도 간의 차이가 크다는 것을 의미하며, 기대빈도와 실제빈도 간의 차이가 크다는 것은 두 변수 간의 연관성이 높다는 것을 의미한다.

2절 교차분석 예시

일반인들의 SNS 사용목적을 분석하기 위해 설문조사를 시행하였다. 설문에는 SNS 사용목적은 물론 응답자의 인구통계학적 특성을 확인하기 위하여 성별, 연령대, 직업과 소득, 순재산 등 항목들을 추가하여 자료를 수집하였다. 수집된 자료는 표 10-1 에서 보이는 바와 같다. 수집된 자료들에 대한 교차분석을 실시하고자 한다.

표 10-1 SNS 사용목적 자료

SNS 사용목적	성별	연령대	직업	소득	순재산
정보 · 지식 획득 및 공유	여자	40-44세	기타	4,100	31,200
인맥관리	남자	35-39세	무직	7,300	42,900
정보 · 지식 획득 및 공유	여자	25-29세	회사원	2,700	26,000
여가 및 취미	여자	45-49세	기타	5,100	20,800
정보 · 지식 획득 및 공유	여자	50세 이상	회사원	3,800	48,750
기타	여자	50세 이상	자영업	4,900	52,650

※ 자료 위치 : http://ssra.or.kr/rbook/data.csv

SNS 사용목적과 성별의 두 변수 간의 독립성 여부를 검정하는 카이제곱(Chi-square) 검정을 위해서 다음과 같은 가설을 설정하여 검정한다.

■ 가설설정

H_0: SNS 사용목적과 성별은 상호 연관성이 없다.

H_1: SNS 사용목적과 성별은 상호 연관성이 있다.

(H_0: 귀무가설, H_1: 대립가설)

3절 교차분석 실행

1. 작업영역 설정 및 파일 불러오기

교차분석을 위하여 다음과 같이 우선 작업영역을 설정하고 설정된 디렉터리(C:/WORK_R)에서 수집된 자료의 내용을 R 영역으로 가져와 데이터프레임으로 저장한다.

```
setwd("C:/WORK_R")
options("width" = 500)
data <- read.csv("data.csv", header = T, fileEncoding = "EUC-KR")
# 데이터프레임 형식으로 저장된 자료
data <- subset(data, select = c(SNS이용목적,성별,연령대,직업,학력,거주지역,소득,순재산))
```

2. 교차분석 R 스크립트

교차분석은 "gmodels" 패키지의 CrossTable( ) 함수를 이용하여 분석할 수 있다. CrossTable( ) 함수의 사용 형식은 다음과 같다.

```
CrossTable(x, y, digits = 3, max.width = 5, expected = FALSE, prop.r = TRUE, prop.c = TRUE,
prop.t = TRUE, prop.chisq = TRUE, chisq = FALSE, fisher = FALSE, mcnemar = FALSE, resid =
FALSE, sresid = FALSE, asresid = FALSE, missing. include = FALSE, format = c("SAS", "SPSS"),
dnn = NULL, ...)

x: 숫자형 벡터값
y: 숫자형 벡터값
expected: 모든 열과 행에 카이스퀘어값 표시
prop.r, prop.c, prop.t: 열, 행 테이블 백분율 포함
chisq, fisher, mcnemar: 카이스퀘어, 피셔, 맥네마르 검정 결과 포함
format: 출력 형식 지정
```

교차분석은 다음과 같이 패키지를 사용하기 위한 library(gmodels)를 실행한 후 CrossTable( ) 함수를 실행하면 된다. CrossTable( )에 교차분석할 행과 열 항목을 입력하면 된다. 두 변수 간의 독립성 여부를 검정하는 카이제곱(Chi-square) 검정이 필요하다면 옵션으로 "prop.chisq = TRUE"를 설정하면 된다.

```
library(gmodels)
cross_table <- CrossTable(data$SNS이용목적, data$성별, digits=3, max.width = 5, ex-
pected=TRUE, prop.r=TRUE, prop.c=TRUE, prop.t=TRUE, prop.chisq=TRUE, chisq =
FALSE, fisher=FALSE, mcnemar=FALSE )
    # 교차분석
```

3. 교차분석 실행결과

상기의 R 스크립트에서 생성된 cross_table을 실행하면 다음과 같은 특정 항목들에 대한 교차표를 얻을 수 있다.

```
cross_table                                # SNS 사용목적과 성별에 대한 교차분석 분석결과
```

Cell Contents
N
Expected N
Chi-square contribution
N / Row Total
N / Col Total
N / Table Total

Total Observations in Table: 90

	data$성별		
data$SNS 사용목적	남자	여자	Row Total
기타	1 2.444 0.854 0.250 0.018 0.011	3 1.556 1.341 0.750 0.086 0.033	4 0.044
여가 및 취미	7 6.111 0.129 0.700 0.127 0.078	3 3.889 0.203 0.300 0.086 0.033	10 0.111
의사소통	5 6.722 0.441 0.455 0.091 0.056	6 4.278 0.693 0.545 0.171 0.067	11 0.122
인맥관리	6 4.889 0.253 0.750 0.109 0.067	2 3.111 0.397 0.250 0.057 0.022	8 0.089
표현 공간	1 1.833 0.379 0.333 0.018 0.011	2 1.167 0.595 0.667 0.057 0.022	3 0.033
정보 · 지식 획득 및 공유	35 33.000 0.121 0.648 0.636 0.389	19 21.000 0.190 0.352 0.543 0.211	54 0.600

data$성별			
data$SNS 사용목적	남자	여자	Row Total
Column Total	55 0.611	35 0.389	90

Statistics for All Table Factors

Pearson's Chi-squared test
Chi^2 = 5.59693 d.f. = 5 p = 0.3474341

4. 교차분석 실행결과 해설

교차분석 실행 결과 실제빈도(*N*)와 기대빈도(Expected *N*)가 포함된 교차표가 산출되고 기대빈도와 실제빈도 간의 차이를 검정하는 카이제곱(Chi-square) 검정 결과가 하단에 나타난다. 상기에서 보이는 바와 같이 카이스퀘어(Chi^2)값이 5.59693이며 자유도가 5로서 유의확률은 0.3474341이다. 유의확률이 0.05보다 큰 값을 가지고 있으므로 두 변수들 간의 상호 독립적이라는 귀무가설은 기각되지 않고 상호 관련성이 있다는 대립가설은 기각되었다. 즉 SNS 사용목적과 성별은 서로 연관성이 없는 것으로 판단할 수 있다.

통계분석

STATISTICAL ANALYSIS

제3부 모수통계분석

Chapter 11

모수통계분석 기초

1절 모수통계분석

모수통계분석(parametric statistics)은 모수에 대한 가정을 전제로 통계학적 검정을 하는 분석기법으로 모집단의 확률분포가 정규분포를 따르며, 비교하려는 집단 내의 분산이 같고 대체로 등간척도나 비율척도로 수집된 연속형의 수량적 자료를 분석할 때 사용되는 통계분석기법으로 이론의 일반화를 추구하는 사회과학연구에서 주로 사용되는 통계분석기법이다.

■ 모수통계분석의 전제조건

① 표본의 모집단이 정규분포를 이루어야 한다.

② 집단 내의 분산은 같아야 한다.

③ 변수는 등간척도나 비율척도로 측정되어야 한다.

2절 모수통계분석의 분류

1. 모수통계분석의 목적

일반적으로 사용되는 모수통계분석은 t-검정, 분산분석, 상관관계분석, 회귀분석, 로지스틱 회귀분석, 판별분석, 요인분석, 군집분석 등이 있으며 목적에 따라 표 11-1과 같이 세부적인 분류가 가능하다.

표 11-1 목적에 따른 모수통계분석 분류

통계분석	주요 목적	세부통계분석
t-검정	두 개의 집단 간의 평균 차이 비교	독립표본 t-검정 대응표본 t-검정
분산분석	3개 이상의 집단 간의 차이 분석	일원분산분석 반복측정 분산분석
	2개 이상의 독립변수의 종속변수에 대한 영향 여부에 대한 분석	다원분산분석
	독립변수의 2개 이상의 종속변수에 대한 영향 여부에 대한 분석	다변량 분산분석
상관관계분석	두 변수 간의 상호관련성 분석	–
회귀분석	종속변수의 독립변수 영향 여부에 대한 분석(인과관계 분석)	단순회귀분석 다중회귀분석
로지스틱 회귀분석	이분형 종속변수와 독립변수들 간의 관계를 구체적인 함수로 산출 및 예측	–
판별분석	집단형 종속변수와 독립변수들 간의 판별식 산출 및 집단 예측	–
요인분석	변수의 축소, 즉 측정변수들을 소수의 요인들로 묶음	주성분분석 요인분석
신뢰도분석	질문 문항들, 측정값들 등에 대한 신뢰성 검정	–
군집분석	자료를 동질적인 집단이나 군집으로 분류	계층적 군집분석 K-평균 군집분석

2. 모수통계분석의 종류

1) 독립표본 t-검정

일반적으로 두 집단의 평균을 비교하는 분석 방법은 크게 Z-검정과 t 검정으로 구분된다. Z-검정은 모집단의 분산을 알고 있는 경우에 사용된다. 그러나 모집단의 분산을 알고 있는 경우가 드물기 때문에 두 집단의 평균 비교를 위하여 보통 t-검정이 사용된다. 독립표본 t-검정(independent sample t-test)은 표본의 수가 다른 두 집단 간의 평균의 차이가 통계적으로 유의한지를 파악할 때 이용하는 통계기법이다. 예를 들면 설문조사를 통하여 기업이 개발한 신제품의 인지도가 남성과 여성 간의 차이가 있는지를 알고자 할 때 독립표본 *t*-검정을 사용한다.

2) 대응표본 *t*-검정

대응표본 *t*-검정(paired t-test)은 짝지어진 자료의 평균 차이를 검정하는 데 사용되는 통계분석기법이다. 즉, 대응표본 *t*-검정은 비교하려는 자료의 표본수가 같은 경우 사용되는 *t*-검정기법으로 신약 효과를 검정하기 위해 동일 환자들을 대상으로 투약 전과 투약 후 차이를 분석하거나, 한 반의 중간고사와 기말고사 성적처럼 동일 집단에게서 측정된 두 표본에서 측정된 두 변수값의 평균의 차이가 있는지를 검정할 때 이용된다.

3) 일원분산분석

분산분석(Analysis of Variance, ANOVA)은 두 표본 이상의 평균치에 대한 차이를 검정하는 통계기법이다. *t*-검정이 두 집단의 비교에 초점을 맞춘 검정 방법인 데 반하여 일원분산분석(one-way ANOVA)은 일반적으로 세 집단 이상의 비교로 집단별 차이가 관심변수에 영향을 미치는지 여부를 추론할 수 있다. 예를 들면 관심변수인 통계학을 수강한 학생들의 점수에 대해 학년별 유의한 차이가 있는지를 확인할 수 있다. 따라서 일원분산분석에서 관심변수를 종속변수, 집단을 독립변수라고 부르기도 한다.

4) 반복측정 분산분석

반복측정 분산분석(repeated measures ANOVA)은 대응표본 *t*-검정과 유사하게 동일 집단에 대하여 셋 이상의 조건에 노출이 되어 측정된 종속변수의 결과를 분석하거나 하나 이상의 집단이 동일한 조건에 대하여 반복적으로 노출되는 경우 시간에 따라 종속변수의 변화량을 측정하기 위하여 적용되는 통계분석기법이다.

5) 다원분산분석

다원분산분석(multi-way ANOVA)은 독립변수의 수가 두 개 이상일 때 집단 간 차이가 유의한지를 검정하는 데 사용한다. 예를 들어 학력 및 성별에 따른 휴대폰 요금의 차이를 분석한다면 이때 학력과 성별은 독립변수이고 종속변수는 휴대폰 요금이 된다. 다원분산분석은 종속변수에 대한 개별 독립변수들에 대한 영향뿐 아니라 독립변수들의 상승작용 효과를 같이 분석할 수 있다.

6) 다변량 분산분석

다변량 분산분석(Multivariate Analysis of Variance, MANOVA)은 종속변수가 2개 이상인 경우에 종속변수 간의 평균값들의 차이를 검정하는 데 사용되는 통계기법이다. 일반적으로 종속변수들 간의 상관관계가 높은 경우 다수의 일원분산분석을 내신하여 실시되며, 모든 종속변수들에 대하여 독립변수의 전반적인 영향 유무를 검정하는 데 사용된다.

7) 상관관계분석

상관관계분석(correlation analysis)은 연구하고자 하는 변수들 간의 관련성을 분석할 때 사용한다. 상관관계분석은 변수들 간의 관련성 여부는 물론 관련성의 정도에 대한 정보도 제공한다. 일반적으로 모수통계에서의 상관관계분석은 각각의 변수가 주로 연속형 자료인 경우에 사용한다. 예를 들면, 소득액과 지출액 간의 관련성 여부라든지, 응답자의 연간 자동차 주행거리와 연령과의 관련성 여부 등을 분석하고자 할 때 이용되는 분석기법이다.

8) 단순회귀분석

회귀분석(regression analysis)은 변수들 사이의 인과관계를 규명하는 통계분석 방법이다. 회귀분석에서 다른 변수에 영향을 주는 원인에 해당하는 변수를 독립변수(independent variable)라고 하고, 영향을 받는 결과에 해당하는 변수를 종속변수(dependent variable)라 한다. 회귀분석은 독립변수와 종속변수 사이의 선형방정식인 회귀식을 찾아내고, 종속변수에 대한 독립변수들을 예측하는 데 목적이 있다. 회귀분석은 독립변수의 개수에 따라 단순회귀분석과 다중회귀분석으로 구분할 수 있으며, 단순회귀분석(simple regression analysis)은 독립변수가 하나일 때 사용되는 통계분석기법이다.

9) 다중회귀분석

다중회귀분석(multiple regression analysis)은 둘 이상의 독립변수와 종속변수 간의 관계를 분석하는 데 사용되는 통계기법으로 중요한 독립변수를 회귀모형에 누락함으로써 발생 가능한 편의(bias)를 제거할 수 있어 단순회귀모형보다 좀 더 정교한 회귀분석모형을 설정하는 데 유리하다. 따라서 인과관계분석을 주로 하는 사회과학연구에서 자주 이용되는 통계분석기법이다.

10) 로지스틱 회귀분석

로지스틱 회귀분석(logistic regression)은 독립변수들과 이항형 종속변수와의 관계를 구체적인 함수로 나타내어 사건의 발생 가능성을 예측하는 데 사용되는 통계분석기법이다. 즉, 로지스틱 회귀분석은 독립변수들의 유의성을 검정하는 인과분석을 하려는 목적보다는 회귀식을 통해 예측에 초점을 맞추고 있다. 로지스틱 회귀분석 함수가 대출상환 여부, 결혼 여부, 차량보유 여부 등의 두 가지 이분형 결과로 나타내기 때문에 일종의 분류기법으로도 취급된다.

11) 판별분석

판별분석(discriminants analysis)은 새로 관측된 개체를 사전에 알고 있던 여러 개의 집단 중에서 하나의 집단으로 판별하는 통계기법으로 잘못 판별되는 경우가 최소가 되도록 한다. 로지스틱 회귀분석의 목적과 유사하게 판별함수를 산출하여 결과를 예측하나 로지스틱 회귀분석이 종속변수를 이항변수로 사용하는 것에 반하여 판별분석은 일반적으로 명목척도 형태의 세 개 이상의 값들로 설정된 종속변수를 대상으로 한다.

12) 요인분석

요인분석(factor analysis)은 변수들 간의 상관관계를 이용하여 서로 관련성 있는 변수끼리 묶어 변수의 개수보다 적은 수의 요인(factor)으로 추출하는 통계분석기법이다. 요인분석은 요인 추출을 통해 자료의 복잡성을 줄이고 정보를 요약하는 주요 목적 이외에 개념(construct)의 구조를 파악하거나 측정도구의 타당도(validity)를 검정하는 데도 이용된다.

13) 신뢰도분석

신뢰도분석(reliability analysis)은 질문 문항들, 변수들 혹은 측정 대상들 간의 일관성의 정도를 분석한다. 통계를 이용한 신뢰도분석은 일반적으로 내적 일관성 신뢰도(internal consistency reliability)기법인 크론바흐 알파(Cronbach α)값을 산출하여 분석한다.

14) 군집분석

군집분석(cluster analysis)은 대상들이 지니고 있는 다양한 특성의 유사성을 바탕으로 세부적인 집단들로 나누어주는 통계분석기법이다. 군집분석은 대상들을 분류하기 위한 명확한 기준이 존재하지 않거나 기준이 밝혀지지 않은 상태에서 대상자들을 군집인 집단으로 분류하는 데 사용된다. 군집분석은 마케팅조사에서는 소비자들의 상품구매 행동이나 생활방식에 따라 소비자를 여러 집단으로 분류하여 시장전략을 수립하는 것과 같은 실무적인 목적에서 자주 이용된다.

3절 자료 형태와 모수통계분석

1. 독립변수와 종속변수 간의 관계분석 방법

독립변수와 종속변수 간의 관계분석 방법은 종속변수가 독립변수에 의하여 얼마나 설명 또는 예측하는가에 초점을 맞춘 인과관계분석을 위한 통계분석으로 일반적으로 사용되는 통계분석기법과 자료의 형태는 표 11-2와 같다.

표 11-2 인과관계분석 모수통계분석의 자료 형태

통계기법	독립변수	종속변수
t-검정	명목	등간(또는 비율)
분산분석	명목	등간(또는 비율)
회귀분석	등간(또는 비율)	등간(또는 비율)
로지스틱 회귀분석	등간(또는 비율)	명목
판별분석	등간(또는 비율)	명목

2. 변수들 간의 상호관계분석 방법

변수들 간의 상호관계분석 방법은 변수들 상호 간의 관련성을 분석하거나 변수들의 집단화에 초점을 맞추고 있는 통계기법들로서 표 11-3과 같이 상관관계분석, 요인분석, 신뢰도분석, 군집분석 등이 있다.

표 11-3 상호관계분석 모수통계분석의 자료형태

통계기법	변수의 형태
상관관계분석	등간(또는 비율)
요인분석	등간(또는 비율)
신뢰도분석	등간(또는 비율)
군집분석	등간(또는 비율)

Chapter 12

t-검정

1절 t-검정

t-검정(t-test)은 두 집단 간 평균을 비교하는 통계분석기법이다. 즉 t-검정은 두 집단 간 평균 차이에 대하여 통계적으로 차이가 있는지를 검정하는 통계기법으로, 모집단의 분산이나 표준편차를 알지 못할 때 모집단을 대표하는 표본으로부터 추정된 분산이나 표준편차를 가지고 t-분포에 의존하여 검정하는 통계분석기법이다.

1. t-검정 유형

t-검정은 두 집단 자료의 존재유무나 두 집단의 동일성에 따라 크게 세 가지 t-검정 기법, 즉 독립표본 t-검정, 대응표본 t-검정 그리고 단일표본 t-검정으로 구분할 수 있다.

- 독립표본 t-검정: 표본의 수가 다른 두 집단에 대한 비교 시
- 대응표본 t-검정: 표본의 수가 같은 두 집단 즉, 대응 관계의 집단들에 대한 비교 시
- 단일표본 t-검정: 단일표본 집단의 평균값과 기대평균과의 비교분석 시 적용

2. t-검정 조건

두 개의 집단에 대한 t-검정을 실시하기 위해서는 자료의 정규성과 등분산성이 만족되어야 한다. 정규성의 경우 일반적으로 관측 개수가 30개 이상일 때 중심극한정리에 의거 만족한다고 판단할 수 있으며, 등분산성을 확인하기 위해서는 Levene의 등분산성 검정을 수행해야 한다. Levene의 등분산성 검정은 독립집단의 분산의 동일성을 검정하는 통계기법으로 F-검정을 통해 각 집단이 동일한지를 검정해준다.

■ 정규성: 자료가 정규분포를 따르는지 여부

■ 등분산성: 비교 집단들의 분산이 같은지에 대한 여부

2절 독립표본 *t*-검정

독립표본 *t*-검정(independent sample t-test)은 독립적으로 존재하는 두 집단 간의 평균 차이를 검정하는 통계분석기법이다. 독립표본 *t*-검정은 일반적으로 비교하려는 표본수가 다른 경우에 사용되는 *t*-검정기법으로 국내대학의 남학생과 여학생의 토익성적을 비교한다든지 한국과 일본의 직장인 소득을 비교하는 것과 같이 일반적으로 비교집단의 표본의 수를 통제하기 쉽지 않은 연구를 수행할 때 이용된다.

독립표본 *t*-검정에서 두 집단 분산의 동일 여부에 따라 *t*-통계량 산출 공식은 다음과 같이 다르다. 두 모집단의 분산이 다를 때의 공식은 다음과 같다.

$$t = \frac{\overline{X}_1 - \overline{X}_2}{\sqrt{\frac{S_1^2}{n_1} + \frac{S_2^2}{n_2}}} \qquad S_i^2 = \frac{\sum(x_i - \overline{X}_i)^2}{n_i - 1}$$

$\overline{X}_1$: 집단 1의 표본의 평균　　$\overline{X}_2$: 집단 2의 표본의 평균

두 모집단의 분산이 동일할 때 공식은 다음과 같다.

$$t = \frac{\overline{X}_1 - \overline{X}_2}{\sqrt{\frac{S_p^2}{n_1} + \frac{S_p^2}{n_2}}} \qquad S_p^2 = \frac{(n_1 - 1)S_1^2 + (n_2 - 1)S_2^2}{n_1 + n_2 - 2}$$

n_1 : 집단 1의 표본수　　S_1^2 : 집단 1의 표본분산

n_2 : 집단 2의 표본수　　S_2^2 : 집단 2의 표본분산

독립표본 t-검정은 독립적으로 존재하는 두 개의 집단을 비교하기 때문에 모집단의 분산이 동일한지 여부를 확인하기 위하여 Levene의 등분산성 검정이 같이 수행되어야 한다.

1. 독립표본 t-검정 예시

직장인 남성과 여성 간 연간소득의 차이가 있는지를 분석하기 위해 직장인들을 대상으로 설문조사를 시행하였다. 수집된 자료는 표 12-1 에서 보이는 바와 같은 형태이다. 수집된 자료를 가지고 직장인 남성과 여성 간 평균 소득의 차이가 있는지를 분석해 보자.

표 12-1 직장인 남성과 여성의 연간소득 자료

성별	소득
여자	4,100
남자	7,300
여자	2,700
여자	5,100
여자	3,800
여자	4,900

※ 분석자료 위치: http://ssra.or.kr/rbook/data.csv

독립표본 t-검정을 이용한 직장인 성별 간 평균소득의 차이 분석을 위하여 다음과 같은 가설을 설정하여 검정한다.

- 가설설정

  H_0: 직장인 남자와 여자의 평균소득은 차이가 없다.

  H_1: 직장인 남자와 여자의 평균소득은 차이가 있다.

  (H_0: 귀무가설, H_1: 대립가설)

2. 작업영역 설정 및 파일 불러오기

독립표본 *t*-검정을 위하여 다음과 같이 우선 작업영역을 설정하고 설정된 디렉터리(C:/WORK_R)에서 수집된 자료의 내용을 R 영역으로 가져와 데이터프레임으로 저장한다.

```
setwd("C:/WORK_R")
options("width" = 500)
data <- read.csv("data.csv", header = T, fileEncoding = "EUC-KR")
# 데이터프레임 형식으로 저장된 자료
data <- subset(data, select = c(성별,소득))
```

3. 독립표본 *t*-검정 R 스크립트

t-검정을 위하여 R에서 사용되는 기본 함수는 t.test( ) 함수이다. t.test( ) 함수의 사용 형식은 다음과 같다.

```
t.test(x, y = NULL, alternative = c("two.sided", "less", "greater"),
    mu = 0, paired = FALSE, var.equal = FALSE,
    conf.level = 0.95, …)

x: 숫자형 벡터값
y: 숫자형 벡터값
alternative: 검정 방법(양측, 단측)
mu: 평균
paired = FALSE: 독립표본, paired = TRUE: 대응표본
var.equal = FALSE: 등분산 가정 안 함, var.equal = TRUE: 등분산 가정
conf.level: 신뢰구간 지정
```

독립표본 *t*-검정은 우선 상기의 자료에서 subset( ) 함수를 이용하여 비교하려는 표본 자료들을 각기 축출한다. 이후 표본들에 대한 describe( )을 이용하여 기술통계

분석을 수행하고 t.test( )을 이용한 *t*-검정을 수행한다. *t*-검정은 인수인 "var.equal = TRUE"를 사용하여 등분산이 가정됨과 등분산이 가정되지 않은 분석을 각기 수행한다.

```
# 독립표본 t-검정을 위한 표본자료 축출
data1 <- subset(data, data$성별 = = '남자')          # 남성 표본자료
data2 <- subset(data, data$성별 = = '여자')          # 여성 표본자료

# 기술통계 자료 생성
library(psych)
desc_result1 <- describe(data1$소득)                 # 남성표본 기술통계 자료
desc_result2 <- describe(data2$소득)                 # 여성표본 기술통계 자료

# 등분산이 가정된 t-검정
t_result_e <- t.test(data1$소득, data2$소득, var.equal = TRUE )

# 등분산이 가정되지 않은 t-검정
t_result <- t.test(data1$소득, data2$소득 )
```

등분산 가정은 사용하려고 하는 표본이 그 표본이 추출된 모집단과 분산이 같다는 가정을 의미한다. 표본이 무작위로 추출되었다는 확증을 위해서는 등분산 검정을 위해 Levene 등분산성 검정을 수행한다. Levene 등분산성 검정은 car 패키지에서 제공하는 leveneTest( ) 함수를 이용하며, leveneTest( ) 함수의 사용 형식은 다음과 같다.

```
leveneTest(y, ...)
## S3 method for class 'formula'
leveneTest(y, data, ...)
## S3 method for class 'lm'
leveneTest(y, ...)
## Default S3 method:
leveneTest(y, group, center = median, ...)
```

```
y: lm 또는 formula 식 (종속변수 ~ 독립변수)
data: 식에서 사용되는 데이터프레임
group: 그룹을 정의하는 요인
center: 그룹의 중심을 계산하는 방법 예) 평균, 중앙값
```

leveneTest( ) 함수를 이용한 자료의 등분산 검정은 다음과 같이 수행한다.

```
# Levene 등분산성 검정
library(car)
levene_result <- leveneTest(소득 ~ 성별, data, center = "mean")
```

4. 독립표본 *t*-검정 실행결과

1) 기술통계량

상기의 R 스크립트에서 기술통계분석 자료인 desc_result1, desc_result2을 실행하면 다음과 같은 남성 표본 집단과 여성 표본 집단의 소득에 대한 케이스 수, 평균, 표준편차 중위수 등의 기술통계 현황을 얻을 수 있다.

```
desc_result1                                          # 남성 직장인 소득의 기술통계량
  vars  n    mean      sd median trimmed     mad min  max range skew kurtosis     se
X1   1 55 4920.91 2057.86   4900 4874.44 1630.86   0 9300  9300  0.1    -0.01 277.48

desc_result2                                          # 여성 직장인 소득의 기술통계량
  vars  n mean      sd median trimmed     mad  min  max range skew kurtosis     se
X1   1 35 5070 1696.28   5300 5060.34 1927.38 2100 8300  6200 0.05    -1.03 286.72
```

상기의 기술통계량 결과를 보면 여성 35명의 평균소득은 4,920.91만 원으로 남성 55명의 평균소득인 5,070만 원보다 다소 높은 것으로 나타나고 있다.

2) 독립표본 *t*-검정

독립표본 *t*-검정은 등분산이 가정된 자료인 t_result_e와 등분산이 가정되지 않은 t_result를 실행하여 확인할 수 있다.

```
t_result_e                                    # 등분산 가정 t-검정 결과

	Two Sample t-test

data:  data1$소득 and data2$소득
t = -0.35796, df = 88, p-value = 0.7212
alternative hypothesis: true difference in means is not equal to 0
95 percent confidence interval:
 -976.7922  678.6104
sample estimates:
mean of x mean of y
 4920.909  5070.000
```

상기의 등분산이 가정된 결과를 살펴보면 *t*-값이 −0.35796이고 자유도가 88이기 때문에 유의확률은 0.7212로 산출되었다. 유의확률이 0.05를 상회하므로 두 집단의 소득의 차이는 없는 것으로 해석할 수 있다.

```
t_result                                 # 등분산 가정되지 않은 t-검정 결과

	Welch Two Sample t-test

data:  data1$소득 and data2$소득
t = -0.37365, df = 82.143, p-value = 0.7096
alternative hypothesis: true difference in means is not equal to 0
95 percent confidence interval:
 -942.8233  644.6415
sample estimates:
mean of x mean of y
 4920.909  5070.000
```

상기의 등분산이 가정되지 않는 결과를 살펴보면 *t*-값이 −0.35796이고 자유도가 82.143이기 때문에 유의확률은 0.7096로 산출되었다. 유의확률이 0.05를 상회하므로 이 역시 두 집단의 소득의 차이는 없는 것으로 해석할 수 있다. 따라서 귀무가설을 기각할 수 없다.

3) 등분산 검정

등분산 검정은 levene_result를 실행하면 얻을 수 있다. 등분산 검정은 *F*-값으로 결정된다. *F*-값에 대한 유의확률이 0.05보다 클 경우 두 집단의 분산의 차이가 없는 것으로 평가된다. 다음 결과를 보면 *Pr*(>*F*)이 0.6196로 일반 기준인 0.05를 상회하므로 두 집단의 분산을 차이가 없는 것으로 해석된다. 따라서 상기의 독립표본 *t*-검정에서 등분산이 가정된 결과(t_result_e)의 해석을 수용할 필요가 있다.

```
levene_result

Levene's Test for Homogeneity of Variance (center = "mean")
      Df  F-value  Pr(>F)
group  1  0.2482  0.6196
      88
```

2절 대응표본 *t*-검정

대응표본 *t*-검정(paired *t*-test)은 짝지어진 자료의 평균 차이를 검정하는 데 사용되는 통계분석기법이다. 따라서 대응표본 *t* 검정은 비교하려는 자료의 표본수가 같은 경우에 사용되는 *t*-검정기법으로 신약 효과를 검정하기 위해 동일 환자들을 대상으로 투약 전과 투약 후 차이를 분석하거나, 한 반의 영어시험과 수학시험의 성적처럼 동일 집단에게서 측정된 두 변수값의 평균 차이를 검정할 때 이용된다.

1. 대응표본 *t*-검정 예시

한 반의 학생들에게 한 달간의 명상이 체중감소에 효과가 있는지에 대한 실험을 시작하였다. 실험을 수행하기 전에 학생들의 체중을 측정하였고 한 달간의 명상 후 학생들의 체중을 측정하였다. 측정한 자료는 **표 12-2** 에서 보이는 바와 같으며, 측정된 체중 자료들에 대한 *t*-검정을 실시하고자 한다.

표 12-2 학생들의 명상 전과 후의 체중

학번	명상 전 체중	명상 후 체중
091419	77	78
130312	77	77
120618	55	54
135020	66	65
135042	77	77
145017	77	78

※ 분석자료 위치: http://ssra.or.kr/rbook/data.csv

대응표본 *t*-검정을 이용한 상기의 비교분석을 위하여 다음과 같은 가설을 설정하여 검정한다.

■ 가설설정

H_0 : 명상 전 평균체중과 명상 후 평균체중은 차이가 없을 것이다.

H_1 : 명상 전 평균체중과 명상 후 평균체중은 차이가 있을 것이다.

(H_0 : 귀무가설, H_1 : 대립가설)

2. 작업영역 설정 및 파일 불러오기

대응표본 *t*-검정을 위하여 다음과 같이 우선 작업영역을 설정하고 설정된 디렉터리(C:/WORK_R)에서 수집된 자료의 내용을 R 영역으로 가져와 데이터프레임으로 저장한다.

```
setwd("C:/WORK_R")
options("width" = 500)
data <- read.csv("data.csv", header = T, fileEncoding = "EUC-KR")
# 데이터프레임 형식으로 저장된 자료
data <- subset(data, select = c(학번, 명상 전, 명상 후))
```

3. 대응표본 *t*-검정 R 스크립트

대응표본 *t*-검정을 위하여 R에서 사용되는 기본 함수는 t.test( ) 함수이며, 인수로 대응표본 *t*-검정을 나타내는 "paired=TRUE"를 사용하여 분석을 수행한다.

```
# 기술통계 자료 생성
library(psych)
desc_result1 <- describe(data$명상 전)          # 명상 전 기술통계 자료
desc_result2 <- describe(data$명상 후)          # 명상 후 기술통계 자료

# 대응표본 t-검정
t_result <- t.test(data$명상 전, data$명상 후, paired = TRUE )
```

4. 대응표본 *t*-검정 실행결과

1) 기술통계량

상기의 R 스크립트에서 생성된 기술통계분석 자료인 desc_result1, desc_result2를 실행하면 다음과 같은 기술통계 현황을 얻을 수 있다.

```
desc_result1                                              # 명상 전 기술통계 자료
   vars  n  mean    sd median trimmed  mad min max range skew kurtosis   se
X1    1 90 68.18 11.97     75   69.88 2.97  41  83    42   -1    -0.44 1.26

desc_result2                                              # 명상 후 기술통계 자료
   vars  n  mean    sd median trimmed  mad min max range  skew kurtosis   se
X1    1 90 67.54 11.69     74   69.03 4.45  43  83    40 -0.95    -0.52 1.23
```

상기의 기술통계 자료를 보면 명상 전 평균체중은 68.18kg, 명상 후 평균체중은 67.54kg로 명상 후 평균체중이 0.54kg 적었다.

2) 대응표본 *t*-검정

대응표본 *t*-검정 결과는 t_result를 실행하여 확인할 수 있다.

```
t_result                                                  # 대응표본 t-검정 결과

        Paired t-test

data:  data$명상 전 and data$명상 후
t = 4.1685, df = 89, p-value = 7.095e-05
alternative hypothesis: true difference in means is not equal to 0
95 percent confidence interval:
 0.3314456 0.9352210
sample estimates:
mean of the differences
            0.6333333
```

상기의 결과를 살펴보면 *t*-값이 4.1685이고 자유도가 89로 유의확률은 7.095e-05로 산출되었다. 유의확률이 0.05 이하이므로 두 변수 간의 차이는 있는 것으로 해석할 수 있다. 따라서 대립가설이 채택되었고, 명상이 체중 감소에 효과가 있다고 주장할 수 있다.

3절 단일표본 *t*-검정

단일표본 *t*-검정(one sample *t*-test)은 한 집단의 평균과 기대되는 값과의 차이를 검정하는 데 사용되는 통계분석기법이다. 단일표본 *t*-검정은 국민 평균소득과 특정 집단의 소득과의 차이를 검정하거나 평균토익성적과 특정 대학 학생들의 토익성적의 차이를 확인할 때와 같이 이미 알려진 평균값과 표본의 평균값의 차이가 유의한지를 검정할 때 주로 이용된다.

1. 단일표본 *t*-검정 예시

2017년 우리나라 대학생들의 평균 토익성적은 684점으로 조사되었다. 본교 경영학과 학생들의 토익성적이 우리나라 대학생들의 평균토익성적과 차이가 있는지 여부를 조사하기 위하여 경영학과 학생들의 토익성적 자료를 수집하였다. 수집된 자료는 **표 12-3**에서 보이는 바와 같다.

표 12-3 본교 경영학과 학생들의 토익성적

학번	토익성적
107101	679
107102	574
107103	842
107104	895
107105	966
107106	561

※ 분석자료 위치: http://ssra.or.kr/rbook/data.csv

단일표본 *t*-검정을 이용한 본교 경영학과 학생들의 토익성적과 우리나라 대학생들의 평균토익성적의 차이 분석을 위하여 다음과 같은 가설을 설정하여 검정한다.

■ 가설설정

H_0 : 우리나라 대학생들의 평균토익성적과 본교 경영학과 학생들의 평균토익성적은 차이가 없다.

H_1 : 우리나라 대학생들의 평균토익성적과 본교 경영학과 학생들의 평균토익성적은 차이가 있다.

(H_0 : 귀무가설, H_1 : 대립가설)

2. 작업영역 설정 및 파일 불러오기

단일표본 *t*-검정을 위하여 다음과 같이 우선 작업영역을 설정하고 설정된 디렉터리(C:/WORK_R)에서 수집된 자료의 내용을 R 영역으로 가져와 데이터프레임으로 저장한다.

```
setwd("C:/WORK_R")
options("width" = 500)
data <- read.csv("data.csv", header = T, fileEncoding = "EUC-KR")
# 데이터프레임 형식으로 저장된 자료
data <- subset(data, select = c(학번, 토익성적))
```

3. 단일표본 *t*-검정 R 스크립트

단일표본 *t*-검정을 위하여 R에서 사용되는 기본 함수는 t.test( ) 함수이다. describe( )을 이용하여 기술통계분석을 수행하고 t.test( )을 이용한 *t*-검정을 수행한다. 단일표본 *t*-검정은 비교대상인 평균을 인수로 mu=684을 사용하여 분석을 수행한다.

```
# 기술통계 자료 생성
library(psych)
desc_result <- describe(data$토익성적)            # 토익성적 기술통계 자료

# 단일표본 t-검정
t_result <- t.test(data$토익성적, mu = 684 )      # 평균값 684점 설정
```

4. 단일표본 *t*-검정 실행결과

1) 기술통계량

상기의 R 스크립트에서 생성된 기술통계분석 자료인 desc_result를 실행하면 다음과 같은 기술통계 현황을 얻을 수 있다.

```
desc_result                                          # 토익성적 기술통계 자료
   vars  n  mean     sd  median trimmed    mad min  max range  skew kurtosis    se
X1    1 90 701.2 170.99     706  704.78 171.24 279 1094   815 -0.14    -0.51 18.02
```

상기의 기술통계 자료를 보면 본교 학생의 평균토익점수는 701.2점으로 나타나, 우리나라 대학생들의 평균토익성적 684점을 상회하고 있다.

2) 단일표본 *t*-검정

단일표본 *t*-검정 결과는 t_result를 실행하여 확인할 수 있다.

```
t_result                                          # 단일표본 t-검정 결과

        One Sample t-test

data:  data$토익성적
t = 0.95426, df = 89, p-value = 0.3425
alternative hypothesis: true mean is not equal to 684
95 percent confidence interval:
 665.3859 737.0141
sample estimates:
mean of x
   701.2
```

상기의 결과를 살펴보면 *t*-값이 0.95426이고 자유도가 89로 유의확률은 0.3425로 산출되었다. 유의확률이 0.05 이상이므로 평균 간의 차이가 없는 것으로 해석할 수 있다. 따라서 귀무가설이 기각되지 않았고, 우리나라 대학생들의 평균토익성적과 본교 경영학과 학생들의 평균토익성적은 차이가 없는 것으로 평가할 수 있다.

Chapter 13

분산분석

1절 분산분석

분산분석(Analysis of variance, ANOVA)은 두 개 이상 다수의 집단을 비교하고자 할 때 집단 내의 분산, 총평균과 각 집단의 평균의 차이에 의해 생긴 집단 간 분산의 비교를 통해 만들어진 *F*-분포를 이용하여 가설검정을 하는 통계기법이다.

1. 분산분석 유형

분산분석은 집단형(명목척도) 자료로 구성된 독립변수와 연속형 자료인 종속변수 간의 관계를 분석하는 형태로 분석하려는 독립변수의 개수와 종속변수의 개수에 따라 크게 세 가지 분산분석기법, 즉 일원분산분석, 다원분산분석 그리고 다변량 분산분석으로 구분할 수 있다.

- 일원분산분석: 한 개의 종속변수에 대한 하나의 독립변수분석
- 다원분산분석: 한 개의 종속변수에 대한 다수의 독립변수분석
- 다변량 분산분석: 두 개 이상의 종속변수에 대한 독립변수분석

2. 분산분석 원리

분산분석은 종속변수의 변화인 집단 간 분산과 동일한 독립변수값을 집단 내에서의 종속변수의 변화인 집단 내 분산을 비교하여 통계적으로 유의한 차이가 있는지를 검정한다. 통계적 유의성 평가의 근간이 되는 *F*-통계량은 집단 내 분산을 집단 간 분산으로 나눈 값으로 *F*-통계량의 값이 클수록 집단 간 차이가 크다고 볼 수 있다.

F통계량$=\dfrac{\text{집단 내 분산}}{\text{집단 간 분산}}$의 값이 크면 클수록 집단 간 차이가 크다.

그림 13-1 을 보면 B가 A보다 집단 간 분산값이 작지만 분포가 넓게 퍼진 A가 B보다 집단 간 분산이 크게 나타나고 있다. 이러한 경우 B가 통계적 유의성이 높아질 수 있다.

그림 13-1 집단 내 분산

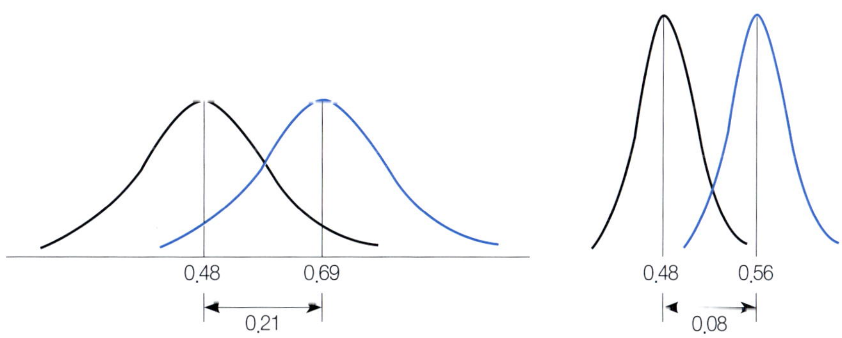

A. 집단 내 분산이 큰 경우 B. 집단 내 분산이 작은 경우

3. 사후검정

세 개 이상의 집단 간 차이를 분석하는 분산분석은 기본적으로 집단들 간의 평균 차이가 있다는 것만 알려주지 어떤 집단들 간의 차이가 있는지에 대한 정보는 제공하지 않는다. 사후검정(post hoc analysis)은 분산분석의 보완적인 분석으로 두 집단 간의 비교를 통하여 집단들 간의 차이 여부를 검정한다.

분산분석에서의 사후검정은 다음과 같이 주로 Scheffe 검정, Duncan 검정 그리고 Tukey 검정 등이 활용되며, 특징과 일반적인 적용 분야는 다음과 같다.

- Scheffe 검정: 사회과학에서 주로 사용되며, 집단의 수가 다를 때 사용된다.
- Duncan 검정: 사회과학에서 주로 사용되며, 가장 관대한 검정으로 귀무가설 기각확률이 높다.
- Tukey 검정: 엄격한 검정으로 자연과학에서 주로 사용된다. 집단의 수가 같을 때 사용된다.

2절 일원분산분석

일원분산분석(one-way ANOVA)은 일반적으로 3개 이상의 집단 간 차이를 분석하는 통계분석기법이다. 일원분산분석은 저소득, 중산층, 고소득층 등의 3개 이상으로 구성된 집단의 소비 차이를 분석하거나 대, 중, 소도시의 소득수준 차이를 검정할 때 활용되는 통계기법이다. 여기서 집단으로 분류되는 소득계층이나 도시 특성은 독립변수로, 소비나 소득수준은 종속변수로 간주될 수 있다. 따라서 일원분산분석은 종속변수가 한 개이며, 독립변수도 한 개인 분산분석이다.

일원분산분석은 표본의 동일성에 따라 일원배치 분산분석과 반복측정 분산분석으로 구분할 수 있다.

- 일원배치 분산분석: 표본의 수가 다른 집단들에 대한 비교 시
- 반복측정 분산분석: 표본의 수가 같은 집단들에 대한 비교 시

1. 일원분산분석 예시

도시 형태별 거주자들의 소득 차이 및 일반인들의 월별 지출비용의 차이를 분석하기 설문조사를 시행하였다. 수집된 자료는 표 13-1 에서 보이는 바와 같다. 수집된 자료에 대한 일원분산분석을 실시하고자 한다.

표 13-1 도시 형태별 거주자들의 소득 및 월별 지출현황

도시 형태	소득	지출1월	지출2월	지출3월
소도시	4,100	76.8	64.8	54
대도시	7,300	44.4	32.4	39.6
중도시	2,700	66	66	51.6
소도시	5,100	62.4	52.8	52.8
중도시	3,800	63.6	54	51.6
중도시	4,900	52.8	66	52.8

※ 분석자료 위치: http://ssra.or.kr/rbook/data.csv

일원배치 분산분석을 이용한 도시 형태별 거주자들의 소득에 대한 차이 분석을 위하여 다음과 같은 가설을 설정하여 검정한다.

■ 가설설정

H_0 : 도시 형태별 거주자들의 평균소득은 차이가 없다.

H_1 : 도시 형태별 거주자들의 평균소득은 차이가 있다.

(H_0 : 귀무가설, H_1 : 대립가설)

반복측정 분산분석을 이용한 월별 소비비용의 차이 분석을 위하여 다음과 같은 가설을 설정하여 검정한다.

■ 가설설정

H_0 : 일반인의 월별 소비비용은 차이가 없다.

H_1 : 일반인의 월별 소비비용은 차이가 있다.

(H_0 : 귀무가설, H_1 : 대립가설)

2. 작업영역 설정 및 파일 불러오기

일원분산분석을 위하여 다음과 같이 우선 작업영역을 설정하고 설정된 디렉터리(C:/WORK_R)에서 수집된 자료의 내용을 R 영역으로 가져와 데이터프레임으로 저장한다.

```
setwd("C:/WORK_R")
options("width" = 500)
data <- read.csv("data.csv", header = T, fileEncoding = "EUC-KR")
# 데이터프레임 형식으로 저장된 자료
data <- subset(data, select = c(도시형태, 소득, 지출1월, 지출2월, 지출3월))
```

3. 일원분산분석 R 스크립트

1) 일원배치 분산분석

분산분석을 위하여 R에서 사용되는 기본 함수는 aov( ) 함수이다. aov( ) 함수의 사용 형식은 다음과 같다.

```
aov(formula, data)

formula: 식 (종속변수 ~ 독립변수)
data: 데이터프레임
```

상기의 자료에서 도시 형태에 따른 소득의 차이를 분석하기 위한 일원배치 분산분석을 다음과 같이 수행한다.

```
# 일원배치 분산분석
aov_result1 = aov(소득 ~ 도시형태 , data)
```

2) 사후검정

사후검정을 위하여 R에서 사용되는 함수는 DescTools 패키지의 PostHocTest( ) 함수이다. PostHocTest( ) 함수의 사용 형식은 다음과 같다.

```
PostHocTest(x, method = c("hsd", "bonferroni", "lsd", "scheffe", "newmankeuls", "duncan"),
conf.level = 0.95, ...)

x: aov( ) 결과
method: 사후검정기법
conf.level: 신뢰수준
```

PostHocTest( ) 함수를 이용하여 상기의 자료에 대한 분산분석 결과에 대하여 다음과 같이 Scheffe 검정, Duncan 검정 그리고 Tukey 검정을 수행한다.

```
# 사후검정
library(DescTools)
Scheffe_result <- PostHocTest(aov_result1, method = "scheffe")      # Scheffe 검정
Duncan_result <- PostHocTest(aov_result1, method = "duncan")        # Duncan 검정
Tukey_result <- PostHocTest(aov_result1, method = "hsd")            # Tukey 검정
```

일원분산분석의 가정도 독립 t-검정과 같이 비교 집단의 분산이 동일하다는 가정, 즉 등분산성을 요구한다. 따라서 leveneTest( ) 함수를 이용한 자료의 등분산 검정도 다음과 같이 수행한다.

```
# 등분산 검정
library(car)
levene_result <- leveneTest(소득 ~ 도시형태, data, center = "mean")
```

3) 반복측정 분산분석

반복측정 분산분석은 동일 집단에 대하여 셋 이상의 조건에 노출이 되어 측정된 종속변수의 결과를 분석하는 일원분산분석이다. 상기의 자료에서 종속변수인 월별 지출이 1월, 2월, 3월 동안 차이가 있는지 분석하기 위하여 다음과 같이 수행을 한다. 분산분석을 위한 aov( ) 함수의 인수가 독립변수와 종속변수로 구성된 식(formula)을 사용하기 때문에 새로운 데이터프레임을 생성하여 실행해야 한다. 따라서 다음과 같이 as.data.frame( ) 함수를 이용하여 "지출"과 "월" 항목으로만 구성된 aov_data를 사용하여 반복측정 분산분석을 실행한다.

```
# 반복측정 분산분석을 위한 자료 구성
aov_data <- as.data.frame(rbind(cbind(data$지출1월, 1), cbind(data$지출2월, 2), cbind(data$
지출3월, 3)))
colnames(aov_data) <- c("지출", "월")
aov_data                                        # 지출과 월 항목으로 구성된 데이터프레임

# 반복측정 분산분석
aov_result2 = aov(지출 ~ 월, aov_data )
```

4. 일원분산분석 실행결과

1) 일원배치 분산분석 결과

상기의 R 스크립트에서 생성된 일원배치 분산분석 자료인 aov_result1, summary(aov_result1)을 실행하면 다음과 같은 일원배치 분산분석 결과와 일원배치 분산분석의 분산분석표를 얻을 수 있다.

```
aov_result1                                          # 일원배치 분산분석 결과

Call:
  aov(formula = 소득 ~ 도시형태, data = data)

Terms:
            도시형태 Residuals
Sum of Squares   3121229 323863660
Deg. of Freedom        2        87

Residual standard error: 1929.396
Estimated effects may be unbalanced


summary(aov_result1)                                 # 일원배치 분산분석 결과표

            Df    Sum Sq   Mean Sq  F-value  Pr(>F)
도시형태     2   3121229   1560615    0.419   0.659
Residuals   87 323863660   3722571
```

상기의 분산분석 결과표를 살펴보면 집단 간 자유도는 2이고 집단 내 자유도는 87로 평균제곱은 제곱값을 자유도로 나눈 값이고, *F*값은 집단 간 평균제곱을 집단 내 평균제곱으로 나눈 값이다. *F*값이 0.419이고 분자의 자유도가 2이고 분모의 자유도가 87인 경우의 유의확률은 0.659로 산출되었다.

유의확률이 0.659로 0.05를 상회하므로 집단별 차이는 없는 것으로 해석할 수 있다. 따라서 귀무가설을 기각할 수 없고, 도시 형태별 소득의 차이가 없는 것으로 주장할 수 있다.

2) 일원배치 사후검정 결과

상기의 도시 형태별 소득에 대한 사후검정의 결과들인 Scheffe_result, Duncan_result와 Tukey_result를 실행하면 다음과 같다.

```
Scheffe_result                                        # Scheffe 사후검정 결과

 Posthoc multiple comparisons of means: Scheffe Test
   95% family-wise confidence level

$도시형태
                    diff       lwr.ci     upr.ci   pval
소도시-대도시 -376.944444  -1564.812  810.9235 0.7326
중도시-대도시 -384.027778  -1650.299  882.2437 0.7525
중도시-소도시   -7.083333  -1323.031 1308.8646 0.9999

---
Signif. codes:  0 '***' 0.001 '**' 0.01 '*' 0.05 '.' 0.1 ' ' 1

Duncan_result`                                        # Duncan 사후검정 결과

 Posthoc multiple comparisons of means: Duncan's new multiple range test
   95% family-wise confidence level

$도시형태
                     diff      lwr.ci     upr.ci   pval
소도시-대도시  -376.944444 -1324.953  571.0644 0.4315
중도시-대도시  -384.027778 -1447.437  679.3819 0.4816
중도시-소도시    -7.083333 -1057.310 1043.1430 0.9893

---
Signif. codes:  0 '***' 0.001 '**' 0.01 '*' 0.05 '.' 0.1 ' ' 1

Tukey_result                                          # Tukey 사후검정 결과

 Posthoc multiple comparisons of means: Tukey HSD
   95% family-wise confidence level

$도시형태
                    diff       lwr.ci     upr.ci   pval
소도시-대도시 -376.944444  -1514.245  760.3559 0.7100
중도시-대도시 -384.027778  -1596.394  828.3385 0.7312
중도시-소도시   -7.083333  -1267.011 1252.8447 0.9999

---
Signif. codes:  0 '***' 0.001 '**' 0.01 '*' 0.05 '.' 0.1 ' ' 1
```

상기의 사후검정 결과들은 도시 간 평균차(diff), 95% 신뢰구간 하한값(lwr)과 상한값(upr), 유의확률(pval)을 보여주고 있다. 상기의 검정결과를 보면 대도시, 소도시, 중도시의 평균소득은 각각 5206.944, 4830.000, 4822.917이고 두 집단 간의 차이에 대한 유의확률이 모두 0.05를 상회하고 있어 집단 간 차이가 없음을 보여준다. 따라서 사후검정은 도시 형태별 소득의 차이가 없다는 일원분산분석의 결과를 지지하고 있다.

등분산 검정 결과는 levene_result를 실행하면 얻을 수 있다. 다음 결과를 보면 $Pr(>F)$이 0.1187로 일반 기준인 0.05를 상회하므로 집단들의 분산의 차이가 없는 것으로 해석된다.

```
levene_result                                        # 등분산 검정 결과

Levene's Test for Homogeneity of Variance (center = "mean")
      Df  F-value  Pr(>F)
group  2  2.1846   0.1187
      87
```

3) 반복측정 분산분석 결과

상기의 R 스크립트에서 생성된 반복측정 분산분석 자료인 aov_result2, summary(aov_result2)을 실행하면 다음과 같은 반복측정 분산분석 결과를 얻을 수 있다.

```
aov_result2                                          # 반복측정 분산분석 결과

Call:
  aov(formula = aov_data$지출 ~ 월, data = aov_data)

Terms:
```

```
                 월  Residuals
Sum of Squares  12801.8   90841.0
Deg. of Freedom       1       268

Residual standard error: 18.41084
Estimated effects may be unbalanced


summary(aov_result2)                              # 반복측정 분산분석 결과표

             Df  Sum Sq  Mean Sq  F-value      Pr(>F)
월            1   12802    12802    37.77  2.87e-09 ***
Residuals   268   90841      339
---
Signif. codes:  0 '***' 0.001 '**' 0.01 '*' 0.05 '.' 0.1 ' ' 1
```

상기의 결과를 살펴보면 유의확률이 2.87e-09로 집단별 차이는 있는 것으로 해석할 수 있다. 따라서 대립가설이 채택되었고, 월별 소비비용의 차이는 있는 것으로 주장할 수 있다.

3절 다원분산분석

다원분산분석(multi-way ANOVA)은 독립변수의 수가 두 개 이상일 때 집단 간 차이가 유의한지를 검정하는 데 사용한다. 학력 및 성별에 따른 휴대폰요금의 차이를 분석한다면 이때 학력과 성별은 독립변수이고 종속변수는 휴대폰요금이 된다. 또한 이원분산분석은 주효과와 상호작용 효과를 분석할 수 있다. 주효과는 학력(a), 성별(b)이라면 상호작용 효과는 이를 곱한 학력×성별(a×b)이다.

1. 다원분산분석 예시

직장인의 성별과 직업에 따라 연간소득의 차이가 있는지를 분석하기 위해 일반인들을 대상으로 설문조사를 시행하였다. 수집된 자료는 **표 13-2**에서 보이는 바와 같다. 수집된 자료를 가지고 성별과 직업에 따라 평균소득의 차이가 있는지를 분석해보자.

표 13-2 성별과 직업에 따른 연간소득

성별	직업	소득
여자	농어업	4,100
남자	공무원	7,300
여자	자영업	2,700
여자	농어업	5,100
여자	공무원	3,800
여자	자영업	4,900

※ 분석자료 위치: http://ssra.or.kr/rbook/data.csv

다원분산분석을 이용하여 성별과 직업에 따른 소득의 차이 분석을 위하여 다음과 같은 가설을 설정하여 검정한다.

■ 가설설정

H_1 : 소득은 성별에 따라 다를 것이다.

H_2 : 소득은 직업에 따라 다를 것이다.

H_3 : 소득은 성별과 직업에 따라 다를 것이다.

2. 작업영역 설정 및 파일 불러오기

다원분산분석을 위하여 다음과 같이 우선 작업영역을 설정하고 설정된 디렉터리(C:/WORK_R)에서 수집된 자료의 내용을 R 영역으로 가져와 데이터프레임으로 저장한다.

```
setwd("C:/WORK_R")
options("width" = 500)
data <- read.csv("data.csv", header = T, fileEncoding = "EUC-KR")
# 데이터프레임 형식으로 저장된 자료
data <- subset(data, select = c(성별, 직업, 소득))
```

3. 다원분산분석 R 스크립트

다원분산분석을 위하여 R에서 사용되는 기본 함수는 aov( ) 함수이다. 우선 상기의 자료에서 성별과 직업에 따른 소득의 차이를 분석하기 위하여 다음과 같이 소득은 종속변수로 성별과 직업은 독립변수로 하여 분산분석을 수행한다.

```
# 다원분산분석
aov_result <- aov(소득 ~ 성별*직업 , data )
```

4. 다원분산분석 실행결과

상기의 R 스크립트에서 생성된 다원분산분석 자료인 aov_result, summary(aov_result)을 실행하면 다음과 같은 다원분산분석 결과와 다원분산분석의 분산분석표를 얻을 수 있다.

```
aov_result                                              # 다원분산분석 결과
Call:
   aov(formula = 소득 ~ 성별 * 직업, data = data)

Terms:
                        성별        직업   성별:직업    Residuals
Sum of Squares        475434    13977596   3095903    309435956
Deg. of Freedom            1           4         3           81

Residual standard error: 1954.532
1 out of 10 effects not estimable
Estimated effects may be unbalanced


summary(aov_result)                                     # 다원분산분석 결과표

            Df     Sum Sq   Mean Sq  F-value   Pr(>F)
성별         1     475434    475434    0.124    0.725
직업         4   13977596   3494399    0.915    0.460
성별:직업    3    3095903   1031968    0.270    0.847
Residuals   81  309435956   3820197
```

상기의 분산분석표를 살펴보면 성별에 의해 설명되는 효과, 직업에 의해 설명되는 효과와 상호작용 효과(성별*직업)가 모두 나타나 있다. 성별과 직업은 유의확률이 0.725와 0.460으로 모두 0.05를 상회하고 있어 소득에 직접적인 영향이 없는 것으로 나타났고 두 변수의 상호작용 효과 역시 유의확률이 0.847로 상호작용 효과가 없는 것으로 나타났다. 따라서 가설들은 모두 기각되었다.

4절 다변량 분산분석

분산분석이 한 개의 종속변수를 대상으로 집단 간의 차이를 분석하는 것에 반하여 다변량 분산분석(Multivariate Analysis of Variance, MANOVA)은 종속변수가 2개 이상인 경우에 종속변수 간 평균값들의 차이를 검정하는 데 사용되는 통계기법이다. 두 개 이상의 종속변수 간의 차이를 검정하기 위하여 벡터 형태의 평균값들의 차이를 이용한다. 일반적으로 종속변수들 간의 상관관계가 높은 경우 분산분석(ANOVA) 대신에 다변량 분산분석(MANOVA)을 실시하라고 권고되고 있으며, 분산분석과 같이 자료의 독립변수는 범주를 나타내는 명목척도로 측정되고, 종속변수는 등간척도 혹은 비율척도로 측정되어야 한다.

일반적으로 다변량 분산분석은 종속변수들에 대한 독립변수의 전반적인 영향 유무를 검정하는 데 사용된다. 예를 들어 신약의 효과가 모든 연령계층에 영향을 미치는지를 검정하기 위해 연령층 간의 차이가 있는지를 분석하거나 특정 제품에 대한 광고의 영향이 고객의 선호도, 구매의도나 제품에 대한 태도인 종속변수들 간에 차이가 있는지를 검정할 때 사용된다.

다변량 분산분석을 위한 검정은 다음과 같은 유형들이 있다.

- Pillai의 검정: 대부분의 경우에 사용하기 좋은 검정으로 검정결과는 Wilk와 Lawley-Hotelling의 검정결과와 유사하다.
- Wilk의 검정: 처음으로 유도되고 잘 알려진 F 근사가 있기 때문에 가장 흔히 사용되는 검정 방법이다.
- Lawley-Hotelling 검정: Hotelling의 일반화 T제곱 통계량을 의미한다.
- Roy 최대근 검정: 평균벡터가 공선형적일 때 가장 좋으며, 만족스러운 F 근사가 없다.

1. 다변량 분산분석 예시

새로운 제품에 대한 전반적인 광고 효과를 분석하기 위하여 고객들을 대상으로 설문조사를 시행하였다. 설문에는 광고경험 여부와 7점 리커트척도로 구성된 제품의 선호도, 구매의도 그리고 제품에 대한 태도에 대한 자료를 수집하였다. 수집된 자료는 **표 13-3** 에서 보이는 바와 같다. 수집된 자료를 이용하여 다변량 분산분석을 실시하고자 한다.

표 13-3 제품에 대한 광고 선호도, 태도 및 구매의도

광고경험	선호도	태도	구매의도
아니오	4	4	4
예	7	7	7
아니오	4	6	4
예	4	5	6
아니오	4	6	6
아니오	5	5	5

※ 분석자료 위치: http://ssra.or.kr/rbook/data.csv

다변량 분산분석을 이용하여 광고 효과를 분석하기 위하여 다음과 같은 가설을 설정하여 검정한다.

■ 가설설정

H_0 : 광고경험에 따라 선호도, 태도, 구매의도에 대한 영향 정도는 같을 것이다.

H_1 : 광고경험에 따라 선호도, 태도, 구매의도에 대한 영향 정도는 다를 것이다.

(H_0 : 귀무가설, H_1 : 대립가설)

2. 작업영역 설정 및 파일 불러오기

다변량 분산분석을 위하여 다음과 같이 우선 작업영역을 설정하고 설정된 디렉터리(C:/WORK_R)에서 수집된 자료의 내용을 R 영역으로 가져와 데이터프레임으로 저장한다.

```
setwd("C:/WORK_R")
options("width" = 500)
data <- read.csv("data.csv", header = T, fileEncoding = "EUC-KR")
# 데이터프레임 형식으로 저장된 자료
data <- subset(data, select = c(광고경험, 선호도, 태도, 구매의도))
```

3. 다변량 분산분석 R 스크립트

다변량 분산분석을 위하여 R에서 사용되는 기본 함수는 manova( ) 함수이다. manova( ) 함수의 사용 형식은 다음과 같다.

```
manova(formula, data = NULL, projections = FALSE, qr = TRUE,
  contrasts = NULL, …)

formula: 식 (종속변수 ~ 독립변수)
data: 데이터프레임
projections:
qr:
contrasts:
```

상기의 manova( ) 함수의 식(formula)에서의 종속변수 인수는 여러 개의 변수들을 행렬 자료로 구성하여 사용해야 한다. 따라서 우선 상기의 자료에서 선호도, 태도, 구매의도 자료를 cbind( )를 이용하여 행렬구조를 만들어 다음과 같이 수행을 한다.

수행한 결과에 대하여 summary.aov( ) 함수를 이용하면 종속변수들에 대한 분산분석 결과들을 볼 수 있으며, summary( ) 함수에서 test 형식을 지정하면 다음과 같은 다변량 분산분석 검정값들을 제공한다.

```
# 종속변수들을 행렬자료로 구성
Y = cbind(data$선호도, data$태도, data$구매의도)          # 종속변수 구성
data$광고경험 <- as.numeric(as.factor(data$광고경험))
# 다변량 분산분석
mov_result <- manova(Y ~ data$광고경험)

# 검정(test) 형식을 지정하여 다변량 분산분석 검정값들을 산출
Pillai_result <- summary(mov_result, test = "Pillai")
Wilks_result <- summary(mov_result, test = "Wilks")
Hotellin_result <- summary(mov_result, test = "Hotelling")
Roy_result <- summary(mov_result, test = "Roy")
```

4. 다변량 분산분석 실행결과

상기의 R 스크립트에서 생성된 다변량 분산분석 자료인 mov_result에 대하여 summary.aov( ) 함수를 이용하여 실행하면 다음과 같은 종속변수들에 대한 분산분석표를 얻을 수 있다.

```
summary.aov(mov_result)                              # 종속변수들에 대한 분산분석표
 Response 1:
               Df   Sum Sq   Mean Sq  F-value  Pr(>F)
data$광고경험    1    0.007   0.00724   0.0035  0.9526
Residuals       88  179.593   2.04083

 Response 2:
               Df   Sum Sq   Mean Sq  F-value  Pr(>F)
data$광고경험    1    1.208    1.2079    0.575  0.4503
Residuals       88  184.848    2.1005
```

```
Response 3:
                Df   Sum Sq    Mean Sq  F-value  Pr(>F)
data$광고경험    1    0.985    0.98542   0.4198  0.5187
Residuals       88  206.570    2.34739
```

상기의 결과를 보면 선호도, 태도 그리고 구매의도의 유의확률은 0.9526, 0.4503, 0.5187로 나타나 모두 유의한 차이가 없는 것으로 나타났다.

상기의 R 스크립트에서 생성된 다변량 분산분석 자료인 Pillai_result, Wilks_result, Hotellin_result 그리고 Roy_result를 실행하여 각각의 검정에 대한 분산분석표를 얻을 수 있다.

```
Pillai_result                                     # Pillai의 검정 결과
                Df   Pillai     approx F  num Df den   Df   Pr(>F)
 data$광고경험    1   0.041323    1.2356       3        86   0.3018
 Residuals       88

Wilks_result                                      # Wilk의 검정 결과
                Df    Wilks     approx F  num Df den   Df    Pr(>F)
 data$광고경험    1    0.95868    1.2356       3        86    0.3018
 Residuals       88

Hotellin_result                                   # Lawley-Hotelling 검정 결과
                Df  Hotelling-Lawley  approx F  num Df den  Df   Pr(>F)
 data$광고경험    1      0.043104       1.2356       3       86   0.3018
 Residuals       88

Roy_result                                        # Roy 최대근 검정 결과
                Df    Roy      approx F  num Df den   Df   Pr(>F)
 data$광고경험    1   0.043104   1.2356       3        86   0.3018
 Residuals       88
```

상기의 다변량 검정 분산분석표들을 살펴보면 모든 검정의 유의확률이 0.3018로 0.05를 상회하고 있어 차이가 없는 것으로 나타났다. 따라서 귀무가설을 기각하지 못한다.

Chapter 14

상관분석

1절 상관분석

상관분석(correlation analysis)은 두 변수 간에 어떠한 관련성이 있는지를 분석하는 통계 분석 방법이다. 즉 하나의 변수가 다른 변수와 관련성이 있는지의 여부와 어느 정도 관련성이 있는지를 파악하는 데 사용되는 분석기법이다.

1. 상관계수

상관계수(correlation, correlation coefficient)는 서로 상관된 두 변수 간 관계의 강도를 나타내며, 상관분석에서는 상관관계의 정도를 나타내는 단위로 모집단의 상관계수는 기호 ρ(rho)를 사용한다.

$$\rho = \frac{Cov(X, Y)}{\sigma_X \sigma_Y}$$

$Cov(X, Y)$: 변수 X와 Y의 모집단의 공분산
σ_X : 변수 X의 모집단의 표준편차
σ_Y : 변수 Y의 모집단의 표준편차

모집단의 상관계수 ρ는 표본을 통해 추정되며, 표본통계량은 표본상관계수라 하고 r로 표시한다.

$$r = \frac{S_{XY}}{S_X S_Y}$$

S_{XY} : 변수 X와 Y의 표본의 공분산
S_X : 변수 X의 표본의 표준편차
S_Y : 변수 Y의 표본의 표준편차

상관계수는 $-1 \leq r \leq 1$ 사이의 값을 갖고 상관계수(r)가 0에 가까우면 상관관계가 약하고 1에 근접하면 상관관계가 높은 것을 의미한다. 상관계수(r)가 양수(+)인 경우 정의 상관관계, 음수(−)인 경우 역의 상관관계를 의미한다. 상관계수의 제곱(r^2)을 결정계수라 하고 결정계수는 설명력을 의미한다.

2. 상관계수 유형

상관계수는 비율척도와 등간척도의 자료들에 대한 상관관계분석 시 이용되는 피어슨 상관계수와 명목 및 서열척도 자료들에 대한 비모수상관관계분석 시 이용되는 스피어만 상관계수와 켄달의 순위상관계수로 구분된다.

- 피어슨 상관계수: 비율척도와 등간척도의 자료들에 대한 상관관계분석 시
- 스피어만 상관계수: 명목척도 자료들에 대한 상관관계분석 시
- 켄달 상관계수: 서열척도 자료들에 대한 상관관계분석 시

비모수상관분석인 스피어만 상관계수분석과 켄달의 상관계수분석은 4부의 비모수통계분석에서 설명한다.

2절 피어슨 상관계수

피어슨 상관계수(Pearson correlation coefficient)는 두 변수 간의 관련성을 구하기 위해 보편적으로 이용되는 상관분석 방법으로 비율이나 등간척도의 자료들에 대한 상관분석 시 사용된다. 피어슨 상관계수의 기본 개념은 다음과 같다.

$$r = \frac{X\text{와 }Y\text{가 함께 변하는 정도}}{X\text{와 }Y\text{가 각각 변하는 정도}}$$

피어슨 상관계수는 교육수준과 급여와의 관계, 거시적인 관점에서의 통화증가율과 물가상승률과의 관계와 같이 서로 관계가 있을 것 같은 변수들의 관계성을 분석할 때 사용된다.

1. 피어슨 상관계수분석 예시

직장인 소득과 순재산 간에 상관관계가 있는지를 분석하기 위해 직장인들을 대상으로 설문조사를 시행하였다. 수집된 자료는 표 14-1 에서 보이는 바와 같다. 수집된 자료에 대한 피어슨 상관계수분석을 실시하고자 한다.

표 14-1 직장인 소득과 순재산 현황

성별	연령대	직업	소득	순재산
여자	40-44세	기타	4,100	31,200
남자	35-39세	무직	7,300	42,900
여자	25-29세	회사원	2,700	26,000
여자	45-49세	기타	5,100	20,800
여자	50세 이상	회사원	3,800	48,750
여자	50세 이상	자영업	4,900	52,650

※ 분석자료 위치: http://ssra.or.kr/rbook/data.csv

피어슨 상관계수분석을 위해서 다음과 같은 가설을 설정하여 검정한다.

■ 가설설정

H_0 : 소득과 순재산은 상관관계가 없다.

H_1 : 소득과 순재산은 상관관계가 있다.

(H_0 : 귀무가설, H_1 : 대립가설)

2. 작업영역 설정 및 파일 불러오기

피어슨 상관계수분석을 위하여 다음과 같이 우선 작업영역을 설정하고 설정된 디렉터리(C:/WORK_R)에서 수집된 자료의 내용을 R 영역으로 가져와 데이터프레임으로 저장한다.

```
setwd("C:/WORK_R")
options("width" = 500)
data <- read.csv("data.csv", header = T, fileEncoding = "EUC-KR")
# 데이터프레임 형식으로 저장된 자료
data <- subset(data, select = c(성별, 연령대, 직업, 소득, 순재산))
```

3. 피어슨 상관계수분석 R 스크립트

피어슨 상관계수분석을 위하여 R에서 사용되는 기본 함수는 cor( )와 cor.test( ) 함수이다. cor( ) 함수를 이용하여 소득과 순재산의 상관계수를 산출하면 다음과 같다.

```
cor(data$소득, data$순재산)
[1] 0.09113257
```

상기의 cor( ) 함수의 결과는 단순히 상관계수값만 산출하기 때문에 유의확률 정보를 제공하는 cor.test( ) 함수를 다음과 같이 수행한다.

```
cor.test(data$소득, data$순재산)

        Pearson's product-moment correlation

data:  data$소득 and data$순재산
t = 0.85847, df = 88, p-value = 0.393
alternative hypothesis: true correlation is not equal to 0
95 percent confidence interval:
 -0.1181891  0.2926996
sample estimates:
       cor
0.09113257
```

상기의 cor.test( ) 함수는 피어슨 상관계수는 물론 유의확률(*p*-value) 정보를 제공하고 있지만 단지 두 개의 변수에 대한 상관관계분석만 가능하다. 따라서 한 번에 여러 변수들에 대한 상관계수분석을 수행할 경우 Hmisc 패키지의 rcorr( ) 함수를 사용하는 것이 바람직하다. rcorr( ) 함수의 사용 형식은 다음과 같다.

```
rcorr(x, y, type=c("pearson", "spearman"))

x: 행렬 자료
y: x와 결합된 벡터 또는 매트리스형 자료
type: 상관계수 종류(pearson, spearman)
```

Hmisc 패키지의 rcorr( ) 함수를 이용한 상관관계분석은 우선 상기의 자료에서 as.factor( )와 as.numeric( ) 함수를 이용하여 분석하려는 표본 자료들을 요인과 숫자로 변경한다. 데이터프레임으로 구성되어 있는 자료는 행렬 형식으로 변환하고 인수(type="pearson")를 사용하여 피어슨 상관계수분석을 수행한다.

```
# 상관계수분석을 위한 자료 구성
data$성별 <- as.numeric(as.factor(data$성별))
data$연령대 <- as.numeric(as.factor(data$연령대))
data$직업 <- as.numeric(as.factor(data$직업))

# 피어슨 상관계수분석
library(Hmisc)
pearson_result <- rcorr(as.matrix(data), type = "pearson")
```

4. 피어슨 상관계수분석 실행결과

상기의 R 스크립트에서 생성된 pearson_result를 실행하면 다음과 같은 피어슨 상관계수분석 결과를 얻을 수 있다.

```
pearson_result                                  # 피어슨 상관계수분석 결과

          성별   연령대   직업    소득   순재산
성별      1.00   -0.25   0.33    0.04   -0.13
연령대   -0.25    1.00  -0.34   -0.02    0.06
직업      0.33   -0.34   1.00    0.03   -0.12
소득      0.04   -0.02   0.03    1.00    0.09
순재산   -0.13    0.06  -0.12    0.09    1.00

n= 90

P
          성별     연령대   직업     소득     순재산
성별               0.0180   0.0013   0.7212   0.2304
연령대   0.0180             0.0010   0.8767   0.5751
직업     0.0013   0.0010             0.7525   0.2626
소득     0.7212   0.8767   0.7525            0.3930
순재산   0.2304   0.5751   0.2626   0.3930
```

상기의 자료에서 보면 상단은 피어슨 상관계수값들, 표본수($n=90$) 그리고 하단의 유의확률(p-values)들로 구성되어 있다. 가설로 설정된 소득과 순재산 상관계수값 및 유의확률을 살펴보면 0.09에 0.3930로 나타나고 있다. 0.09는 매우 낮은 상관관계를 나타내는 수치이며, 유의확률은 0.05보다 낮아 상관관계가 없는 것으로 나타났다. 따라서 결과에 따르면 "소득과 순재산은 상관관계가 없다"라는 귀무가설을 기각할 수 없다.

3절 편상관관계

편상관관계(partial correlations)분석은 제3의 변수를 통제한 상태에서 관심을 갖는 두 변수의 상관관계를 분석하는 통계기법으로 어떤 두 변수가 다른 제3의 변수와의 상관관계가 높으면 두 변수의 상관관계는 순수한 상관관계보다 높게 나타날 수 있다. 이러한 경우 순수한 상관관계를 알기 위해서는 제3의 변수를 통제한 편상관관계분석이 사용된다. 예를 들면 자동차 연비와 중량과의 관계에서 관계에 영향을 미칠 수 있는 자동차 기통수의 영향을 제거한 후 분석하는 경우 편상관관계분석이라 할 수 있다.

1. 편상관관계분석 예시

직장인 소득과 순재산 간에 상관관계가 있는지를 분석하기 위해 직장인들을 대상으로 설문조사를 시행하였다. 수집된 자료는 표 14-2에서 보이는 바와 같다. 수집된 자료에 대한 편상관관계분석을 실시하고자 한다.

표 14-2 연령대에 따른 직장인 소득과 순재산 현황

성별	연령대	직업	소득	순재산
여자	40-44세	기타	4,100	31,200
남자	35-39세	무직	7,300	42,900
여자	25-29세	회사원	2,700	26,000
여자	45-49세	기타	5,100	20,800
여자	50세 이상	회사원	3,800	48,750
여자	50세 이상	자영업	4,900	52,650

※ 분석자료 위치: http://ssra.or.kr/rbook/data.csv

연령대를 통제변수로 하여 소득과 순재산 간의 편상관관계분석을 위해서 다음과 같은 가설을 설정하여 검정한다.

■ 가설설정

H_0 : 소득과 순재산은 상관관계가 없다.

H_1 : 소득과 순재산은 상관관계가 있다.

(H_0 : 귀무가설, H_1 : 대립가설)

2. 작업영역 설정 및 파일 불러오기

편상관관계분석을 위하여 다음과 같이 우선 작업영역을 설정하고 설정된 디렉터리(C:/WORK_R)에서 수집된 자료의 내용을 R 영역으로 가져와 데이터프레임으로 저장한다.

```
setwd("C:/WORK_R")
options("width" = 500)
data <- read.csv("data.csv", header = T, fileEncoding = "EUC-KR")
# 데이터프레임 형식으로 저장된 자료
data <- subset(data, select = c(성별, 연령대, 직업, 소득, 순재산))
```

3. 편상관관계분석 R 스크립트

편상관관계분석을 위하여 R에서 사용되는 기본 함수는 pcor 패키지의 pcor.testr( ) 함수이다. pcor.testr( ) 함수의 사용 형식은 다음과 같다.

```
pcor.test(x, y, z, method = c("pearson", "kendall", "spearman"))

x: 숫자형 벡터
y: 숫자형 벡터
z: 숫자형 벡터(통제변수)
method: 상관계수 종류(pearson, kendall, spearman)
```

편상관관계분석의 자료들은 벡터 형식으로 변환하고 인수인 method="pearson"을 사용하여 피어슨 상관계수분석을 수행한다. 편상관관계분석을 위한 변수들은 첫 번째와 두 번째 인수로 통제변수는 세 번째 인수로 등록하여 다음과 같이 수행한다.

```
# 편상관계수분석
library(ppcor)
data$연령대 <- as.numeric(as.factor(data$연령대))
pcor_result <- pcor.test(data$소득, data$순재산, data$연령대, method = "pearson")
                                   # 첫 번째, 두 번째 인수는 상관분석 변수, 세 번째 인수는 통제변수
```

pcor 패키지의 pcor.testr( ) 함수를 이용한 편상관관계분석에서 비모수상관계수분석인 경우 method 옵션을 "kendall" 또는 "spearman"로 변경 사용하고 통제변수가 두 개 이상일 경우 행렬(예, data[,c(3:4)]) 형식으로 사용한다.

4. 편상관관계분석 실행결과

상기의 R 스크립트에서 생성된 pcor_result를 실행하면 다음과 같은 피어슨 편상관관계분석 결과를 얻을 수 있다.

```
pcor_result                                          # 편상관계수분석 결과
    estimate   p.value   statistic  n gp  Method
1 0.09230424 0.3896099 0.8646479 90  1 pearson
```

상기의 자료에서 보면 피어슨 편상관계수값은 0.09230424이고 유의확률(*p*-values)은 0.3896099로 0.05보다 낮아 상관관계가 없는 것으로 나타났다. 따라서 결과에 따르면 "소득과 순재산은 상관관계가 없다"라는 귀무가설을 기각할 수 없다.

Chapter 15

회귀분석

1절 회귀분석

회귀분석(regression analysis)은 변수들 사이의 인과관계를 규명하는 통계분석 방법이다. 회귀분석에서 다른 변수에 영향을 주는 원인에 해당하는 변수를 독립변수라고 하고, 영향을 받는 결과에 해당하는 변수를 종속변수라 한다. 회귀분석은 독립변수와 종속변수 사이의 선형방정식인 회귀식을 근간으로 종속변수에 대한 독립변수들의 영향이 유의한지 여부를 파악하는 데 목적이 있다. 회귀분석을 이용하기 위해서는 종속변수와 독립변수 모두 등간척도 또는 비율척도와 같은 연속형 변수들로 측정되어야 한다.

1. 회귀분석 유형

회귀분석은 **그림 15-1**, **그림 15-2**와 같이 독립변수와 종속변수 사이를 연결하는 화살표 형태로 모형화되며, 독립변수의 개수에 따라 독립변수가 하나인 경우의 회귀분석인 단순회귀분석과 독립변수가 두 개 이상일 경우의 회귀분석인 다중회귀분석으로 구분된다.

그림 15-1 단순회귀분석

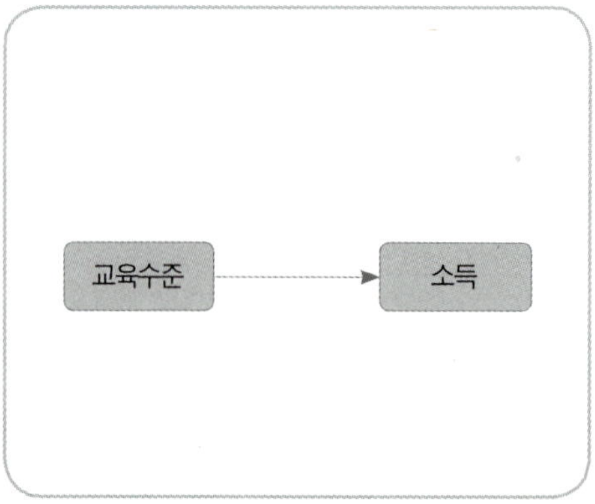

그림 15-2 다중회귀분석

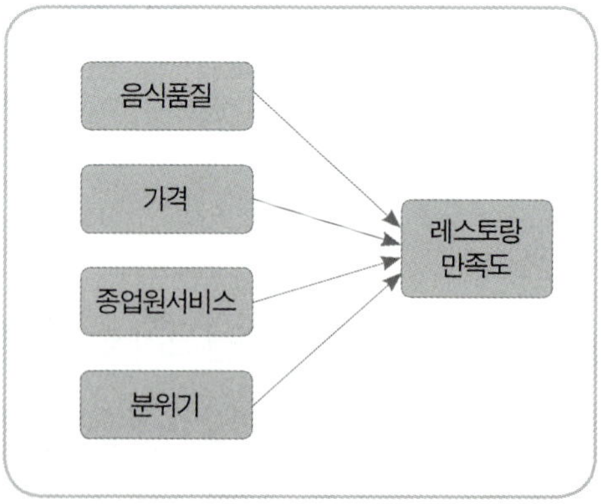

2. 회귀분석의 기본 가정

독립변수와 종속변수의 선형결합 관계를 근간으로 한 회귀분석은 다음과 같은 기본 가정을 근간으로 한다.

- 오차항(residuals)은 모든 독립변수값에 대하여 동일한 분산을 갖는다.
- 오차항의 평균(기댓값)은 0이다.
- 수집된 자료의 확률분포는 정규분포를 이루고 있다.
- 독립변수 상호 간에는 상관관계가 없어야 한다.

2절 단순회귀분석

단순회귀분석(simple regression analysis)에서는 독립변수가 하나인 경우의 회귀분석, 즉 하나의 종속변수와 하나의 독립변수 사이의 관계를 다음과 같은 선형관계식을 이용하여 분석 시 사용되는 통계기법이다. 단순회귀분석은 소비성향에 대한 가계소득의 영향 분석, 아이스크림 판매량에 대한 날씨의 영향 분석과 같은 하나의 독립변수와 하나의 종속변수 사이의 인과관계를 분석할 때 사용된다. 단순회귀분석의 일반적인 모형은 다음과 같다.

$$Y_i = \widehat{\alpha} + \widehat{\beta} X_i$$

Y_i : 종속변수
X_i : 독립변수
$\widehat{\alpha}, \widehat{\beta}$: 계수

1. 단순회귀분석 예시

일반인들의 레스토랑 재방문의도를 분석하기 위해 설문조사를 시행하였다. 설문으로 수집된 자료는 표 15-1 에서 보이는 바와 같다. 수집된 자료에 대한 레스토랑 만족도와 재방문의도 간의 단순회귀분석을 실시하고자 한다.

표 15-1 레스토랑만족도 및 재방문의도 현황

성별	연령대	레스토랑만족도	재방문의도
여자	40-44세	4	4
남자	35-39세	7	7
여자	25-29세	6	4
여자	45-49세	5	6
여자	50세 이상	6	6
여자	50세 이상	5	5

※ 분석자료 위치: http://ssra.or.kr/rbook/data.csv

■ 가설설정

단순회귀분석을 이용하여 레스토랑만족도가 재방문의도에 미치는 영향을 분석하기 위하여 다음과 같은 가설들을 설정한다.

H_1 : 레스토랑만족도는 재방문의도에 영향을 미친다.

2. 작업영역 설정 및 파일 불러오기

단순회귀분석을 위하여 아래와 같이 우선 작업영역을 설정하고 설정된 디렉터리(C:/WORK_R)에서 수집된 자료의 내용을 R 영역으로 가져와 데이터프레임으로 저장한다.

```
setwd("C:/WORK_R")
options("width" = 500)
data <- read.csv("data.csv", header = T, fileEncoding = "EUC-KR")
# 데이터프레임 형식으로 저장된 자료
data <- subset(data, select = c(성별, 연령대, 레스토랑만족도, 재방문의도))
```

3. 단순회귀분석 R 스크립트

회귀분석을 이용한 가설검정을 위하여 R에서 사용되는 기본 함수는 lm( ) 함수이다. lm( ) 함수의 사용 형식은 다음과 같다.

```
lm(formula, data, subset, weights, na.action,
  method = "qr", model = TRUE, x = FALSE, y = FALSE, qr = TRUE,
  singular.ok = TRUE, contrasts = NULL, offset, ...)

formula: 적용할 공식
data: 적용할 모델의 변수를 포함하는 선택적 데이터프레임
subset: 관측치의 서브 세트를 지정하는 선택적 벡터
weights: 가중치의 선택적 벡터
```

우선 상기의 자료에서 재방문의도를 종속변수로 레스토랑만족도를 독립변수로 설정하여 lm( ) 함수를 실행한다.

```
# 단순회귀분석
regression_result = lm(재방문의도 ~레스토랑만족도, data)
```

lm( ) 함수를 포함한 다수의 통계함수들은 입력형식을 공식(formula)으로 등록하여야 한다. 이때 공식의 형식은 다음과 같다.

```
lm(y ~ x)의 Formulas
y ~ x: y는 x로 기술됨 (y: 종속변수, x:독립변수)
+: 효과 추가 (y ~ x1 + x2)                          # 독립변수가 다수인 경우 + 로 연결함
: : Interaction (y ~ x1: x2)                         # 상호작용효과
*: Main effect + interaction (y ~ x1 * x2는 다음과 동일 y ~ x1 + x2 + x1: x2)
```

4. 단순회귀분석 실행결과

상기의 R 스크립트에서 생성된 단순회귀분석 자료인 regression_result에 대한 summary( )을 실행하면 다음과 같은 분석결과를 얻을 수 있다.

```
summary(regression_result)                            # 단순회귀분석 결과

Call:
lm(formula = 재방문의도 ~ 레스토랑만족도, data = data)

Residuals:
    Min      1Q   Median     3Q     Max
-4.0245 -0.3126 -0.0245 0.5518 2.6874

Coefficients:
                   Estimate Std.  Error  t-value  Pr(> |t|)
(Intercept)          1.46521    0.45499   3.220  0.00179 **
data$레스토랑만족도  0.71185    0.08318   8.558  3.33e-13 ***
---
Signif. codes: 0 '***' 0.001 '**' 0.01 '*' 0.05 '.' 0.1 ' ' 1

Residual standard error: 1.135 on 88 degrees of freedom
Multiple R-squared: 0.4542,  Adjusted R-squared: 0.448
F-statistic: 73.24 on 1 and 88 DF,  p-value: 3.327e-13
```

상기의 결과에서 보면 레스토랑만족도에 대한 회귀계수 추정치는 0.71185이고 *t*-값은 8.558로 유의확률은 3.33e-13으로 0.05보다 작은 것으로 나타났다. 즉 회귀계수 추정치는 통계적으로 매우 유의적이라 할 수 있다. 따라서 단순회귀분석 결과 레

스토랑만족도는 재방문의도에 영향이 있는 것으로 판단할 수 있다. 즉 가설은 채택되었다.

단순회귀분석 자료인 regression_result의 경로계수(Coefficients)값에서 y절편은 coef(regression_result)[1], 기울기는 coef(regression_result)[2]로 추출할 수 있다. 이를 plot( ) 함수로 자료의 산포도와 회귀식을 그려보면 **그림 15-3**과 같다.

```
# 자료의 산포도와 회귀식 산출
intercept = coef(regression_result)[1]                # 회귀식의 절편
slope = coef(regression_result)[2]                    # 회귀식의 기울기
plot(data$재방문의도 ~ data$레스토랑만족도, data  = data )
abline(a = intercept,b = slope,col = "red")
```

그림 15-3 자료의 산포도와 회귀식

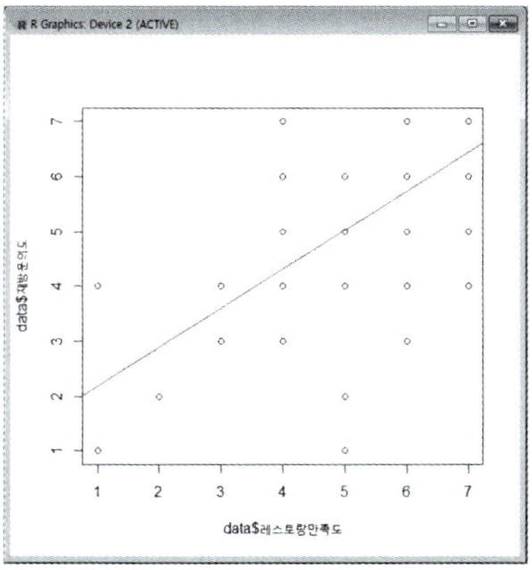

3절 다중회귀분석

다중회귀분석에서는 하나의 종속변수와 둘 이상의 독립변수 사이의 관계를 분석하는 데 사용되는 통계기법으로 중요한 독립변수를 회귀모형에 누락함으로써 발생 가능한 편의(bias)를 제거할 수 있어 단순회귀모형보다 좀 더 정교한 회귀분석모형을 설정하는 데 유리하다. 따라서 인과관계분석을 주로 하는 사회과학연구에서 자주 이용되는 통계분석기법이다. 다중회귀분석의 일반적인 모형은 다음과 같다.

$$Y_i=\beta_0+\beta_1X_{1i}+\beta_2X_{2i}+\beta_3X_{3i}+\cdots+\beta_kX_{ki}+\varepsilon_i$$

Y_i : 종속변수
$X_{1i}, X_{2i}, X_{3i}, \cdots, X_{ki}$, : 독립변수
$\beta_0, \beta_1, \beta_2, \cdots, \beta_k$: 계수
ε_i : 오차항

1. 다중공선성

다중회귀분석에서 독립변수들 간에 상관관계가 나타나는 경우 다중공선성 문제가 발생한다. 다중공선성(multicollinearity)이란 회귀분석에서 사용된 모형의 일부 독립변수가 다른 독립변수와 상관 정도가 높아, 분석 시 부정적인 영향을 미치는 현상을 말한다. 다중공선성은 독립변수들 간의 상관관계를 분석하거나 공차한계에 근간한 분산팽창요인을 산출하여 평가한다.

공차한계(tolerance)는 독립변수가 다른 독립변수들에 의해서 설명되지 않는 부분을 의미한다. 값이 클수록 다른 독립변수에 의해서 설명되는 부분은 커지고 그렇지 않은 부분인 공차한계는 작아지며, 이를 다중공선성이 높다고 본다. 공차한계의 최댓값은 1이며, 공선성을 판단하기 위한 일반적인 기준은 공차한계가 .10 이하이다. 분산팽창요인(Variance Inflation Factor, VIF)은 공차한계의 역수로 다음과 같은 식으로 산출되

며, *VIF*가 클수록 독립변수들 간의 공선성이 높다는 것을 의미한다. 분산팽창요인 값이 10 이상일 경우 다중공선성이 있다고 진단할 수 있다.

$$VIF_J = \frac{1}{1 - R_J^2}$$

2. 다중회귀분석 예시

일반인들의 레스토랑만족도를 분석하기 위해 설문조사를 시행하였다. 설문으로 수집된 자료는 **표 15-2**에서 보이는 바와 같다. 수집된 자료에 대한 음식품질, 가격, 종업원서비스, 분위기와 레스토랑만족도 간의 다중회귀분석을 실시하고자 한다.

표 15-2 레스토랑만족도 조사 자료

성별	연령대	음식품질	가격	종업원 서비스	분위기	레스토랑 만족도
여자	40-44세	7	7	1	4	4
남자	35-39세	7	4	7	7	7
여자	25-29세	4	4	3	3	6
여자	45-49세	3	3	4	6	5
여자	50세 이상	6	4	7	4	6
여자	50세 이상	5	4	3	4	5

※ 분석자료 위치: http://ssra.or.kr/rbook/data.csv

■ 가설설정

다중회귀분석을 이용하여 레스토랑만족도에 미치는 영향을 분석하기 위하여 다음과 같은 가설들을 설정한다.

H_1 : 음식품질은 레스토랑만족도에 영향을 미친다.

H_2 : 가격은 레스토랑만족도에 영향을 미친다.

H_3 : 종업원서비스는 레스토랑만족도에 영향을 미친다.

H_4 : 분위기는 레스토랑만족도에 영향을 미친다.

상기의 가설들은 **그림 15-4**와 같이 음식품질, 가격, 종업원서비스, 분위기가 레스토랑에 영향을 미친다는 형태의 연구모형으로 표시할 수 있다.

그림 15-4 레스토랑만족도 연구모형

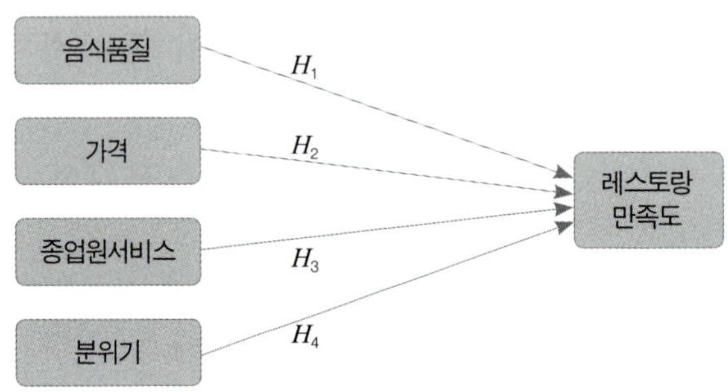

3. 작업영역 설정 및 파일 불러오기

다중회귀분석을 위하여 아래와 같이 우선 작업영역을 설정하고 설정된 디렉터리(C:/WORK_R)에서 수집된 자료의 내용을 R 영역으로 가져와 데이터프레임으로 저장한다.

```
setwd("C:/WORK_R")
options("width" = 500)
data <- read.csv("data.csv", header = T, fileEncoding = "EUC-KR")
# 데이터프레임 형식으로 저장된 자료
data <- subset(data, select = c(성별, 연령대, 음식품질, 가격, 종업원서비스, 분위기, 레스토랑만
족도))
```

4. 다중회귀분석 R 스크립트

1) 다중회귀분석

다중회귀분석을 이용한 가설검정을 위하여 R에서 사용되는 기본 함수는 lm( ) 함수이다. 우선 상기의 자료에서 레스토랑만족도를 종속변수로 음식품질, 가격, 종업원서비스, 분위기를 독립변수로 설정하여 lm( ) 함수를 실행한다.

```
# 다중회귀분석
regression_result <- lm(레스토랑만족도 ~ 음식품질 + 가격 + 종업원서비스 + 분위기, data)
```

상기의 lm( )을 이용한 다중회귀분석은 비표준화 회귀계수 추정치만 제공한다. 따라서 표준화계수를 산출하기 위하여 QuantPsyc 패키지의 lm.beta( ) 함수를 이용하여 다음과 같이 회귀계수들에 대한 표준화계수를 산출한다.

```
# 회귀계수의 표준화계수들 산출
library("QuantPsyc")
st_coef <- lm.beta(regression_result)                # 표준화계수 산출
```

2) 다중공선성 검정

다중회귀분석의 경우 다중공선성 검정을 수행한다. 다중공선성이란 독립변수 간의 상관관계가 존재하는 것을 말한다. 일반적인 다중공선성 점검은 분산팽창계수가 10 미만인 경우 다중공선성의 위협이 없는 것으로 판단할 수 있다. 다중공선성 검정을 위하여 R에서는 다음과 같은 car 패키지와 패키지에서 제공하는 vif( ) 함수를 사용한다. 이때 다중회귀분석 결과(regression_result)를 입력으로 사용한다.

```
# 다중공선성 검정
library(car)
vif_result <- vif(regression_result)                # VIF 산출
```

5. 다중회귀분석 실행결과

1) 다중회귀분석 결과

상기의 R 스크립트에서 생성된 단순회귀분석 자료인 regression_result에 대한 summary( )을 실행하면 다음과 같은 분석결과를 얻을 수 있다.

```
summary(regression_result)                                   # 다중회귀분석 결과

  Call:
  lm(formula = 레스토랑만족도 ~ 음식품질 + 가격 + 종업원서비스 +
    분위기, data = data)

  Residuals:
       Min        1Q   Median       3Q      Max
  -3.1961  -0.4318   0.1002  0.7117  2.0134

  Coefficients:
                  Estimate Std.    Error    t-value     Pr(>|t|)
  (Intercept)        1.39013    0.50495     2.753     0.007218 **
  data$음식품질       0.40740    0.08659     4.705     9.75e-06 ***
  data$가격          -0.09453    0.09324    -1.014     0.313523
  data$종업원서비스   0.29154    0.07847     3.715     0.000363 ***
  data$분위기         0.15679    0.08350     1.878     0.063871 .
  ---
  Signif. codes:  0 '***' 0.001 '**' 0.01 '*' 0.05 '.' 0.1 ' ' 1

  Residual standard error: 1.034 on 85 degrees of freedom
  Multiple R-squared:  0.5119,    Adjusted R-squared:  0.4889
  F-statistic: 22.29 on 4 and 85 DF,  p-value: 1.312e-12
```

상기 결과의 회귀계수 추정치는 비표준화 추정치이다. 따라서 표준화계수를 보기 위하여 st_coef을 실행한 결과는 다음과 같다.

```
st_coef                                                      # 표준화계수
      음식품질          가격    종업원서비스        분위기
  0.43071055   -0.08742092    0.34337934    0.16349520
```

상기의 표준화계수 결과에서 보면 음식품질의 회귀계수 추정치는 0.43071055, 가격의 추정치는 −0.08742092, 종업원서비스는 0.34337934고 분위기의 추정치는 0.16349520이다. 유의확률은 음식품질과 종업원서비스는 0.05보다 적은 데 비하여 가격과 분위기는 0.05를 상회하고 있다. 따라서 상기의 다중회귀분석 결과 레스토랑만족도에 대하여 음식품질과 가격만 영향이 있는 것으로 판단할 수 있다. 표준화계수 결과를 그림으로 표시하면 **그림 15-5**와 같다.

그림 15-5 레스토랑만족도 연구결과

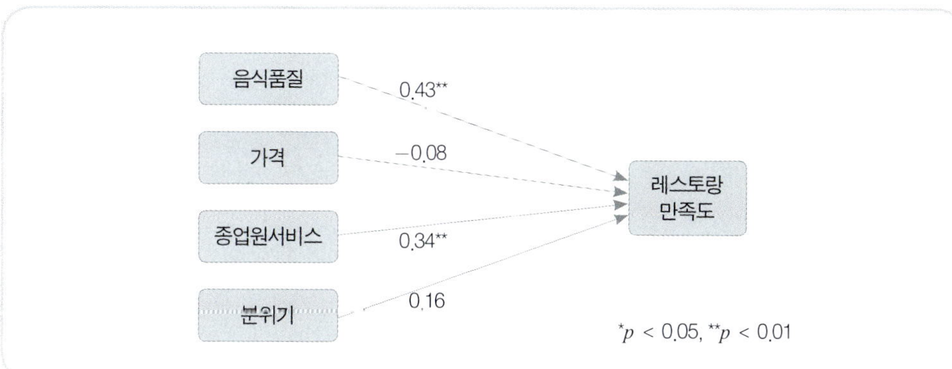

상기의 결과에서 결정계수(R^2)값들이 보고되고 있다. R^2는 독립변수들이 종속변수를 설명하는 정도로 일반적으로 사용되는 수정된 R^2(Adjusted R-squared)를 보면 0.4889로 독립변수인 음식품질, 가격, 종업원서비스, 분위기가 종속변수인 레스토랑만족도를 49% 정도 설명하는 것으로 나타내고 있다. 마지막으로 회귀식의 통계적 유의성을 검정하는 분산분석통계량(*F*-statistic)을 보면 22.29에 자유도가 85라 유의확률이 0.05보다 같은 1.312e-12로 나타나고 있다. 유의확률의 값이 작으면 회귀식이 통계적으로 유의한 식이라 할 수 있다.

2) 다중공선성 검정 결과

다중공선성 검정을 위하여 상기의 R 스크립트에서 생성된 vif_result를 실행하면 다음과 같은 분산팽창계수 현황을 얻을 수 있다. 모든 변수들의 분산팽창계수값들이 10 미만으로 나타나고 있어 변수들 간의 다중공선성이 크지 않은 것으로 평가될 수 있다.

```
vif_result                                                # VIF 산출 결과

  data$음식품질      data$가격   data$종업원서비스    data$분위기
      1.459513        1.294770              1.487703         1.320531
```

Chapter 16

로지스틱 회귀분석

1절 로지스틱 회귀분석

로지스틱 회귀분석(logistic regression)은 종속변수와 독립변수들 간의 관계를 함수로 나타내어 미래의 사건 발생 가능성을 예측하는 데 사용되는 통계분석기법이다. 독립변수의 선형관계 결합으로 종속변수를 설명한다는 관점에서 회귀분석과 유사하나, 로지스틱 회귀는 회귀분석과는 다르게 종속변수가 두 가지 범주를 나타내는 이항변수일 때 사용되는 분석이다. 예를 들면, 종속변수의 값이 대출상환 여부, 결혼 여부, 흡연과 비흡연, 질병 유무 등의 두 가지 결과로 나타내기 때문에 로지스틱 회귀분석은 일종의 분류기법으로도 간주된다.

1. 로지스틱 회귀모형

종속변수가 두 가지 범주를 나타내는 이항변수의 경우 확률 p를 의미하는 기댓값인 $E(Y)$는 0과 1 사이의 값을 가지게 된다. 따라서 기댓값이 음의 무한대($-\infty$)에서 양의 무한대(∞) 사이의 값을 가지는 단순회귀분석에서의 직선의 선형모형과 다르게 로지스틱 회귀모형(logistic regression model)은 **그림 16-1** 과 같이 0과 1 사이의 값을 가지는 곡선 형태의 모형을 갖고 있는 것으로 가정된다.

그림 16-1 회귀모형의 비교

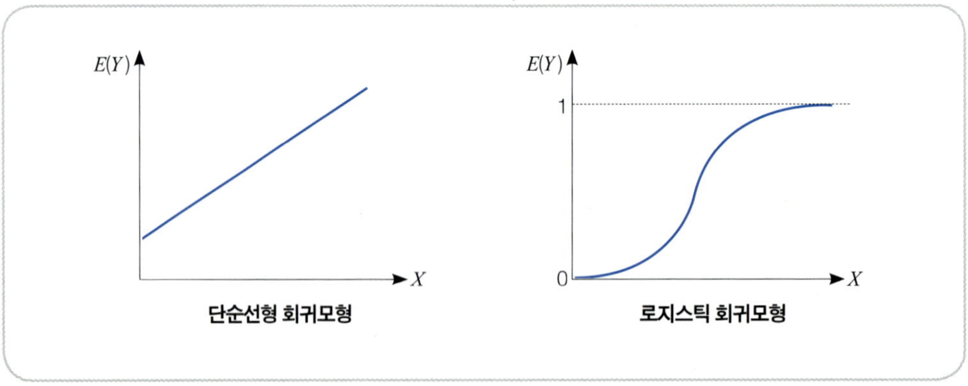

한 개의 독립변수 X를 포함하는 로지스틱 회귀모형은 다음과 같은 식으로 표시된다.

$$p_i = \frac{exp(\beta_0 + \beta_0 x_i)}{1 + exp(\beta_0 + \beta_0 x_i)}$$

상기의 모형에서 $\beta_1 > 0$ 인 경우 **그림 16-2** 와 같이 증가함수 형태로 나타나고 $\beta_1 < 0$ 인 경우에는 감소함수 형태를 띠게 된다.

그림 16-2 로지스틱 회귀모형

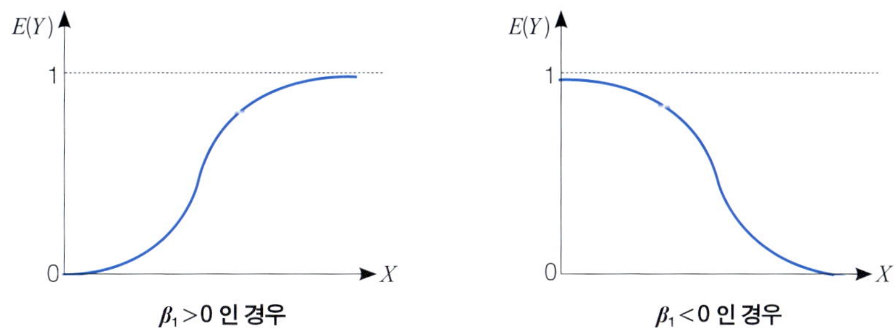

2. 로지스틱 회귀식의 추정과 회귀모형의 적합도 검정

로지스틱 회귀분석에서는 회귀모형이 비선형으로 인하여 단순선형 회귀분석에서 사용되는 최소제곱법(method of least squares)이 아닌 최대우도법(maximum likelihood)을 이용하여 회귀계수를 추정한다. 최대우도법은 우도함수(likelihood function)를 최대화시키는 값들에 의해 모수를 추정하는 방법으로서 우도함수는 표본과 모수의 함수로 표현된다. 최대우도법을 이용하여 산출된 로지스틱 회귀모형은 우도에 근간한 이탈도를 이용하여 적합도검정을 수행한다. 이탈도(deviance)는 로그우도비 통계량을 −2배(−2 Log 우도)로 한 값으로 그 값이 작으면 작을수록 가정된 로지스틱 회귀모형이 주어진 자료에 잘 적합하고 있음을 나타낸다.

2절 로지스틱 회귀분석 예시

한 대학교의 입시와 관련된 수능점수, 내신등급 그리고 합격 여부에 대한 자료를 수집하였다. 수집된 자료를 이용하여 합격 여부 예측을 위한 로지스틱 회귀분석을 실시하고자 한다.

표 16-1 합격자 조사 자료

수능점수	내신등급	합격 여부
61.2	2	합격
59.4	3	불합격
66.6	3	합격
50.4	3	불합격
34.2	3	불합격
36	2	불합격

※ 분석자료 위치: http://ssra.or.kr/rbook/data.csv

3절 로지스틱 회귀분석 실행

1. 작업영역 설정 및 파일 불러오기

로지스틱 회귀분석을 위하여 다음과 같이 우선 작업영역을 설정하고 설정된 디렉터리(C:/WORK_R)에서 수집된 자료의 내용을 R 영역으로 가져와 데이터프레임으로 저장한다.

```
setwd("C:/WORK_R")
options("width" = 500)
data <- read.csv("data.csv", header = T, fileEncoding = "EUC-KR")
# 데이터프레임 형식으로 저장된 자료
data <- subset(data, select = c(수능점수, 내신등급, 합격 여부))
```

2. 로지스틱 회귀분석 R 스크립트

1) 로지스틱 회귀모형 생성

로지스틱 회귀분석을 위하여 R에서 사용되는 함수는 glm( ) 함수이다. glm( ) 함수의 사용 형식은 다음과 같다.

```
glm(formula, family = gaussian, data, weights, subset,
  na.action, start = NULL, etastart, mustart, offset,
  control = list(…), model = TRUE, method = "glm.fit",
  x = FALSE, y = TRUE, contrasts = NULL, …)

formula: 적용할 공식
family: 종속변수의 분포
정규분포-gaussian, 이항분포-binomial, 포아송분포-poisson, 역정규분포-inverse.gaussian, 감마분포-gamma, 응답분포가 확실치 않을 때-quasi를 사용
data: 적용할 모델의 변수를 포함하는 선택적 데이터프레임
subset: 관측치의 서브 세트를 지정하는 선택적 벡터
weights: 가중치의 선택적 벡터
```

우선 상기의 자료에서 합격 여부를 종속변수로, 수능점수와 내신등급을 독립변수로 설정하여 glm( ) 함수를 실행한다. 로지스틱 회귀모형에서 종속변수는 0 또는 1로 설정되어야 하기 때문에 합격 여부 자료는 ifelse문을 이용하여 합격은 1, 불합격은 0으로 설정한다. glm( ) 함수 사용 시 종속변수의 분포를 알려주는 family의 인수는 이항분포인 "binomial"로 설정한다.

```
# 종속변수를 이항변수로 변환(합격 1, 불합격 0)
data$합격 여부 <- ifelse(data$합격 여부 == "합격", 1, 0)

# 로지스틱 회귀분석
model= glm(합격 여부 ~ 수능점수 + 내신등급, data =data, family = binomial)
```

2) 로지스틱 회귀모형의 적합도검정

상기에서 산출된 로지스틱 회귀모형에 대한 적합도검정을 위하여 아래와 같이 rcompanion 패키지의 nagelkerke( ) 함수를 이용하여 이탈도 검정값과 Pseudo-R제곱값들을 산출한다. Pseudo-R제곱값들은 회귀분석의 R제곱값과 같이 모형의 설명력을 보여준다.

```
# 적합도검정
library(rcompanion)
model_fit <- nagelkerke(model)
```

3) 로지스틱 회귀모형의 예측 분류표

예측 분류표는 모형이 얼마나 적합한지를 보여주는 정보이다. 즉 예측값과 실제 관측값 사이에 직접 비교를 통해 모델의 적합도를 알아볼 수 있다. R에서 분류표는 predict( ) 함수를 이용하여 다음과 같이 생성할 수 있다.

```
# 예측 분류표 작성
new <- data.frame(실제값 = data$합격 여부)                      # 관측값
new$예측값 <- predict(model)                                   # 예측값
new$예측값 <- ifelse(new$예측값 > 0, 1, 0)                      # 이분형 예측값
new$result <- ifelse(new$실제값 == new$예측값, "Y", "N")         # 관측값과 예측값 비교 결과

data_tbl <- table(data$합격 여부)                               # 실제값 빈도분석
predict_tbl <- table(new)                                      # 분류표 빈도분석
predict_prob <- sum(new$result == "Y")/length(new$result)      # 예측 확률
```

4) Wald 통계량과 유의확률 산출

로지스틱 회귀식에서 통계적 유의성은 t-값이 아닌 Wald 통계량을 사용한다. 따라서 이를 위해 다음과 같이 aod 패키지의 wald.test( ) 함수를 이용하며, wald.test( ) 함수의 사용 형식은 다음과 같다.

```
wald.test(Sigma, b, Terms = NULL, L = NULL, H0 = NULL, df = NULL, verbose = FALSE)

Sigma: lm( ) 또는 glm( )에서 산출된 공분산행렬
b: lm( ) 또는 glm( )에서 산출된 회귀 계수
Terms: 변수가 있는 열
```

다음과 같이 b는 회귀계수, Sigma는 공분산행렬 그리고 Terms는 변수가 있는 열로 설정하여 모든 변수들에 대한 Wald 통계량과 유의확률을 산출한다.

```
# Wald 통계량과 유의확률을 산출
library(aod)
N = length(model$coefficients)
wald_r_all <- NULL
for(i in 1:N) {
wald_r <- wald.test(b = coef(model), Sigma = vcov(model), Term = i)
wald_r_all <- rbind(wald_r_all, wald_r$result$chi2)
}

wald_r_all                                         # Wald 통계량과 유의확률
```

회귀계수의 지수(Exp)와 신뢰구간을 구하기 위하여 다음과 같은 exp( )를 이용한다.

```
# 회귀계수의 지수와 신뢰구간 산출
exp_l <- exp(cbind(OR = coef(model), confint(model)))
exp_l                                        # 회귀계수의 지수와 신뢰구간
```

최종적으로 회귀계수, 표준오차, Wald 통계량, 자유도, 유의확률, 회귀계수의 지수 및 95% 신뢰구간을 같이 보기 위하여 다음과 같은 R 스크립트를 실행한다.

```
# Wald 통계량 로지스틱 회귀분석 결과 산출
logistic_result <- round(cbind(model$coefficients, summary(model)$coefficients[, 2], wald_r_all,
exp_l) , 3)
colnames(logistic_result) <- c("B", "S.E", "Wald", "자유도", "유의확률", "Exp(B)", "2.5 %" ,
"97.5 %" )

logistic_result                              # 로지스틱 회귀분석 결과
```

3. 로지스틱 회귀분석 실행결과

1) 로지스틱 회귀모형

상기의 R 스크립트에서 생성된 model을 실행하면 다음과 같은 독립변수들에 대한 경로계수(Coefficients)를 얻을 수 있다.

```
model                                        # 로지스틱 회귀모형

Call: glm(formula = 합격 여부 ~ 수능점수 + 내신등급, family = binomial, data = data)

Coefficients:
 (Intercept)   수능점수    내신등급
 -3.37727     0.07561    -0.74261
```

```
Degrees of Freedom: 89 Total (i.e. Null);  87 Residual
Null Deviance:      100.1
Residual Deviance: 83.03        AIC: 89.03
```

상기의 결과에 대하여 좀 더 상세한 정보를 얻기 위해 summary(model)을 실행하면 다음과 같은 결과를 볼 수 있다.

```
summary(model)                                  # 로지스틱 회귀 비표준화 경로계수표

Call:
glm(formula = 합격 여부 ~ 수능점수 + 내신등급, family = binomial,
   data = data)

Deviance Residuals:
     Min        1Q     Median        3Q      Max
-1.7664   -0.6822   -0.4813   -0.1764   2.2305

Coefficients:
              Estimate-Std.   Error   z-value   Pr(>|z|)
(Intercept)    -3.37727    1.87602   -1.800   0.0718 .
수능점수         0.07561    0.03013    2.509   0.0121 *
내신등급        -0.74261    0.31368   -2.367   0.0179 *
---
Signif. codes:  0 '***' 0.001 '**' 0.01 '*' 0.05 '.' 0.1 ' ' 1

(Dispersion parameter for binomial family taken to be 1)

    Null deviance: 100.107  on 89  degrees of freedom
Residual deviance:  83.033  on 87  degrees of freedom
AIC: 89.033

Number of Fisher Scoring iterations: 5
```

상기의 결과를 보면 수능점수와 내신등급의 경로계수가 0.07561, −0.74261로 둘 다 유의확률이 0.0121과 0.0179로 0.05보다 작아 유의한 것으로 나타나고 있다. 하단의 일탈도(deviance)는 모형의 −2 Log 우도값을 보여주고 있다. Null deviance은 독립변수가 포함되지 않은 상수항만 가지고 산출된 이탈도이고, Residual deviance는 모든 변수가 포함된 이탈도의 감소량을 나타내고 있다. 우도는 모수추정치가 주어졌을 때 관찰된 결과나 나올 확률로 로지스틱 회귀모형에 대한 적합도검정에서는 −2 Log 우도값을 사용하고 낮을수록 좋은 모형으로 평가할 수 있다.

2) 로지스틱 회귀모형의 적합도 검정결과

상기의 R 스크립트에서 생성된 model_fit을 실행하면 다음과 같은 모형 계수 전체 검정결과 및 R제곱값들을 얻을 수 있다.

```
model_fit                                          # 모형의 적합도

$Models

Model: "glm, 합격 여부 ~ 수능점수 + 내신등급, binomial, data"
Null:  "glm, 합격 여부 ~ 1, binomial, data"

$Pseudo.R.squared.for.model.vs.null
                              Pseudo.R.squared
McFadden                              0.170560
Cox and Snell (ML)                    0.172804
Nagelkerke (Cragg and Uhler)          0.257456

$Likelihood.ratio.test
 Df.diff  LogLik.diff   Chisq     p-value
      −2     −8.5371   17.074  0.00019606

$Number.of.observations

Model: 90
Null:  90
```

```
$Messages
[1] "Note: For models fit with REML, these statistics are based on refitting with ML"

$Warnings
[1] "None"
```

상기의 우도비검정(Likelihood.ratio.test)에서 카이제곱값(Chisq)인 독립변수가 포함되지 않은 상수항만으로 산출한 Null deviance값인 100.107에서 모든 변수가 포함된 Residual deviance값인 83.033의 차이(17.074)로 카이제곱값이 크다는 것은 독립변수들에 의하여 로지스틱 회귀모형이 많은 부분이 설명된다는 의미로 적합도가 높다고 할 수 있다.

상기의 모형계수 전체 검정결과를 보면 카이제곱값(Chisq)이 17.074이고 유의확률(*p*-value)이 0.05보다 작은 0.00019606로 나타나 귀무가설이 기각되므로 모형이 유의함을 보여준다. 또한 모형의 설명력을 보여주는 McFadden, Cox and Snell 그리고 Nagelkerke 등의 R제곱값들을 보여주고 있다. 상기의 R제곱값들이 선형회귀모형의 R제곱값들에 비하여 낮게 나오고 있으나, 로지스틱 회귀분석에서 R제곱값은 대개 낮게 나오는 편이므로, 모형 평가에서 R제곱값에 크게 의존할 필요는 없다.

3) 로지스틱 회귀모형의 예측 분류표

실제값 빈도분석인 data_tbl과 예측값과 실제관측값에 대한 분류표인 predict_tbl을 실행하면 다음과 같은 결과를 볼 수 있다.

```
data_tbl                                          # 실제값 빈도분석

 0  1
68 22

predict_tbl                                       #분류표
, , result = N
```

```
      예측값
실제값  0  1
     0  0  2
     1 16  0

, , result = Y

      예측값
실제값  0  1
     0 66  0
     1  0  6

predict_prob                                    # 분류의 정확도
 [1] 0.8
```

상기의 결과를 보면 불합격 68개와 합격 22개로 구성된 90개의 표본에서 예측결과가 틀린(result = N) 수는 실제값이 불합격인데 합격으로 예측한 2개와 합격인데 불합격으로 예측한 16개이며, 예측결과가 맞은(result = Y) 수는 실제값과 예측값을 불합격으로 예측한 66개와 합격으로 예측한 6개로 72개이다. 분류에서 정확도는 예측이 맞은 72개를 전체 표본 90개로 나눈 0.8로 나타나 모형의 예측 정확도는 80%에 달한다.

4) Wald 통계량과 유의확률 결과

회귀계수들에 대하여 wald.test( ) 함수를 이용하여 생성된 wald_r_all을 실행하면 Wald 통계량과 유의확률에 결과를 얻을 수 있다.

```
wald_r_all
          chi2 df          P
[1,] 3.240822  1 0.07182460
[2,] 6.297439  1 0.01209125
[3,] 5.604671  1 0.01791265
```

회귀계수들에 대하여 exp( ) 함수를 이용하여 생성된 exp_l을 실행하면 다음과 같은 지수(Exp)와 신뢰구간 결과를 얻을 수 있다.

```
exp_l
                    OR         2.5 %     97.5 %
(Intercept) 0.03414067 0.0006996276 1.1990854
수능점수    1.07854277 1.0201309279 1.1497440
내신등급    0.47587196 0.2469489357 0.8566811
```

최종적으로 logistic_result를 실행하면 회귀계수, 표준오차, Wald 통계량, 자유도, 유의확률, 회귀계수의 지수 및 95% 신뢰구간을 다음과 같이 볼 수가 있다.

```
logistic_result                                   # 로지스틱 회귀분석식 결과

                 B   S.E  Wald 자유도 유의확률 Exp(B) 2.5% 97.5%
(Intercept) −3.377 1.876 3.241   1      0.072  0.034 0.001 1.199
수능점수     0.076 0.030 6.297   1      0.012  1.079 1.020 1.150
내신등급    −0.743 0.314 5.605   1      0.018  0.476 0.247 0.857
```

상기의 logistic_result를 가지고 회귀식을 구성하면 다음과 같다.

```
거주희망지역 = −3.377 + 0.076*수능점수 + −0.743*내신등급
```

Wald 통계량의 유의확률을 살펴보면 수능점수와 내신등급은 0.05 이하로 유의한 의미를 가지고 있다.

Chapter 17

판별분석

1절 판별분석

판별분석(discriminant analysis)은 독립변수들을 통하여 집단을 구분하는 판별식을 도출하여 소속된 집단을 예측하는 데 사용되는 통계분석기법으로, 일반적으로 등간척도나 비율척도로 측정된 연속형 자료의 독립변수를 이용해 명목척도로 측정된 종속변수로 분류한다. 판별분석은 두 개 이상의 집단을 구분하는 데 있어서 분류 오류를 최소화할 수 있는 판별식을 제공하는 것에 초점을 맞추고 있다. 예를 들어, 꽃받침의 폭, 꽃받침의 길이, 꽃잎의 폭, 꽃잎의 길이를 가지고 꽃의 품종을 판별하는 판별식을 만들고 이를 통해 새로운 꽃에 대한 품종 분류를 지원하는 것이 판별분석이다.

1. 판별분석의 기본 원리

판별분석은 두 개 이상의 집단으로 구분하는 데 분류 오류를 최소화하기 위하여 선형 결합된 형태의 판별식을 사용한다. **그림 17-1** 에서 보이는 바와 같이 두 집단

그림 17-1 판별분석의 기본 원리

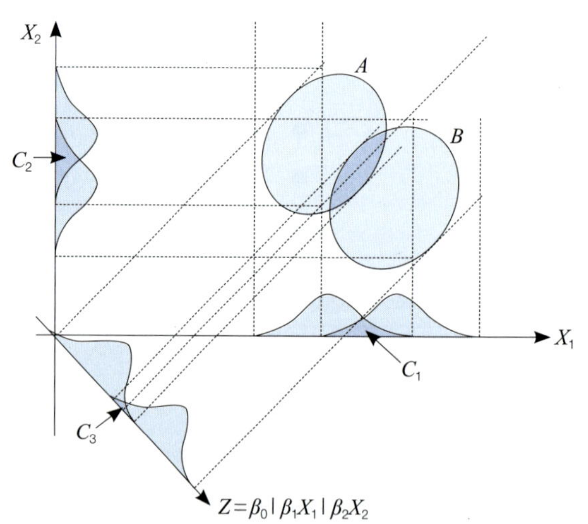

의 X_1축 하나만으로 분류할 경우 두 집단은 C_1만큼의 중복이 생기고 X_2축만으로 분류할 경우 두 집단은 C_2만큼의 중복 부분이 생기다. 그러나 X_1과 X_2의 선형 결합으로 이루어진 새로운 축인 Z를 이용하여 두 집단을 분류하면 C_3만큼만의 중복 부분이 생긴다. 즉, 판별함수 Z가 두 집단을 분류하는 데 있어 최적의 판별식이 된다.

2. 판별식

판별분석은 기본적으로 집단 내 분산에 비해 집단 간 분산의 차이를 최대화하는 독립변수들의 계수를 찾아야 하며, 이때 독립변수들의 선형결합을 판별함수 혹은 판별식이라고 한다.

$$Z=\beta_1X_1+\beta_2X_2+\cdots+\beta_nX_n$$

Z : 판별점수
β_i : 변수 i에 대한 판별계수
X_i : 독립변수 i

새로운 대상의 독립변수의 값에 대한 정보가 있을 때 상기의 판별식을 이용한 판별점수를 계산함으로써 그 대상이 어느 범주에 속할 것인지를 예측한다.

3. 판별분석의 가정

판별분석에서의 기본적인 가정은 독립변수들이 다변량 정규분포(multivariate normality)를 이루며, 종속변수에 의해 범주화되는 집단들의 공분산행렬(covariance matrices)이 동일해야 한다는 것이다. 다변량 정규분포 가정에 대한 검정은 독립변수들이 각각 정규분포를 이루는지 검정하거나 독립변수들의 결합분포가 정규분포를 이루는지를 확인함으로써 검정할 수 있다. 공분산행렬의 동일성 검정은 "H_0. 공분산이 동일하다"는 귀무가설과 "H_1. 공분산이 다르다"는 대립가설을 설정하고 이에 대한 가설 검증을 통하여 수행한다. 공분산행렬 동일성 가설 검정은 일반적으로 Box의 M검정을 통해 이루어진다.

2절 판별분석 예시

한 기업의 인사부는 신규 직원들을 기존 직원들의 성향에 따라 직무를 배치하기 위하여 기존 직원들을 대상으로 자료를 수집하였다. 자료는 기존 직원들의 야외활동성, 사교성 및 보수성에 대한 관심 정도를 측정하는 심리테스트와 해당 직원들의 직무를 고객서비스, 생산업무, 관리업무 등 3가지로 분류하여 수집하였다. 수집된 자료를 이용하여 직원 성향에 따른 직무분석을 위한 판별분석을 실시하고자 한다.

표 17-1 개인의 성향과 직무

야외활동성	사교성	보수성	직무
8	29	14	고객서비스
6	27	11	생산업무
10	17	8	고객서비스
1	30	6	관리업무
14	29	7	생산업무
12	26	9	관리업무

※ 분석자료 위치: http://ssra.or.kr/rbook/data.csv

※ 참고: 상기자료는 UCLA의 Institute for Digital Research and Education의 판별분석 예시자료에서 발췌하였음.

3절 판별분석 실행

1. 작업영역 설정 및 파일 불러오기

판별분석을 위하여 다음과 같이 우선 작업영역을 설정하고 설정된 디렉터리(C:/WORK_R)에서 수집된 자료의 내용을 R 영역으로 가져와 데이터프레임으로 저장한다.

```
setwd("C:/WORK_R")
options("width" = 500)
data <- read.csv("data.csv", header = T, fileEncoding = "EUC-KR")
# 데이터프레임 형식으로 저장된 자료
data <- subset(data, select = c(야외활동성, 사교성, 보수성, 직무))
```

2. 판별분석 R 스크립트

1) 집단통계량

판별분석 시행에 앞서 자료를 탐색하기 위하여 우선 describe( )을 이용하여 다음과 같이 집단별 평균, 표준편차, 수량이 포함되어 있는 집단통계량을 산출한다.

```
# 집단통계량 산출
library(psych)
dv <- data$직무                                    # 종속변수
cFreq <- table(dv)
tFreq <- as.data.frame(cFreq)
lv <- c("야외활동성", "사교성", "보수성")          # 독립변수 벡터
N <- length(cFreq)                                 # 종속변수의 항목수
M <- length(lv)                                    # 독립변수 수량
desc_result <- NULL
for(i in 1:N) {
  for(j in 1:M) {
```

```
        sub_data <- subset(data, dv = = tFreq[i,1], select = c(lv[j]))
        desc_item <- describe(sub_data)
        desc_item <- data.frame(tFreq[i,1], colnames(sub_data)
        , round(desc_item$mean, 3), round(desc_item$sd,3), desc_item$n)
        desc_result <- rbind(desc_result, desc_item)
    }
}
colnames(desc_result) <- c("종속변수", "독립변수", "평균", "표준편차", "수량")
desc_result                                               # 집단통계량
```

2) 집단평균의 동질성 검정

집단평균의 동질성 검정은 판별식에 사용되는 독립변수들에 대한 유의성을 검정하기 위한 분석으로, 변수들의 집단평균의 동질성을 평가하기 위해 우선 aov( ) 함수를 이용하여 독립변수들에 대한 분산분석을 수행한다.

```
# 집단평균의 동질성 검정
aov_result1 <- aov(야외활동성 ~ 직무, data)              # 야외활동성 분산분석
aov_result2 <- aov(사교성 ~ 직무, data)                  # 사교성 분산분석
aov_result3 <- aov(보수성 ~ 직무, data)                  # 보수성 분산분석
```

집단평균의 동질성 검정 시 분산분석의 *F*값과 wilks 람다(lamba)값이 이용된다. wilks 람다값은 집단 내 분산/(집단 내 분산 + 집단 간 분산)의 비율로서 집단 간 분산이 집단 내 분산에 비해 클수록 0에 가까워지며, 반대의 경우 1에 가까워지고 분산분석의 *F*값과는 반대방향을 갖는다. wilks 람다값은 다음과 같은 R스크립트를 이용하여 산출한다.

```
wilks_1 <- summary(aov_result1)[[1]]$'Sum Sq'[2] / (summary(aov_result1)[[1]]$'Sum Sq'[1]+
summary(aov_result1)[[1]]$'Sum Sq'[2])                    # 야외활동성 wilks 람다값
wilks_2 <- summary(aov_result2)[[1]]$'Sum Sq'[2] / (summary(aov_result2)[[1]]$'Sum Sq'[1]+
summary(aov_result2)[[1]]$'Sum Sq'[2])                    # 사교성 wilks 람다값
wilks_3 <- summary(aov_result3)[[1]]$'Sum Sq'[2] / (summary(aov_result3)[[1]]$'Sum Sq'[1]+
summary(aov_result3)[[1]]$'Sum Sq'[2])                    # 보수성 wilks 람다값
```

상기의 R스크립트에서 summary(aov_result1)[[1]]$'Sum Sq'[2]는 분산분석 결과의 집단 내 분산값이고 summary(aov_result1)[[1]]$'Sum Sq'[1]는 집단 간 분산값을 나타낸다.

상기의 분산분석 결과와 wilks 람다값을 포함한 집단평균의 동질성을 검정하기 위한 표 작성을 위하여 다음과 같은 R스크립트를 수행한다.

```
wilks_result <- rbind(cbind(wilks_1, summary(aov_result1)[[1]]$'F value'[1], summary(aov_re-
sult1)[[1]]$'Df'[1], summary(aov_result1)[[1]]$'Df'[2],
summary(aov_result1)[[1]]$'Pr(>F)'[1] ), cbind(wilks_2, summary(aov_result2)[[1]]$'F value'[1],
summary(aov_result2)[[1]]$'Df'[1], summary(aov_result2)[[1]]$'Df'[2], summary(aov_result2)[[1]]$'
Pr(>F)'[1] ), cbind(wilks_3, summary(aov_result3)[[1]]$'F value'[1], summary(aov_result3)[[1]]$'Df'
[1], summary(aov_result3)[[1]]$'Df'[2], summary(aov_result3)[[1]]$'Pr(>F)'[1] ))

colnames(wilks_result) <- c("wilks 람다", "F", "자유도1", "자유도2", "유의확률")
                                                                    # 행이름 설정
rownames(wilks_result) <- c("야외활동성", "사교성", "보수성")          # 열이름 설정

wilks_result                                   # 집단평균의 동질성을 검정을 위한 표
```

3) 변수의 독립성 확인

판별분석에서 변수의 독립성 확인은 독립변수들 간의 상관관계 정도를 파악하여 판별식의 유의성을 평가하려는 목적이 있다. 변수들 간의 독립성을 확인하기 위해서 다음과 같이 변수들 간의 상관계수 행렬표를 cor( ) 함수를 이용하여 산출한다.

```
cor_result1 <- cor(subset(data, select = c(야외활동성, 사교성, 보수성), data$직무 = = "고객서
비스"))
cor_result2 <- cor(subset(data, select = c(야외활동성, 사교성, 보수성), data$직무 = = "생산업
무"))
cor_result3 <- cor(subset(data, select = c(야외활동성, 사교성, 보수성), data$직무 = = "관리업
무"))
```

```
cor_result <- round(rbind(cor_result1, cor_result2, cor_result3), 3)

rname <- rownames(cor_result)
cor_result <- data.frame(cor_result)
cor_result$직무 <- c(rep("고객서비스",3), rep("생산업무",3), rep("관리업무",3))
cor_result$성향 <- rname                                    # 상관계수행렬 표
cor_result <- subset(cor_result, select = c(직무, 성향, 야외활동성, 사교성, 보수성))
cor_result
```

4) 공분산행렬의 동일성 검정

판별분석은 다변량 정규분포를 가정하고 각 집단의 공분산이 동일하다는 가정하에 수행된다. 집단에 대한 공분산행렬의 동일성 검정은 Box의 *M*검정을 통하여 이루어진다. 이를 위해 R에서 사용되는 함수는 biotools 패키지의 boxM( ) 함수이다. boxM( ) 함수의 사용 형식은 다음과 같다.

```
boxM(Y, group, ...)

Y: 반응변수들의 자료
group: 그룹의 정의된 변수
```

상기 자료들에 대하여 boxM( )을 이용하여 다음과 같이 공분산 동일성 검정을 수행한다.

```
# 공분산행렬의 동일성 검정
library(biotools)
boxm_result <- boxM(subset(data, select = c(야외활동성, 사교성, 보수성)), data$직무)
                                                            # Box의 M 검정
```

5) 판별모형의 적합도 검정

판별분석을 위하여 우선 판별모형의 적합도 검정을 수행한다. 판별모형의 적합도 검정에는 판별모형의 Wilks 람다값과 정준상관계수가 사용된다. Wilks 람다값을 통

한 검정을 위하여 rrcov 패키지의 Wilks.test( )을 이용하며, Wilks.test( ) 함수의 사용 형식은 다음과 같다.

```
Wilks.test(formula, data, ..., subset, na.action)

formula: 적용할 공식
data: 적용할 모델의 변수를 포함하는 선택적 데이터프레임
subset: 관측치의 서브 세트를 지정하는 선택적 벡터
```

상기 자료들에 대하여 Wilks.test( )을 이용하여 다음과 같이 분산분석을 수행한다.

```
# Wilks 람다값 산출을 통한 적합도 검정
library(rrcov)
wilks_result <- Wilks.test(직무 ~ 야외활동성 + 사교성 + 보수성, data )
```

정준상관계수를 통한 판별모형의 적합도 검정은 일반화된 정준판별분석을 지원하는 candisc 패키지의 candisc( )을 이용하며, candisc( ) 함수의 사용 형식은 다음과 같다.

```
candisc(model)

model: 선형회귀모형
```

상기의 candisc( ) 함수를 이용하여 정준상관계수를 산출하기 위해서는 우선 선형회귀분석이 선행되어야 한다. 따라서 다음과 같이 직무인 종속변수에 대하여 각각의 독립변수들을 대상으로 한 자료들에 대하여 lm( ) 함수를 이용한 단수회귀모형들을 산출하고 결과를 candisc( ) 함수의 인수로 사용하여 판별분석을 수행한다.

```
# 정준판별분석을 통한 적합도 검정
library(candisc)
m_model <- lm(cbind(야외활동성, 사교성, 보수성) ~ 직무, data)        # 선형회귀모형
ml_can <- candisc(m_model)                                           # 정준판별분석
```

6) 정준판별함수

판별분석을 위하여 R에서 일반적으로 사용되는 함수는 MASS 패키지의 lda( ) 함수이다. lda( ) 함수의 사용 형식은 다음과 같다.

```
lda(formula, data, ..., subset, na.action)

formula: 적용할 공식
data: 적용할 모델의 변수를 포함하는 선택적 데이터프레임
subset: 관측치의 서브 세트를 지정하는 선택적 벡터
```

lda( ) 함수에 종속변수인 직무와 독립변수들인 야외활동성, 사교성과 보수성을 입력한 후 다음과 같이 R 스크립트를 실행하면 된다.

```
# 판별분석
library(MASS)
discriminant_result <- lda(직무 ~ 야외활동성 + 사교성 + 보수성, data )
```

일반적으로 판별분석을 위하여 MASS 패키지의 lda( ) 함수가 사용되나, lda( ) 함수의 결과물은 비표준화된 정준판별함수계수만 제공한다. 따라서 표준화된 정준판별함수계수를 얻기 위해서는 상기의 정준상관계수 산출을 위해 사용한 ml_can을 이용하여 다음과 같은 R 스크립트를 실행하면 된다.

```
# 표준화 정준판별함수 계수 산출
standard_coef = coef(ml_can, type = "std" )
```

7) 판별적중률

판별적중률은 판별식에 의한 판별결과를 정리한 것으로 판별식이 대상을 얼마나 잘 분류하는가를 나타내는 정도를 의미한다. 이를 위해 R에서는 실제값과 predict( )를 이용해서 분류함수를 통한 예측을 수행한 결과값들과 비교를 통해 산출한다. 판별적중률을 산출하기 위해 다음과 같이 R 스크립트를 실행한다.

```
# 판별적중률 산출
class_result <- table(data$직무,predict(discriminant_result)$class)  # 실제값과 예측값 분류결과
prop_class <- round(prop.table(class_result, 1)*100, 1)          # 실제값과 예측값 분류결과 비율

class_hit_ratio <- round( (class_result[1,1] + class_result[2,2] + class_result[3,3]) /length(data$
직무)* 100, 1)                                              #판별적중률
```

3. 판별분석 실행결과

1) 집단통계량

상기의 R 스크립트에서 생성된 desc_result를 실행하면 다음과 같은 집단통계량을 얻을 수 있다.

```
desc_result                                                # 집단통계량

  종속변수    독립변수     평균   표준편차   수량
1 고객서비스  야외활동성  11.677    5.082     31
2 고객서비스      사교성  23.548    4.381     31
3 고객서비스      보수성   8.710    3.122     31
4  관리업무   야외활동성  15.263    4.920     19
5  관리업무       사교성  14.211    3.521     19
6  관리업무       보수성  12.526    2.970     19
7  생산업무   야외활동성  19.050    2.917     40
8  생산업무       사교성  22.050    4.489     40
9  생산업무       보수성  10.475    2.810     40
```

고객서비스, 관리업무, 생산업무 세 집단의 집단별 평균, 표준편차 및 수량이 제시되어 있다. 상기의 자료에서 집단별 평균이 다소 차이를 보이고 있다.

2) 집단평균의 동질성 검정

상기의 R 스크립트에서 생성된 wilks_result를 실행하면 다음과 같은 집단평균의 동질성 평가를 위한 통계량을 얻을 수 있다.

```
wilks_result                                          # 집단평균의 동질성 검정
              wilks 람다          F  자유도1  자유도2     유의확률
야외활동성   0.6178110  26.909878        2       87  7.984018e-10
사교성       0.5857915  30.758500        2       87  7.885410e-11
보수성       0.8136981   9.959632        2       87  1.273952e-04
```

여기서 wilks 람다는 집단 내 분산/(집단 내 분산 + 집단 간 분산)의 비율로 집단 간 분산이 클수록 0에 가까워지며 그 반대의 경우는 1에 가까워진다. wilks 람다값이 낮을수록 판별력이 높을 수 있음을 의미한다. 상기의 동질성 평가 결과 모든 변수의 유의확률이 0.05보다 작아 집단 간 차이가 있는 것으로 나타났다. 이러한 결과는 모든 변수가 판별함수로서 적합함을 보여준다.

3) 변수의 독립성 확인

변수 간의 독립성을 확인하기 위해서 cor_result를 실행하면 다음과 같은 상관계수표를 얻을 수 있다.

```
cor_result                                        # 변수의 독립성 확인

      직무         성향   야외활동성    사교성    보수성
1 고객서비스   야외활동성       1.000    -0.014    -0.237
2 고객서비스       사교성      -0.014     1.000     0.219
3 고객서비스       보수성      -0.237     0.219     1.000
```

```
4  생산업무  야외활동성    1.000    0.237    0.197
5  생산업무      사교성    0.237    1.000    0.335
6  생산업무      보수성    0.197    0.335    1.000
7  관리업무  야외활동성    1.000    0.365    0.108
8  관리업무      사교성    0.365    1.000    0.026
9  관리업무      보수성    0.108    0.026    1.000
```

상기의 변수의 독립성 평가 결과 변수 간의 상관계수가 높지 않아 판별변수들 간의 상호 영향관계가 크지 않음을 나타내고 있다. 즉 판별모형을 설정하는 데 큰 문제가 없는 것으로 판단할 수 있다.

4) 공분산행렬의 동일성 검정

집단에 대한 공분산행렬의 동일성 검정을 위하여 boxm_result를 실행하면 다음과 같은 결과를 얻을 수 있다.

```
boxm_result                                          # 공분산행렬의 동일성

      Box's M-test for Homogeneity of Covariance Matrices

data:  subset(data, select = c(야외활동성, 사교성, 보수성))
Chi-Sq (approx.) = 18.902, df = 12, p-value = 0.09091
```

상기의 집단에 대한 공분산행렬의 동일성 검정 결과 유의확률이 0.09091로 0.05를 상회하여 각 집단의 공분산행렬이 상이하지 않음을 보여주고 있다. 두 공분산행렬에 큰 차이가 없을 경우에는 선형판별함수를 그대로 사용해도 무방하나, 그렇지 않은 경우 적절한 조치가 필요하다. 자료가 다변량 정규분포를 이루고 있지 않은 경우 전반적인 자료의 점검이 필요하나, 자료가 다변량 정규분포를 이루고 있고 공분산행렬이 같지 않은 경우에는 선형판별함수 대신에 비선형함수를 이용한 로지스틱 회귀분석을 시행하는 것이 바람직하다.

5) 판별모형의 적합도 검정

판별모형의 적합도 검정을 위하여 wilks_result를 실행하면 다음과 같은 결과를 얻을 수 있다. 적합도 검정은 Wilks의 람다값을 근간으로 검정할 수 있다.

```
wilks_result                                    # 판별모형의 적합도 검정(Wilks의 람다값)

     One-way MANOVA (Bartlett Chi2)

data: x
Wilks' Lambda = 0.2783, Chi2-Value = 110, DF = 6, p-value < 2.2e-16
sample estimates:
          data$야외활동성   data$사교성    data$보수성
고객서비스     11.67742     23.54839      8.709677
관리업무      15.26316     14.21053     12.526316
생산업무      19.05000     22.05000     10.475000
```

상기의 유의확률은 Wilks 람다값에 자유도를 고려하여 카이스퀘어값(Chi2-Value)으로 환산하여 산출된 값으로 상기의 결과에서 유의확률이 2.2e-16으로 0.05보다 작아 판별모형의 적합함을 보여주고 있다.

판별모형의 적합도 검정은 정준상관계수와 고유치를 근간으로도 평가할 수 있다. 이를 위하여 ml_can을 실행하면 다음과 같은 결과를 얻을 수 있다.

```
ml_can                                    # 정준판별분석 결과(정준상관계수와 고유치)

Canonical Discriminant Analysis for 직무:

   CanRsq  Eigenvalue  Difference  Percent  Cumulative
1 0.57683    1.36310     0.84254   72.365     72.365
2 0.34235    0.52055     0.84254   27.635    100.000

Test of H0: The canonical correlations in the current row and all that follow are zero
```

```
   LR test stat  approx F  numDF  denDF   Pr(> F)
1       0.27830    25.375      6    170 < 2.2e-16 ***
2       0.65765                2
---
Signif. codes:  0 '***' 0.001 '**' 0.01 '*' 0.05 '.' 0.1 ' ' 1
```

상기의 결과에서 CanRsq는 정준상관관계값을 제곱한 값이며 정준상관관계는 판별함수와 집단 간의 관련 정도를 나타내는 것으로 이 값이 클수록 판별력이 우수하다고 할 수 있다. 고유치(Eigenvalue)는 집단 간의 분산을 집단 내의 분산으로 나눈 값으로 고유치가 클수록 우수한 판별함수라고 할 수 있다. 고유치가 여러 개인 경우 고유치의 상대적인 크기는 판별함수가 총분산을 어느 정도 설명해 주고 있는가를 나타낸다. 상기에서 첫 번째 판별함수의 정준상관관계는 CanRsq를 제곱근한 값으로 0.759이고 고유치는 1.36310으로 총분산의 72%를 설명하고 있다고 말해주고 있다.

상기의 결과에서 하단의 LR test stat는 1, 2차 판별함수의 Wilks의 람다값들을 보여주고 있다.

6) 정준판별함수

상기의 R 스크립트에서 생성된 discriminant_result를 실행하면 다음과 같은 판별분석 결과를 얻을 수 있다.

```
discriminant_result                                  # 정준판별함수

Call:
lda(data$직무 ~ data$야외활동성 + data$사교성 + data$보수성,
   data = data)

Prior probabilities of groups:
 고객서비스   관리업무   생산업무
 0.3444444  0.2111111  0.4444444
```

```
Group means:
          data$야외활동성  data$사교성  data$보수성
고객서비스    11.67742     23.54839    8.709677
관리업무      15.26316     14.21053   12.526316
생산업무      19.05000     22.05000   10.475000

Coefficients of linear discriminants:
                        LD1          LD2
data$야외활동성  -0.1186787  -0.20377780
data$사교성       0.2034953  -0.09603279
data$보수성      -0.2116342   0.03716671

Proportion of trace:
   LD1    LD2
0.7236 0.2764
```

상기의 판별분석 결과를 보면 LD1, LD2의 두 개의 판별식이 생성되었고 첫 번째 판별식에서의 정준판별함수계수는 야외활동성이 −0.1186787, 사교성이 0.2034953, 보수성이 −0.2116342로 산출되었다.

상기의 정준판별함수계수는 비표준화된 정준판별함수계수들로 이전의 R 스크립트에서 생성된 standard_coef을 실행하면 다음과 같은 표준화 정준판별함수계수 결과를 얻을 수 있다.

```
standard_coef                                    # 표준화 정준판별함수계수

              Can1         Can2
야외활동성   0.4996958   -0.8580052
사교성      -0.8685068   -0.4098626
보수성       0.6251372    0.109785
```

7) 판별적중률

판별함수에 대한 판별적중률을 확인하기 위한 실제값과 예측값 분류결과인 class_

result, 실제값과 예측값 분류결과 비율인 prop_class 그리고 판별적중률인 class_hit_ratio을 실행하면 다음과 같은 결과를 얻을 수 있다.

```
class_result                                         # 실제값과 예측값 분류결과

          고객서비스  관리업무  생산업무
고객서비스       24        1         6
관리업무          0       15         4
생산업무          3        3        34

prop_class                                           # 실제값과 예측값 분류결과 비율

          고객서비스  관리업무  생산업무
고객서비스     77.4      3.2      19.4
관리업무        0.0     78.9      21.1
생산업무        7.5      7.5      85.0

class_hit_ratio                                      #판별적중률
[1] 81.1
```

상기의 분류결과를 보면 고객서비스는 24개의 자료가 적중되어 77.4%의 적중률을, 관리업무는 15개의 자료가 적중되어 78.9%의 적중률, 그리고 생산업무는 34개의 자료가 적중되어 85.0%의 적중률을 나타내고 있다. 최종적으로 전체 판매적중률은 총 90개의 자료에서 73개가 적중되어 81.1%의 적중률을 보여주고 있다.

Chapter 18

요인분석

1절 요인분석

요인분석(factor analysis)은 변수들 간의 상관관계를 이용하여 서로 관련성 있는 변수끼리 묶어 변수의 개수보다 적은 수의 요인으로 추출하는 통계분석기법이다. 요인분석에서 변수(variable)는 측정된 자료들로 일반적으로 측정지표나 설문문항의 하나가 변수로 간주되며, 요인(factor)은 서로 상관계수가 높은 변수들끼리 묶은 집단으로 일반적으로 다수의 변수가 하나의 요인으로 구성된다. 요인분석은 연구자에게 변수 형태로 주어진 많은 정보를 보다 쉽고 간단하게 분석할 수 있도록 적은 수의 요인으로 축소하여 제공해 준다.

1. 요인분석의 목적

변수들 간의 상관관계를 이용하여 동질적인 소수의 요인으로 묶는 요인분석의 주요 목적은 자료의 요약 이외에 개념의 구조 파악, 불필요한 변수의 제거 그리고 측정도구의 타당도 검정 등에서 사용되며 세부적인 설명은 다음과 같다.

① 자료의 요약: 여러 개의 변수들을 몇 개의 요인으로 묶음으로써 자료의 복잡성을 줄이고 정보를 요약하는 데 이용된다.

② 개념의 구조 파악: 여러 개의 변수들을 동질적인 몇 개의 요인으로 묶어 개념(construct)화함으로써 회귀분석과 같은 추가 분석을 위한 모형을 제시하는 데 기여한다.

③ 불필요한 변수의 제거: 요인으로 묶이지 않은 변수, 즉 중요하지 않은 변수를 자료에서 제거하여 추가적인 분석결과의 정확도를 높인다.

④ 측정도구의 타당도 검정: 동일한 개념을 측정한 변수들이 동일한 요인으로 묶이는지 여부를 확인함으로써 측정도구의 집중타당도 및 판별타당도를 검정하는 데 이용된다.

타당도(validity)는 측정지표가 측정하고자 하는 개념이나 속성을 정확히 반영하고 있는 정도로 집중타당도(convergent validity)는 동일한 개념을 측정하기 위해 두 가지 이상의 측정지표를 개발하고 이에 의해 얻어진 측정치들 간의 상관관계가 높아야 한다는 것이고, 판별타당도(discriminant validity)는 서로 다른 개념을 측정했을 때 얻어진 측정치들 간에는 상관관계가 낮아야만 한다는 것이다. 요인분석에서 집중타당도와 판별타당도의 평가는 변수들과 요인 간의 상관계수값을 나타내는 요인적재값(factor loading)으로 평가한다.

2. 요인분석 종류와 요인추출 방법

요인분석은 크게 주성분분석(Principal Component Analysis, PCA)과 최소제곱요인추출법, 최대우도요인추출법, 주축요인추출법 등과 같은 요인추출 방식을 이용한 공통요인분석(Common Factor Analysis, CFA)으로 나누어진다. 일반적으로 주성분분석 방식은 요인 수를 최소화하면서 정보의 손실을 최소화하고자 할 때 주로 이용되며, 공통요인분석은 변수들 사이에 존재하는 차원을 규명함으로써 변수들 간의 구조를 파악하는 데 주로 이용된다.

요인추출 방법은 주성분분석, 최소제곱요인추출법, 최대우도요인추출법, 주축요인추출법 등이 있다.

- 주성분분석법(principal component analysis): 관측된 변수의 무상관 선형결합함수를 만들 때 사용되는 요인추출 방법으로 초기 요인의 개수를 얻고자 할 때 사용된다. 정보의 손실을 줄이면서 가능한 적은 수의 요인으로 줄이는 데 사용된다.
- 최소제곱요인추출법(least squares): 관측된 상관행렬과 재연된 상관행렬 간의 차이 제곱값의 합을 최소화하는 요인추출 방법으로 분석에 사용되는 변수가 모집단이고 대상자는 표본이라고 가정할 수 있을 때 일반적으로 사용된다.
- 최대우도요인추출법(maximum likelihood): 변수들이 다변량 정규분포를 따른다는 가정하에 관측된 상관계수를 가장 잘 나타내는 모수추정치를 생성하는 요인추

출 방법이다. 최소제곱요인추출법과 같이 연구에 사용되는 변수가 모집단 전체이고, 대상자는 모집단의 일부 표본인 경우에 사용되는 요인추출법으로 표본수가 많은 경우 다른 방법보다 우수한 분석결과를 얻을 수 있는 것으로 알려져 있다.

- 주축요인추출법(principal axis factoring): 추정된 공통성값으로부터 반복적인 계산으로 요인을 추출하는 방법이다. 측정대상자와 변수가 모두 모집단이기 때문에 그 분석결과를 다른 모집단에 대해 일반화시킬 수 없으나, 많은 표본과 많은 변수와의 관계를 기술하는 것이 목적일 경우에 유용한 방법으로 알려져 있다.

한편, 요인분석은 탐색적 요인분석과 확인적 요인분석으로도 구분된다. 탐색적 요인분석(exploratory factor analysis)은 변수들 간의 관계가 알려지지 않은 상태에서 자료를 소수의 요인으로 묶는 분석으로 본 장에서 언급된 요인분석은 탐색적 요인분석을 의미한다. 반면에 확인적 요인분석(confirmatory factor analysis)은 이미 특정 요인 또는 개념(construct)의 측정지표라고 알려진 변수들이 묶이는지 여부를 확인하는 요인분석으로 일반적으로 구조방정식 모델링(Structural Equation Modeling, SEM)을 이용한 연구에서 개념들의 타당도 검정을 위하여 활용된다.

3. 요인회전 방법

요인회전은 변수들을 관련 요인에 명확하게 분류시키기 위하여 활용된다. 예를 들어 변수들이 여러 요인에 대하여 비슷한 요인적재량을 나타낼 경우 변수들이 어느 요인에 속하는지를 분류하기 어렵다. 따라서 변수들의 요인적재량이 특정 요인에 높게 나타나도록 요인축을 회전시킨다. 요인회전은 크게 쿼티맥스, 배리맥스, 이쿼맥스와 같은 직각요인회전 방식과 오블리민, 프로맥스와 같은 사각요인회전 방식이 있다. 직각요인회전(orthogonal factor rotation)은 직각을 유지하면서 즉, 요인들 간에 독립성을 유지하면서 요인구조가 가장 뚜렷할 때까지 요인을 회전시키는 방법이며, 사각요인회전(oblique factor rotation)은 직각을 유지하지 않은 채 요인구조가 가장 뚜렷할 때까지 요인을 회전시키는 방법을 말한다.

요인분석에서 요인회전은 다음과 같은 방법들이 사용된다.

- 쿼티맥스(Quartimax): 요인행렬의 행을 단순화시키는 방식으로 각 변수를 설명하는 데 필요한 요인의 수를 최소화한다. 높은 적재량을 갖는 변수들로 구성된 요인을 만들어 낼 수 있다.
- 배리맥스(Varimax): 요인행렬의 열을 단순화시키는 방식으로 요인적재값이 높은 변수의 수를 최소화한다. 변수와 요인 간의 관계가 명확해지기 때문에 단순한 요인구조를 산출할 때 주로 이용된다.
- 이쿼맥스(Equamax): 쿼티맥스와 배리맥스를 결합한 방법으로 행과 열을 동시에 단순화하는 방법이다. 요인과 적재되는 변수들이 최소화되기 때문에 자주 사용되지 않는다.
- 오블리민(Oblimin): 사각회전 방식으로 요인들 간의 관련성을 델타(delta)값으로 지정할 수 있다. 따라서 연구자가 이론적으로 의미 있는 요인구조를 얻으려고 할 때 주로 사용된다.
- 프로맥스(Promax): 요인이 상관되도록 하는 회전 방식으로 오블리민 회전보다 좀 더 빨리 계산되기 때문에 자료가 큰 경우에 유용하다.

2절 요인분석 예시

일반인들을 대상으로 레스토랑의 서비스 질 개념을 측정하기 위하여 종업원 외모, 친절도, 청결도, 신뢰성, 응답성, 반응성과 관련한 6가지 질문을 하였다. 수집된 자료는 **표 18-1**과 같다. 수집된 자료에서 대하여 요인분석을 실시하고자 한다.

표 18-1 서비스 질 측정 자료

성별	연령대	a1	a2	a3	a4	a5	a6
남자	45-49세	7	5	6	7	7	6
남자	50세 이상	5	5	5	6	7	7
남자	50세 이상	6	6	5	6	6	7
남자	50세 이상	5	6	5	6	7	7
남자	40-44세	6	7	6	7	7	7
남자	45-49세	7	7	7	6	6	7

※ 자료 위치: http://ssra.or.kr/rbook/data.csv

※ a1:종업원 외모, a2:친절도, a3:청결도, a4:신뢰성, a5:응답성, a6:반응성

3절 고유값분석 및 요인수 결정

고유값(eigenvalue)은 각각의 요인으로 설명할 수 있는 변수들의 분산 총합으로 각 요인별로 모든 변수의 요인적재값을 제곱하여 더한 값을 의미한다. 요인적재값(factor loading)은 변수들과 요인 간의 상관계수값으로 요인적재값의 제곱은 해당 변수가 요인에 의하여 설명되는 비율을 나타낸다. 고유값분석은 본격적인 요인분석에 앞서 요인수를 결정하기 위한 절차로 일반적으로 주성분분석을 통하여 수행한다. 추출할 요인의 개수를 결정하기 위한 대표적인 방법은 다음과 같이 고유값을 이용하는 방법과 스크린도표를 이용하는 방법이 있다.

① 고유값분석: 고유값을 이용하는 요인의 개수를 결정하는 방법은 가장 보편적으로 사용되는 방법으로 고유값이 1 이상인 수량을 요인 개수로 결정한다.

② 스크린도표: 스크린도표를 이용한 요인의 개수를 결정하는 방법은 고유치와 요인의 개수를 축으로 이루어진 그래프를 사용하여 결정하는 방법으로 기울기

가 급격하게 줄다가 완만해지게 되는 곳을 보고 요인 개수를 결정한다.

1. 작업영역 설정 및 파일 불러오기

고유값분석 및 요인분석을 위하여 다음과 같이 우선 작업영역을 설정하고 설정된 디렉터리(C:/WORK_R)에서 수집된 자료의 내용을 R 영역으로 가져와 데이터프레임으로 저장한다.

```
setwd("C:/WORK_R")
options("width" = 500)
data <- read.csv("data.csv", header = T, fileEncoding = "EUC-KR")
# 데이터프레임 형식으로 저장된 자료
data <- subset(data, select = c(성별, 연령대, a1, a2, a3, a4, a5, a6))
```

2. 고유값분석 R 스크립트

고유값분석을 위하여 R에서는 주성분분석을 위한 함수인 princomp( )이 활용된다. princomp( ) 함수의 사용 형식은 다음과 같다.

```
princomp(x, cor = FALSE, scores = TRUE, covmat = NULL,
      subset = rep_len(TRUE, nrow(as.matrix(x))), …)

x: 숫자형 행렬 또는 데이터프레임
formula: 적용할 공식
data: 적용할 모델의 변수를 포함하는 선택적 데이터프레임
subset: 관측치의 서브 세트를 지정하는 선택적 벡터
cor: 공분상 행렬
scores: 주성분 득점 산출 여부
```

다음과 같이 분석을 위한 변수들로 구성된 데이터프레임(princomp_data)과 상관행렬

방식을 지정하는 cor=TRUE를 입력하여 실행하면 된다.

```
# 주성분분석 자료 생성
princomp_data <- subset(data, select = c(a1, a2, a3, a4, a5, a6))

# 주성분분석
princomp_result <- princomp(princomp_data, cor = TRUE)
```

고유값(eigenvalue)은 주성분분석결과의 표준편차(princomp_result$sdev)값의 제곱으로 다음과 같이 실행하면 얻을 수 있다.

```
eigenvalue <- princomp_result$sdev^2                    # 고유값 산출
```

3. 고유값분석 실행결과

상기의 R 스크립트에서 생성된 princomp_result를 실행하면 다음과 같은 주성분분석결과를 얻을 수 있다.

```
princomp_result                                          # 주성분분석 실행결과

Call:
princomp(x = princomp_data, cor = TRUE)

Standard deviations:
   Comp.1    Comp.2    Comp.3    Comp.4    Comp.5    Comp.6
1.8596177 1.0846049 0.7836979 0.6269467 0.4960502 0.3348789

 6 variables and 90 observations.
```

상기의 주성분분석 결과는 6개의 요인들에 대한 표준편차를 보여주고 있다.

summary(princomp_result)을 실행하면 다음과 같이 요인들에 대한 분산과 누적치를 보여준다.

```
summary(princomp_result)                                  # 주성분분석 결과표
Importance of components:
                         Comp.1    Comp.2    Comp.3     Comp.4     Comp.5     Comp.6
Standard deviation     1.859618 1.0846049 0.7836979 0.62694671 0.49605020 0.33487890
Proportion of Variance 0.576363 0.1960613 0.1023637 0.06551036 0.04101097 0.01869065
Cumulative Proportion  0.576363 0.7724243 0.8747880 0.94029839 0.98130935 1.00000000
```

고유값(eigenvalue)은 상기 표준편차(Standard deviation)값의 제곱으로 다음과 같이 실행하면 얻을 수 있다.

```
eigenvalue                                                # 고유값 산출 결과

   Comp.1    Comp.2    Comp.3    Comp.4    Comp.5    Comp.6
3.4581779 1.1763679 0.6141824 0.3930622 0.2460658 0.1121439
```

상기의 고유값들을 보면 요인 Comp.1과 Comp.2가 1.0을 넘는 것으로 나타났다. 누적분산(Cumulative Proportion)을 보면 Comp.2가 0.7724243로 두 개의 요인이 거의 78%를 설명하는 것을 보여주고 있다. 따라서 두 개로 요인의 수를 결정하는 것이 바람직해 보인다.

상기의 R 스크립트에서 생성된 princomp_result를 스크린도표 검정을 하기 위한 화면을 보기 위해서 다음과 같은 명령어를 실행하면 된다.

```
screeplot(princomp_result,type = "lines")                 # 스크린도표 실행
```

그림 18-1 고유치 스크린도표

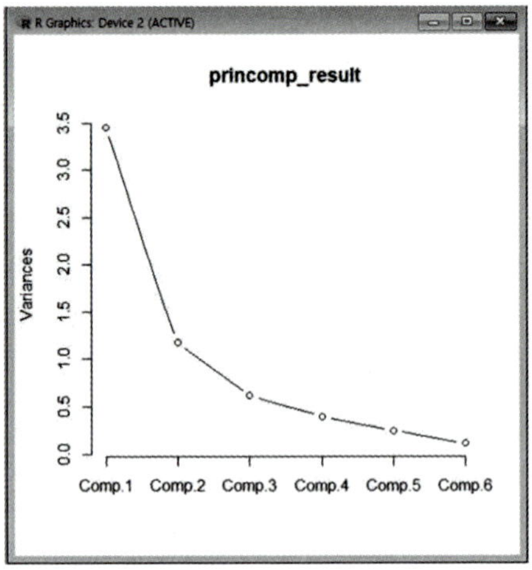

그림 18-1 도표를 보면 요인3(Comp.3) 이하는 고유값이 매우 낮아짐을 보여주고 있다. 이를 통해 요인의 수를 두 개로 확정할 수 있다.

4절 요인분석 실행

상기의 고유값분석을 통하여 요인의 수가 결정이 되면 요인분석을 실행한다. 요인분석을 위해서는 분석목적에 부합하는 요인추출 방법과 요인회전 방식이 선택되어야 한다.

1. 요인분석 R 스크립트

R에서의 요인분석은 주성분분석법에서는 psych 패키지의 principal( ) 함수를 공

통요인분석의 최소제곱요인추출법, 최대우도요인추출법, 주축요인추출법에서는 fa( ) 함수를 사용한다.

1) 주성분분석법

주성분분석법(principal component) 기반의 요인분석으로 R에서 사용되는 함수는 psych 패키지의 principal( ) 함수이다. principal( ) 함수의 사용 형식은 다음과 같다.

```
principal(r, nfactors = 1, residuals = FALSE, rotate = "varimax",n.obs = NA, covar = FALSE,
scores = TRUE, missing = FALSE, impute = "median", oblique.scores = TRUE, method =
"regression",...)

r: 숫자형 행렬자료 또는 데이터프레임
nfactora: 요인수
rotate: 요인회전 방법
```

다음과 같이 분석을 위한 변수들로 구성된 데이터프레임(factoral_data)과 요인의 수를 지정하는 nfactors=2 그리고 요인회전 방식인 rotate="varimax"를 입력으로 하여 실행하면 된다. principal( ) 함수에서 지원하는 요인회전 방식의 옵션은 "none", "varimax", "quartimax", "promax", "oblimin", "simplimax", 과 "cluster" 등이 있다.

```
# 주성분분석법 요인분석
library(psych)
factoral_data <- subset(data, select = c(a1, a2, a3, a4, a5, a6))
principal_result <- principal(factoral_data, nfactors = 2, rotate = "varimax")
principal_result                                        # 주성분분석
```

공통성(communality)은 추출된 요인들에 의하여 각 변수가 얼마나 설명되는지를 나타내는 수치로 공통성은 2개의 요인에 적재된 적재량을 각각 제곱하여 합산하여 산출된다. 따라서 다음과 같은 명령을 통하여 상기 분석결과에 대한 공통성을 산출할

수 있다.

```
# 공통성 산출
communality <- principal_result$loadings[,1]^2 + principal_result$loadings[,2]^2
```

2) 최소제곱요인추출법

최소제곱요인추출법(least squares)을 이용한 요인분석은 가중치를 부여하지 않은 최소제곱법(unweighted least squares)과 일반화 최소제곱법(generalized weighted least squares)이 있다. R에서 사용되는 함수는 psych 패키지의 fa( ) 함수이다. fa( ) 함수의 사용 형식은 다음과 같다.

```
fa(r, nfactors = 1,n.obs = NA,n.iter = 1, rotate = "oblimin", max.iter = 50, fm = "wls",.....)

r: 숫자형 행렬 또는 데이터프레임
nfactora: 요인수
rotate: 요인회전 방법
max.iter: 수렴에 대한 최대 반복계산수
fm: 요인추출법
```

가중치를 부여하지 않은 최소제곱법의 요인분석은 다음과 같이 분석을 위한 변수들로 구성된 데이터프레임(factoral_data)과 요인의 수를 지정하는 nfactors=2 그리고 요인회전 방식인 rotate="varimax"를 입력하고 fm="uls"을 지정하여 실행하면 된다.

```
# 가중치를 부여하지 않은 최소제곱법 요인분석
library(psych)
factoral_data <- subset(data, select = c(a1, a2, a3, a4, a5, a6))
uls_result <- fa(factoral_data, nfactors = 2, rotate = "varimax", fm = "uls")
```

일반화 최소제곱법 기반의 요인분석의 경우 fm="gls"을 지정하여 실행하면 된다.

```
# 일반화 최소제곱법 요인분석
library(psych)
factoral_data <- subset(data, select = c(a1, a2, a3, a4, a5, a6))
gls_result <- fa(factoral_data, nfactors = 2, rotate = "varimax", fm = "gls")
```

3) 최대우도요인추출법

최대우도요인추출법(maximum likelihood)을 이용하여 요인분석을 할 때도 psych 패키지의 fa( ) 함수가 사용된다. 다음과 같이 분석을 위한 변수들로 구성된 데이터프레임(factoral_data)과 요인의 수를 지정하는 nfactors=2 그리고 요인회전 방식인 rotate="varimax"를 입력하고 요인추출법으로 최대우도요인추출법을 지정하는 fm="mle"을 포함하여 실행하면 된다.

```
# 최대우도요인추출법 요인분석
library(psych)
factoral_data <- subset(data, select = c(a1, a2, a3, a4, a5, a6))
ml_result <- fa(factoral_data,  nfactors = 2, rotate = "varimax", fm = "mle")
```

4) 주축요인추출법

주축요인추출법(principal axis factoring)을 이용하여 요인분석을 할 때도 psych 패키지의 fa( ) 함수가 사용된다. 다음과 같이 분석을 위한 변수들로 구성된 데이터프레임(factoral_data)과 요인의 수를 지정하는 nfactors=2 그리고 요인회전 방식인 rotate="varimax"를 입력하고 요인추출법으로 주축요인을 지정하는 fm="pa"을 포함하여 실행하면 된다.

```
# 주축요인추출법 요인분석
library(psych)
factoral_data <- subset(data, select=c(a1, a2, a3, a4, a5, a6))
paf_result <- fa(factoral_data, nfactors=2, rotate="varimax", fm="pa")
```

2. 요인분석 실행결과

상기의 R 스크립트에서 주성분분석법의 요인분석으로 생성된 principal_result를 실행하면 다음과 같은 결과를 얻을 수 있다.

```
principal_result                                    # 주성분분석법 요인분석의 결과

Principal Components Analysis
Call: principal(r = factoral_data, nfactors = 2, rotate = "varimax")
Standardized loadings (pattern matrix) based upon correlation matrix
   RC1  RC2  h2   u2  com
a1 0.75 0.09 0.58 0.42 1.0
a2 0.89 0.23 0.84 0.16 1.1
a3 0.86 0.33 0.85 0.15 1.3
a4 0.43 0.78 0.80 0.20 1.6
a5 0.14 0.91 0.84 0.16 1.0
a6 0.15 0.84 0.73 0.27 1.1

                       RC1  RC2
SS loadings            2.33 2.31
Proportion Var         0.39 0.38
Cumulative Var         0.39 0.77
Proportion Explained   0.50 0.50
Cumulative Proportion  0.50 1.00

Mean item complexity =  1.2
Test of the hypothesis that 2 components are sufficient.

The root mean square of the residuals (RMSR) is  0.09
 with the empirical chi square  21.34  with prob <  0.00027

Fit based upon off diagonal values = 0.97
```

상기의 결과에서 적재값들(Standardized loadings)을 보면 요인1(RC1)에는 a1, a2, a3가 보수적인 기준 0.5 이상을 보여주고 있고 반대로 요인2(RC2)에는 a4, a5, a6이 0.5 이상을 보여주고 있다. 즉 a1, a2, a3가 하나의 요인으로 a4, a5, a6가 또 다른 요인으로 분류될 수 있다.

```
communality
       a1        a2        a3        a4        a5        a6
0.5767859 0.8398195 0.8536832 0.7959956 0.8419782 0.7262834
```

상기의 공통성(communality)은 각 변수에 2개의 요인에 적재된 적재량을 각각 제곱하여 합산 산출된 결과로 변수들이 두 개의 요인에 의하여 어느 정도 설명되는가를 보여주고 있다. a1과 같이 공통성이 낮으면 요인에서 변수가 차지하는 비중이 낮은 것을 의미하므로 탈락시키는 것도 바람직하다.

상기의 R 스크립트에서 가중되지 않은 최소제곱법의 요인분석으로 생성된 uls_result를 실행하면 다음과 같은 결과를 얻을 수 있다.

```
uls_result                                  # 가중되지 않은 최소제곱법 요인
분석의 결과

Factor Analysis using method = uls
Call: fa(r = factoral_data, nfactors = 2, rotate = "varimax", fm = "uls")
Standardized loadings (pattern matrix) based upon correlation matrix
  ULS1 ULS2  h2   u2 com
a1 0.52 0.17 0.30 0.70 1.2
a2 0.89 0.20 0.82 0.18 1.1
a3 0.90 0.29 0.89 0.11 1.2
a4 0.45 0.73 0.73 0.27 1.7
a5 0.16 0.90 0.83 0.17 1.1
a6 0.22 0.68 0.51 0.49 1.2
```

```
                      ULS1  ULS2
SS loadings           2.13  1.96
Proportion Var        0.36  0.33
Cumulative Var        0.36  0.68
Proportion Explained  0.52  0.48
Cumulative Proportion 0.52  1.00

Mean item complexity =  1.2
Test of the hypothesis that 2 factors are sufficient.

The degrees of freedom for the null model are  15  and the objective function was  3.61 with Chi
Square of  310.91
The degrees of freedom for the model are 4  and the objective function was  0.11

The root mean square of the residuals (RMSR) is  0.02
The df corrected root mean square of the residuals is  0.04

The harmonic number of observations is  90 with the empirical chi square  1.28  with prob <  0.86
The total number of observations was  90  with Likelihood Chi Square =  9.14  with prob <  0.058

Tucker Lewis Index of factoring reliability =  0.934
RMSEA index =  0.125  and the 90 % confidence intervals are  0 0.225
BIC =  -8.86
Fit based upon off diagonal values = 1
Measures of factor score adequacy
                                                 ULS1  ULS2
Correlation of (regression) scores with factors   0.95  0.93
Multiple R square of scores with factors          0.91  0.87
Minimum correlation of possible factor scores     0.82  0.73
```

상기의 R 스크립트에서 일반화 최소제곱법의 요인분석으로 생성된 gls_result를 실행하면 다음과 같은 결과를 얻을 수 있다.

```
gls_result                                               # 일반화 최소제곱법 요인분석의 결과

Factor Analysis using method = gls
Call: fa(r = factoral_data, nfactors = 2, rotate = "varimax", fm = "gls")
Standardized loadings (pattern matrix) based upon correlation matrix
  GLS1 GLS2  h2  u2 com
a1 0.51 0.19 0.29 0.71 1.3
a2 0.90 0.20 0.86 0.14 1.1
a3 0.89 0.31 0.89 0.11 1.2
a4 0.43 0.77 0.77 0.23 1.6
a5 0.16 0.86 0.77 0.23 1.1
a6 0.20 0.68 0.50 0.50 1.2

                      GLS1  GLS2
SS loadings           2.11  1.97
Proportion Var        0.35  0.33
Cumulative Var        0.35  0.68
Proportion Explained  0.52  0.48
Cumulative Proportion 0.52  1.00

Mean item complexity = 1.2
Test of the hypothesis that 2 factors are sufficient.

The degrees of freedom for the null model are 15 and the objective function was 3.61 with Chi
Square of 310.91
The degrees of freedom for the model are 4 and the objective function was 0.12

The root mean square of the residuals (RMSR) is 0.02
The df corrected root mean square of the residuals is 0.05

The harmonic number of observations is 90 with the empirical chi square 1.49 with prob < 0.83
The total number of observations was 90 with Likelihood Chi Square = 9.93 with prob < 0.042

Tucker Lewis Index of factoring reliability = 0.924
RMSEA index = 0.134 and the 90 % confidence intervals are 0.023 0.233
BIC = -8.07
Fit based upon off diagonal values = 1
Measures of factor score adequacy
                                                  GLS1  GLS2
Correlation of (regression) scores with factors   0.96  0.92
Multiple R square of scores with factors          0.91  0.85
Minimum correlation of possible factor scores     0.83  0.69
```

상기의 결과에서 적재값들(Standardized loadings)을 보면 요인1과 요인2의 모든 변수들의 값이 보수적인 기준인 0.5 이상을 보여주고 있다.

상기의 R 스크립트에서 다음의 최대우도요인추출법의 요인분석으로 생성된 ml_result이나 주축요인추출법의 요인분석으로 생성된 paf_result를 실행하면 최소제곱법 요인분석과의 결과와 유사한 결과를 얻을 수 있다.

```
ml_result                                  # 최대우도요인추출법 요인분석의 결과
paf_result                                 # 주축요인추출법 요인분석의 결과
```

Chapter 19

신뢰도분석

1절 신뢰도분석

신뢰도분석(reliability analysis)은 질문 문항들, 변수들 혹은 측정 대상들 간 측정치들의 일관성의 정도를 분석한다. 일반적으로 개인적인 속성이나 행위를 묻는 질문은 측정오차가 작아서 신뢰도가 높은 편이다. 그러나 사람의 태도, 믿음, 느낌 등과 같은 질문들에 대한 응답은 가끔 부정확하거나 상황에 따라서 변하는 것이기 때문에 신뢰도가 떨어질 수 있다. 따라서 이러한 보이지 않는 개념(construct)들을 대상으로 하는 사회과학연구에서 신뢰도분석은 타당도(validity) 검정과 더불어 본 연구모형을 분석하기 이전에 수행되는 절차이다.

1. 신뢰도분석 방법

신뢰도분석 방법은 재검사법, 복수양식법, 반분법, 내적일관성법이 있다.

- 재검사법(test-retest method): 동일한 측정대상에 대해, 동일한 상황하에서, 동일한 측정도구를 사용하여 측정하였을 때, 두 측정값 사이의 차이를 분석하는 방법
- 복수양식법(alternative-form method): 대등한 두 가지 형태의 측정도구를 사용하여 각각 동일한 표본에 차례로 적용하여 봄으로써 신뢰도를 측정하는 방법
- 반분법(split-halves): 다수의 측정항목을 서로 대등한 두 개의 그룹으로 나누고 두 그룹의 항목별 측정치 사이의 상관관계를 조사하여 신뢰도를 측정하는 방법
- 내적일관성법(internal consistency method): 같은 개념에 대한 측정치들의 일관성을 검사하는 방법으로 크론바흐 알파값을 산출하여 신뢰도를 측정하는 방법

2. 크론바흐 알파

통계를 이용한 신뢰도분석은 일반적으로 내적일관성 신뢰도(internal consistency reliability)기법인 크론바흐 알파(Cronbach α)값을 산출하여 분석한다. 크론바흐 알파 방식은 동일한 개념을 측정하기 위해 여러 개의 항목을 이용하는 경우, 신뢰도를 저해하는 항목을 찾아내어 측정도구에서 제외시킴으로써 측정도구의 신뢰도를 높이기 위한 방법으로 크론바흐 알파의 계산공식은 다음과 같다.

$$\alpha = \frac{k}{k-1}\left(1 - \frac{\sum_{i=1}^{k}\sigma^{2i}}{\sigma^{2}}\right)$$

k : 항목수

σ^2 : 총분산

α^{2i} : 각 항목의 분산

2절 신뢰도분석 예시

일반인들을 대상으로 레스토랑의 서비스 질 개념을 측정하기 위하여 종업원 외모, 친절도, 청결도, 신뢰성, 응답성, 반응성과 관련한 6가지 질문을 하였다. 수집된 자료는 **표 19-1** 에 보이는 바와 같다. 수집된 자료에서 대하여 요인분석을 실시하여 a1:종업원 외모, a2:친절도, a3:청결도 3개의 질문이 하나의 요인, a4:신뢰성, a5:응답성, a6:반응성 3개의 질문이 또 하나의 요인으로 설정되었다. 2개의 요인에 대한 해당 질문들에 대한 신뢰도분석을 수행하고자 한다.

표 19-1 서비스 질 측정 자료

성별	연령대	a1	a2	a3	a4	a5	a6
남자	45-49세	7	5	6	7	7	6
남자	50세 이상	5	5	5	6	7	7
남자	50세 이상	6	6	5	6	6	7
남자	50세 이상	5	6	5	6	7	7
남자	40-44세	6	7	6	7	7	7
남자	45-49세	7	7	7	6	6	7

※ 자료 위치: http://ssra.or.kr/rbook/data.csv

* a1:종업원 외모, a2:친절도, a3:청결도, a4:신뢰성

3절 신뢰도분석 실행

1. 작업영역 설정 및 파일 불러오기

신뢰도분석을 위하여 다음과 같이 우선 작업영역을 설정하고 설정된 디렉터리(C:/WORK_R)에서 수집된 자료의 내용을 R 영역으로 가져와 데이터프레임으로 저장한다.

```
setwd("C:/WORK_R")
options("width" = 500)
data <- read.csv("data.csv", header = T, fileEncoding = "EUC-KR")
# 데이터프레임 형식으로 저장된 자료
data <- subset(data, select = c(성별, 연령대, a1, a2, a3, a4, a5, a6))
```

2. 신뢰도분석 R 스크립트

신뢰도분석을 위하여 R에서 사용되는 함수는 psy 패키지의 cronbach( ) 함수이다. cronbach( ) 함수의 사용 형식은 다음과 같다.

```
cronbach(v1)

v1: 숫자형 행렬 또는 데이터프레임
```

다음과 같이 신뢰도분석을 위한 변수들로 구성된 데이터프레임을 입력하여 실행하면 된다. 이전 요인분석 장에서 서비스 질 측정지표들이 a1, a2, a3와 a4, a5, a6의 두 개의 요인으로 산출되었기 때문에 두 요인에 대한 신뢰도를 검정하기 위하여 두 개의 데이터프레임을 구성하여 실행한다.

```
# 신뢰도분석
library(psy)
c_data1 <- subset(data, select = c(a1, a2, a3))                # 요인 1
c_data2 <- subset(data, select = c(a4, a5, a6))                # 요인 2
cronbach_result1 <- cronbach(c_data1)
cronbach_result2 <- cronbach(c_data2)
cronbach_result_all = rbind(cronbach_result1, cronbach_result2) # 결과 결합
```

3. 신뢰도분석 실행결과

상기의 R 스크립트에서 생성된 cronbach_result1과 cronbach_result2를 실행하면 다음과 같은 두 개의 요인에 대한 크론바흐 알파들을 얻을 수 있다.

```
cronbach_result1
  $sample.size
  [1] 90

  $number.of.items
  [1] 3

  $alpha
  [1] 0.8291368

  cronbach_result2
  $sample.size
  [1] 90

  $number.of.items
  [1] 3

  $alpha
  [1] 0.8469458

cronbach_result_all                                          # 결과 결합
                sample.size number.of.items alpha
cronbach_result1 90         3               0.8291368
cronbach_result2 90         3               0.8469458
```

상기의 신뢰도분석 결과를 보면 표본의 수는 90에 신뢰도분석 측정지표수는 각각 3개이며 크론바흐 알파값($alpha)은 0.8291368과 0.8469458로 나타내고 있다. 신뢰도 평가는 크론바흐 알파값을 근간으로 수행되며, 통상적인 기준 0.7 이상인 경우 신뢰도가 높은 것으로 평가된다. 따라서 두 개의 요인들의 측정지표들은 모두 신뢰도가 있는 것으로 판단할 수 있다.

Chapter 20

군집분석

1절 군집분석
2절 계층적 군집분석
3절 K-평균 군집분석

1절 군집분석

군집분석(cluster analysis)이란 소비자, 제품과 같은 관심대상들이 지니고 있는 다양한 특성의 유사성을 바탕으로 세분적인 집단으로 나누어주는 통계분석기법이다. 군집분석은 생물학 분야에서 특성에 근거한 생물 분류, 심리학 분야에서 성격유형에 따른 개인의 분류, 사회학에서 소비성향에 근거한 소비계층의 분류 등 다양한 학문적 목적으로뿐만 아니라 실무적 차원에서 소비자의 상품구매 행동이나 생활방식에 따라 소비자군을 분류하여 시장세분화와 같은 마케팅전략을 수립하는 데도 유용하게 사용된다.

1. 군집분석의 기본 원리

대상들을 분류하기 위한 명확한 기준이 존재하지 않거나 기준이 밝혀지지 않은 상태에서 자료들을 집단으로 분류하는 데 사용되는 군집분석은 요인분석, 판별분석, 분산분석 등의 다른 통계분석들이 상관계수나 분산과 같은 변수(variable)들 간의 관계를 이용하여 유사한 집단으로 분류하는 것에 반하여 표 20-1 과 같이 단순히 자료들 간의 거리(distance) 또는 유사성(similarity)을 이용하여 집단(cluster)으로 나누는 방식이다.

표 20-1 군집분석과 다른 분석 방법과의 비교

분석	원리
판별분석, 요인분석, 분산분석 등	변수들 간의 관계(분산, 상관계수 등)
군집분석	자료들 간의 거리, 유사성

2. 군집분석 유형

군집분석의 유형은 순차적으로 군집화해 나가는 계층적인 군집화 방법과 군집의 수를 미리 정해 놓고 수행하는 비계층적인 군집화로 구분된다. 계층적인 군집화 방법은 가까운 대상끼리 순차적으로 묶어 가는 방법인 집괴군집 방법(agglomerative hierarchical methods)과 하나의 군집으로 시작하여 점차 세분화시키는 방법인 분할군집 방법(Divisive hierarchical methods)이 있다. 반면에 비계층적인 군집화는 군집의 중심이 정해지고 사전에 지정된 값의 거리 안에 있는 모든 관측대상들을 같은 군집으로 분류하는 순차적 군집분석법(sequential threshold method)과 사전에 지정된 값 안에 관측대상이나 속성이 속하는 경우나 몇 개의 군집이 동시에 결정되는 동시군집분석법(paralleled threshold method) 그리고 사전에 주어진 군집의 수를 위한 군집 내 평균거리를 계산하는 최적화 기준에 의거하여 최초의 군집에서 다른 군집으로 다시 할당하는 최적할당군집분석법(optimizing partitioning method)이 있다. 이 중 가장 일반적으로 사용되는 비계층적인 군집화 방법은 최적할당군집분석법 기반의 K-평균 군집분석이다.

- 계층적 군집분석: 순차적으로 군집화해 나가는 군집화 방법
- K-평균 군집분석: 군집 수를 정하고 수행하는 비계층적인 군집화 방법

계층적인 군집분석기법은 군집이 형성되는 과정을 정확하게 파악할 수 있는 장점이 있는 반면에 자료의 크기가 크면 분석하기 어렵다. K-평균 군집분석은 많은 자료를 빠르고 쉽게 분류할 수 있는 장점이 있는 반면에 군집의 수를 미리 정해 주어야 하고, 군집을 형성하기 위한 초기값에 따라 군집결과가 달라지는 단점이 있다. 계층적인 군집분석과 K-평균 군집분석은 상호 보완적인 군집분석기법으로 일반적으로 계층적인 군집분석을 통하여 적절한 군집의 수를 정하고 이 군집 수에 근거하여 K-평균 군집분석을 실행하여 대상들을 군집화한다.

2절 계층적 군집분석

계층적 군집분석(hierarchical clustering method)은 계층적 트리 모형을 이용해 개별 개체들을 순차적, 계층적으로 유사한 개체 내지 그룹과 통합하여 군집화를 수행하는 통계분석기법이다. 계층적인 군집분석은 사전에 군집 수를 정하지 않고 처음에 n개의 군집으로부터 시작하여 점차 군집의 개수를 줄여나가는 방법으로, 계층적인 군집분석을 위해서는 대상 특성에 대한 유사성을 측정하기 위해 군집 간 거리 측정 방법과 군집 연결 방법이 선택되어야 한다.

1. 군집 간 거리 측정 방법

군집 간 거리 측정 방법은 대상 특성에 대한 유사성을 측정하기 위한 방법으로 유클리드 거리 측정법, 유클리드 제곱거리 측정법, 체비셰프 거리 측정법, 맨해튼 거리 측정법, 민코우스키 거리 측정법 등이 있다.

1) 유클리드 거리 측정법

유클리드 거리 측정법(Euclidean Distance Measure)은 변수값들의 차이를 제곱하여 합산한 거리로 다차원 공간에서 최단의 직선거리를 말한다. 유클리드 거리 측정법은 가장 일반적으로 사용되며 다음과 같이 계산된다.

$$\text{유클리드 거리} = \sqrt{\sum_{i=1}(X_{1i} - X_{2i})^2}$$

2) 유클리드 제곱거리 측정법

유클리드 제곱거리 측정법(Squared Euclidean Distance Measure)은 유클리드 거리를 제곱한 거리를 말하며, 다음과 같이 계산된다.

$$\text{유클리드 제곱거리} = \sum_{i=1} (X_{1i} - X_{2i})^2$$

3) 맨해튼 거리 측정법

맨해튼 거리 측정법(Manhattan Distance Measure)은 변수값들의 차이를 절댓값으로 하여 합한 거리를 의미한다.

$$\text{맨해튼 거리} = \sum_{i=1} |X_{1i} - X_{2i}|$$

4) 체비셰프 거리 측정법

체비셰프 거리 측정법(Chebychev Distance Measure)은 변수값의 최대 차이의 최댓값인 거리를 의미한다.

$$\text{체비셰프 거리} = max_i |X_{1i} - X_{2i}|$$

5) 캔버라 거리 측정법

캔버라 거리 측정법(Canberra Distance Measure)은 변수값들의 차이를 절댓값으로 하여 합한 거리를 변수값들의 차이를 합산한 거리로 나눈 것을 의미한다.

$$\text{캔버라 거리} = \sum_{i=1} \frac{|X_{1i} - X_{2i}|}{(X_{1i} - X_{2i})}$$

6) 민코우스키 거리 측정법

민코우스키 거리 측정법(Minkowski Distance Measure)은 거리를 산정하는 일반식에 함수에 포함된 지수들을 조정하여 다양한 방식의 거리를 구해 낸다.

$$\text{민코우스키 거리} = \left(\sum_{i=1} |X_{1i} - X_{2i}|^{m}\right)^{1/m}$$

2. 군집 연결 방법

계층적 군집화에서 두 군집 간의 거리를 근간으로 군집을 연결하는 방법은 최단연결법, 최장연결법, 평균연결법, 중심연결법과 와드연결법이 있다.

1) 최단연결법

최단연결법 또는 단일연결법(single linkage method)은 군집에서 선택된 하나의 관측치와 나머지의 다른 관측치 또는 군집과의 거리를 계산하여 가장 가까운 거리에 있는 군집 또는 관측치를 연결하여 군집을 형성하는 방법이다. 최단연결법은 고립된 군집을 찾는 데 중점을 두는 연결법이다.

2) 최장연결법

최장연결법 또는 완전연결법(complete linkage method)은 군집에서 선택된 하나의 관측치와 나머지의 다른 관측치 또는 군집과의 거리를 계산하여 가장 멀리 떨어진 거리에 있는 군집 또는 관측치를 연결하여 군집을 형성하는 방법이다. 최장연결법은 내부적 응집성에 중점을 둔 방법으로 자료의 이상치(outliers)에 민감하게 반응하여 군집을 형성하는 단점이 있다.

3) 평균연결법

평균연결법(average linkage)은 군집 내 모든 관측들의 평균과 나머지의 다른 관측치 또는 군집과의 거리를 계산하여 최단 거리에 있는 군집 또는 관측치를 연결하여 군집을 형성하는 방법이다. 평균연결법은 모든 관측치에 대한 거리평균을 구하면서 군집화를 하기 때문에 계산양이 불필요하게 많아질 수 있다.

4) 중앙값연결법

중앙값연결법(median linkage)또는 중위수연결법은 평균 연결법과 유사한 방법으로 자료가 연속형 변수가 아닌 경우에 평균 대신에 중앙값을 기준으로 연결하는 방식이다.

5) 중심연결법

중심연결법(centroid linkage)은 군집 내 관측들의 중심과 나머지 다른 관측치 또는 군집의 중심과의 거리를 계산하여 최단 거리에 있는 군집 또는 관측치를 연결하여 군집을 형성하는 방법이다. 두 군집이 결합될 때 새로운 군집의 중심은 가중평균(weighted average)하여 산출한다.

6) 와드연결법

와드연결법(Ward linkage)은 군집평균과 군집 내 유클리디언 최소 증가 방식으로 군집 간의 거리에 기반을 두는 다른 연결법과는 달리 군집 내 오차제곱합(error sum of square)에 기초하여 군집을 형성하는 방법이다. 두 군집이 병합될 때 군집의 오차제곱합은 커지게 되는데, 그 증가량이 가장 작아지는 방향으로 군집을 형성해 나가는 방법이다. 와드연결법은 크기가 비슷한 군집끼리 병합하는 경향이 있다.

3. 덴드로그램을 이용한 계층적 군집분석

계층적인 군집분석에서는 **그림 20-1**과 같은 덴드로그램을 통하여 군집의 단계를 보여준다. 덴드로그램(dendrogram)은 각 단계에서 관측치의 군집화를 통해 형성된 그룹과 이들의 유사성 수준을 표시하는 트리 다이어그램으로 대상들의 군집화 과정을 시각적으로 보여준다. 계층적인 군집분석은 덴드로그램의 적절한 수준에서 트리를 잘라 전체 자료를 몇 개 군집으로 설정한다. **그림 20-1**은 절단점 아래 3개의 군집으로 나누어진 것을 예시적으로 보여주고 있다.

그림 20-1 덴드로그램

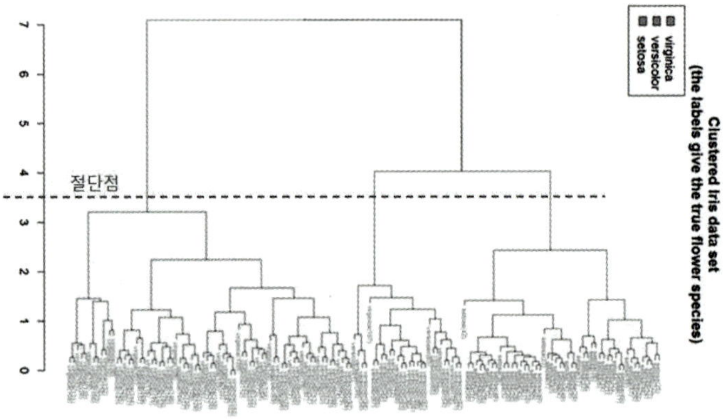

4. 계층적 군집분석 예시

고객들의 성별, 연령대, 학력 및 직업에 대한 자료를 수집하였다. 수집된 자료는 표 20-2 에서 보이는 바와 같다. 수집된 자료에 대하여 군집분석을 실시하고자 한다.

표 20-2 고객 기본사항 자료

성별	연령대	직업	학력
남자	45-49세	농어업	대학졸업
남자	50세 이상	공무원	대학졸업
남자	50세 이상	자영업	대학졸업
남자	50세 이상	농어업	대학졸업
남자	40-44세	공무원	대학졸업
남자	45-49세	자영업	대학졸업

※ 빈도분석자료 위치: http://ssra.or.kr/rbook/data.csv

5. 작업영역 설정 및 파일 불러오기

계층적 군집분석을 위하여 다음과 같이 우선 작업영역을 설정하고 설정된 디렉터리(C:/WORK_R)에서 수집된 자료의 내용을 R 영역으로 가져와 데이터프레임으로 저장한다.

```
setwd("C:/WORK_R")
options("width" = 500)
data <- read.csv("data.csv", header = T, fileEncoding = "EUC-KR")
# 데이터프레임 형식으로 저장된 자료
data <- subset(data, select = c(성별, 연령대, 직업, 학력))
```

6. 계층적 군집분석 R 스크립트

계층적 군집분석을 위하여 R에서 사용되는 기본 함수는 hclust( ) 함수이다. hclust( ) 함수의 사용 형식은 다음과 같다.

```
hclust(d, method = "complete", members = NULL)

d: dist( )함수에 의해 생성된 거리행렬
method: 군집 방법
```

군집 방법(method)은 와드연결법인 "ward.D"와 "ward.D2", 최단연결법인 "single", 최장연결법인 "complete", 평균연결법인 "average", 중위수연결법인 "median" 그리고 중심연결법인 "centroid"를 사용할 수 있다.

d는 dist( ) 함수에 의해 만들어지는 거리행렬로 dist( ) 함수의 사용 형식은 다음과 같다.

```
dist(x, method = "euclidean", diag = FALSE, upper = FALSE, p = 2)

d: 행렬 또는 데이터프레임
method: 거리측정법
```

거리측정법(method)은 유클리드 거리 측정법인 "euclidean", 체비셰프 거리 측정법인 "maximum", 맨해튼 거리 측정법인 "manhattan", 캔버라 거리 측정법 "canberra", 그리고 민코우스키 거리 측정법인 "minkowski" 등을 사용할 수 있다.

```
library(lattice)
data$성별 <- as.numeric(as.factor(data$성별))
data$연령대 <- as.numeric(as.factor(data$연령대))
data$직업 <- as.numeric(as.factor(data$직업))
data$학력 <- as.numeric(as.factor(data$학력))
clu_data <- subset(data, select = c(성별, 연령대, 직업, 학력))

# 유클리드 거리 측정법에 의한 거리행렬 산출
dx = dist(clu_data, method = "euclidean")

# 최단연결법에 의한 계층적 군집분석
clu_result1 <- hclust(dx, method = "single")

# 최단연결법에 의한 계층적 군집분석
clu_result2 <- hclust(dx, method = "complete")

# 평균연결법에 의한 계층적 군집분석
clu_result3 <- hclust(dx, method = "average")

# 중위수연결법에 의한 계층적 군집분석
clu_result4 <- hclust(dx, method = "median")

# 중심연결법에 의한 계층적 군집분석
clu_result5 <- hclust(dx, method = "centroid")

# 와드연결법에 의한 계층적 군집분석
clu_result6 <- hclust(dx, method = "ward.D")
```

7. 계층적 군집분석 실행결과

상기의 R 스크립트에서 생성된 계층적 군집분석 자료인 clu_result들을 다음과 같이 실행하여 **그림 20-2** 와 같은 덴드로그램을 얻을 수 있다.

```
# 덴드로그램 작성
par(mfrow = c(3,2))                                  # 3열 2행
plot(clu_result1, hang = -1, main = "최단연결법")
plot(clu_result2, hang = -1, main = "최장연결법")
plot(clu_result3, hang = -1, main = "평균연결법")
plot(clu_result4, hang = -1, main = "중위수연결법")
plot(clu_result5, hang = -1, main = "중심연결법")
plot(clu_result6, hang = -1, main = "와드연결법")
```

그림 20-2 계층적 군집분석 실행결과

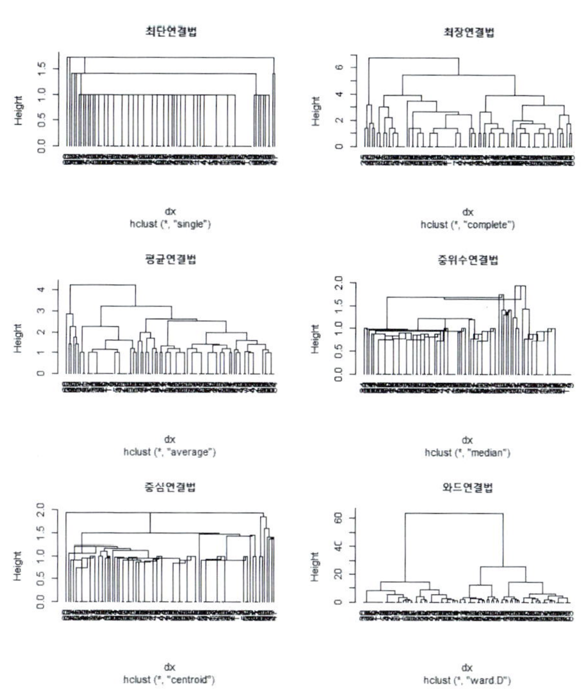

3절 K-평균 군집분석

K-평균 군집분석(k-means clustering)은 사전정보 없이 지정한 군집의 숫자에 따라 대상들을 군집들에 할당하여 분류하는 통계분석기법이다. K-평균 군집분석을 위해서는 계층적 군집분석과 다르게 사전에 군집의 수를 지정해야 한다. 따라서 탐색적인 차원에서 계층적 군집분석을 통해 군집의 수를 산출하고 K-평균 군집분석을 수행하는 것이 바람직하다.

1. K-평균 군집분석 예시

고객들의 성별, 연령대, 학력 및 직업에 대한 자료를 수집하여 수집된 자료에 대하여 계층적 군집분석을 실시하여 3개의 군집이 있는 것으로 분석되었다. 수집된 자료에 대하여 3개 군집의 K-평균 군집분석을 실시하고자 한다.

2. 작업영역 설정 및 파일 불러오기

K-평균 군집분석을 위하여 다음과 같이 우선 작업영역을 설정하고 설정된 디렉터리(C:/WORK_R)에서 수집된 자료의 내용을 R 영역으로 가져와 데이터프레임으로 저장한다.

```
setwd("C:/WORK_R")
options("width" = 500)
data <- read.csv("data.csv", header = T, fileEncoding = "EUC-KR")
# 데이터프레임 형식으로 저장된 자료
data <- subset(data, select = c(성별, 연령대, 직업, 학력))
```

3. K-평균 군집분석 R 스크립트

K-평균 군집분석을 위하여 R에서 사용되는 기본 함수는 kmeans( ) 함수이다. kmeans( ) 함수의 사용 형식은 다음과 같다.

```
kmeans(x, centers, iter.max = 10, nstart = 1,
    algorithm = c("Hartigan-Wong", "Lloyd", "Forgy",
            "MacQueen"), trace = FALSE)

x: 숫자형 행렬 또는 데이터프레임
centers: 군집수
```

우선 상기의 자료에서 subset( ) 함수를 이용하여 비교하려는 표본 자료들을 각기 축출한다. 이후 kmeans( )을 이용한 3개의 군집의 K-평균 군집분석을 수행한다.

```
# 군집분석 자료 생성
data$성별 <- as.numeric(as.factor(data$성별))
data$연령대 <- as.numeric(as.factor(data$연령대))
data$직업 <- as.numeric(as.factor(data$직업))
data$학력 <- as.numeric(as.factor(data$학력))
clu_data <- subset(data, select = c(성별, 연령대, 직업, 학력))

# 군집이 3개인 K-평균 군집분석
library(lattice)
clu_result <- kmeans(clu_data, 3)
```

4. K-평균 군집분석 실행결과

상기의 R 스크립트에서 생성된 K-평균 군집분석 자료인 clu_result를 실행하면 다음과 같은 군집분석 실행결과를 얻을 수 있다.

```
clu_result                                          # K-평균 군집분석 결과
  K-means clustering with 3 clusters of sizes 42, 17, 31

  Cluster means:
        성별    연령대       직업      학력
  1 1.571429 4.261905 4.690476 2.452381
  2 1.176471 5.352941 1.294118 2.588235
  3 1.258065 5.806452 2.903226 2.774194

  Clustering vector:
   1 2 3 4 5 6 7 8 9 10 11 12 13 14 15 16 17 18 19 20 21 22 23 24 25 26 27 28 29 30
31 32 33 34 35 36 37 38 39 40 41 42 43 44 45 46 47 48 49 50 51 52 53 54 55 56 57 58 59
60 61 62
   2 2 3 3 2 3 2 3 3 1 1 2 1 2 1 1 3 3 3 2 2 2 3 3 3 1 3 3 3 3 3 1 1 1 1
1 1 3 3 1 1 1 3 3 3 3 1 2 1 2 2 1 1 3 1 2 1 1 2 2 1 3
  63 64 65 66 67 68 69 70 71 72 73 74 75 76 77 78 79 80 81 82 83 84 85 86 87 88 89 90
   1 1 3 2 1 1 1 3 1 1 1 3 1 1 1 3 1 1 1 1 3 3 1 3 1 1 2 1

  Within cluster sum of squares by cluster:
  [1] 137.78571  28.00000  32.90323
   (between_SS / total_SS =  50.5 %)

  Available components:

  [1] "cluster"   "centers"   "totss"    "withinss"   "tot.withinss"   "betweenss"   "size"
"iter"    "ifault"
```

상기의 K-평균 군집분석 결과를 보면 3개의 군집에 42, 17, 31개로 표본이 군집화 되었고 세부적으로 군집화 벡터(clustering vector)를 보면 90개의 표본이 3개의 군집 중에 하나에 속해 있는 것을 볼 수 있다.

통계분석

STATISTICAL ANALYSIS

제4부 비모수통계분석

Chapter 21

비모수통계분석 기초

1절 비모수통계분석

비모수통계분석(non-parametric statistics)은 모수에 대한 가정을 전제로 하지 않고 모집단의 형태에 관계없이 주어진 자료에서 직접적인 확률을 계산하여 통계학적 검정을 하는 분석기법이다. 비모수적 방법은 자료의 관측값은 확률변수의 실제값을 이용하기보다는 주로 부호나 순위 등의 형태를 이용하는 경우가 많다. 즉 자료가 관측치들의 값 자체보다 부호나 순위만이 의미가 있는 경우에 주로 이용된다. 비모수통계분석은 모수통계분석에 비하여 적응력이 높다는 장점이 있지만, 반면에 통계적 검정력(statistical power)[1]이 약하다는 단점을 가지고 있다.

2절 비모수통계분석의 종류

비모수통계분석은 분석하려는 표본의 개수에 따라 단일표본에 대한 분석, 독립표본에 대한 분석 그리고 대응표본에 대한 분석으로 분류가 가능하다.

1. 단일표본 분석

단일표본(one sample) 분석이란 수집된 표본에서 단일 변수 또는 집단에 대한 분석을 의미한다. 비모수통계분석에서의 단일표본 분석은 일반적으로 특정 분포와의 적합도 검정이나 자료의 무작위성 검정 시 사용된다. 단일표본에 대한 비모수통계분석은 명목척도형 자료에 대한 분석인 카이제곱 검정, 런 검정, 이항분포 검정이 있으

1) 통계적 검정력은 대립가설이 사실일 때, 이를 사실로서 결정할 확률로 통계적 검정력이 높으면, 2종 오류(β error)가 발생할 확률은 작아지게 된다. 즉, 검정력이 95%이면 귀무가설을 채택할 확률(2종 오류, β error)은 5%이다.

며 서열척도형 표본자료에 대한 분석을 위한 콜모고르프-스미르노프 검정이 있다.

2. 독립표본 분석

독립표본(independent sample) 분석이란 일반적으로 수집된 자료에서 표본의 수가 다른 두 집단 간의 비교를 위한 분석을 의미한다. 독립표본에 대한 비모수통계분석은 명목척도형 자료로 구성된 독립표본집단 간의 비교분석을 위한 카이제곱 검정이 있으며, 2개 독립표본집단의 서열척도형 표본자료에 대한 분석을 위한 맨-휘트니 U 검정, 모세 검정, 콜모고르프-스미르노프 검정, 왈드-포비츠 런 검정과 k개 독립표본집단의 비교를 위한 크루스칼-왈리스 검정, 중앙값 검정, 존키어-텝슬라 검정이 있다.

3. 대응표본 분석

대응표본(paired sample) 분석이란 수집된 자료에서 표본의 수가 같은 변수들 간의 비교를 위한 분석을 의미한다. 대응표본에 대한 비모수통계분석은 명목척도형 자료에 대한 분석인 맥네마르 검정과 주변동질성 검정이 있으며, 2개 대응표본집단의 서열척도형 표본 자료에 대한 분석을 위한 부호 검정, 윌콕슨 순위 검정, 그리고 k개 대응표본집단의 비교를 위한 프리드먼 검정과 켄달의 일치도 검정이 있다.

표 21-1은 표본의 수량과 형태, 그리고 검정자료의 형태에 따라 분류된 비모수통계분석 종류를 나타내고 있다.

표 21-1 비모수통계분석의 종류

표본		검정방법	
		명목척도형 자료	서열척도형 자료
단일표본		카이제곱 검정 런 검정 이항분포 검정	콜모코르프-스미르노프 검정
독립표본	2개	카이제곱 검정	맨-휘트니 U 검정 모세 검정 콜모코르프-스미르노프 검정 왈드-포비츠 런 검정
	K개	카이제곱 검정	크루스칼-왈리스 검정 중앙값 검정 존키어-텝슬라 검정
대응표본	2개	맥네마르 검정 주변동질성 검정	부호 검정 윌콕슨 순위 검정
	K개	코크란 큐 검정	프리드먼 검정 켄달의 일치도 검정

3절 비모수통계분석 사용목적

비모수통계분석의 사용목적은 자료에 대한 적합도 검정, 무작위성 검정, 동일성 검정 및 상관관계분석 등이 있다.

1. 적합도 검정

적합도 검정(goodness-of-fit test)은 주어진 자료가 특정 분포로부터 나온 것인지를 판단하는 검정하는 것으로 특정 분포모형이 모집단의 분포로서 적절하지 않다고 배제할 수 있을지를 표본 자료와 이 분포모형에 의한 이론(기대) 수치와 비교하여 판단하는 검정을 말한다. 적합도 검정은 단일표본 카이제곱 검정, 단일표본 콜모코르프-스미르노프 검정, 이항분포 검정 등이 있다.

2. 무작위성 검정

무작위성 검정(test for randomness)은 일련의 연속적인 관측값들이 임의적(random)으로 나타난 것인지 아니면 어떠한 규칙성에 의하여 나타난 것인지를 검정하는 방법으로 규칙성은 이전의 사전들이 이후 사건에 영향을 미친 것으로 판단될 수 있다. 무작위성 검정은 런 검정이 있다.

3. 동일성 검정

동일성(homogeneity) 또는 동질성 검정은 각기의 모집단에서 독립적으로 뽑은 표본들의 확률분포가 서로 동질의 것인지를 검정하는 것으로 두 개 또는 3개 이상의 집단 간 동일성을 검정하는 것과 같은 표본에서의 2개 또는 3개 이상의 변수들 간의 동일성을 검정하는 것 등이 있다. 동일성 검정은 2개의 집단에 대한 동일성을 검정하는 맨-휘트니 U 검정, 모세 검정, 콜모코르프-스미르노프 검정, 왈드-포비츠 런 검정, 부호 검정, 윌콕슨 순위 검정, 맥네마르 검정, 주변동질성 검정 등이 있고 3개 이상의 집단 간의 차이 검정을 위한 크루스칼-왈리스 검정, 중앙값 검정, 존키어-텝슬라 검정, 프리드먼 검정, 켄달의 일치도 검정, 코크란 큐 검정 등이 있다.

4. 상관관계분석

비모수통계분석의 상관관계분석(correlation analysis)은 명목척도나 서열척도형 자료로 구성된 변수들 간의 상호 관계 정도를 분석하는 통계기법으로 스피어만 상관계수분석과 켄달의 순위상관계수분석이 있다.

다음 표 21-2는 비모수통계분석 기법의 사용목적과 이에 상대되는 모수통계기법들을 표시하고 있다.

표 21-2 비모수통계분석 사용목적

		비모수통계기법	모수통계기법
적합도 검정		단일표본 카이제곱 검정 단일표본 콜모고르프-스미르노프 검정 이항분포 검정	단일표본 T-검정
무작위성 검정		런 검정	없음
집단 간 동일성검정	2개변수	맨-휘트니 U 검정 모세 검정 콜모코르프-스미르노프 검정 왈드-포비츠 런 검정	독립표본 T-검정
	K개변수	크루스칼-왈리스 검정 중앙값 검정 존키어-텝슬라 검정	일원분산분석
변수 간 동일성검정	2개집단	부호 검정 윌콕슨 순위 검정 맥네마르 검정 주변동질성 검정	대응표본 T-검정
	K개집단	프리드먼 검정 켄달의 일치도 검정 코크란 큐 검정	일원분산분석 (반복측정 분산분석)
상관관계분석		스피어만 상관계수분석 켄달의 순위상관계수분석	피어슨 상관계수분석

Chapter 22

단일표본 카이제곱 검정

1절 단일표본 카이제곱 검정

단일표본 카이제곱 검정(one sample chi-square test)은 단일표본의 관찰된 빈도가 기대되는 빈도와 유의한 차이가 있는지 여부를 검정하는 데 사용되는 통계기법이다. 단일표본 카이제곱 검정은 일반적으로 명목척도 자료가 빈도로 주어졌을 때 이용된다. 예를 들어 명목척도인 김치찌개, 된장찌개에 대한 고객들의 선호도가 동일한지 여부나 선거유권자의 연령대가 20대 이하 20%, 30대 30%, 40대 30%, 50대 이상이 20%로 차등적으로 구성되어 있는지를 검정할 때 사용된다.

단일표본 카이제곱 검정을 위한 통계량에 대한 공식은 다음과 같다.

$$\chi^2 = \sum \frac{(\text{관측도수} - \text{기대도수})^2}{\text{기대도수}}$$

상기의 공식에 따르면 단일표본 카이제곱은 관측빈도와 기대빈도 간의 차이에 초점을 두고 있다. 따라서 관측빈도와 기대빈도의 차이가 많이 날수록 카이제곱(χ^2)값은 커지게 되어 관측빈도와 기대빈도가 동일하다는 설정된 귀무가설이 기각되게 된다.

2절 단일표본 카이제곱 검정 예시

일반인들의 SNS 사용목적을 분석하기 위해 설문조사를 시행하였다. 설문에는 응답자의 인구통계학적 특성을 확인하기 위하여 성별, 연령대, 직업과 거주지역 항목들을 추가하여 자료를 수집하였다. 수집된 자료는 표 22-1과 같다. 수집된 자료에서 성별과 학력에 대한 카이제곱 검정을 실시하고자 한다.

표 22-1 **SNS 사용목적 자료**

SNS 사용목적	성별	연령대	직업	학력
정보 · 지식 획득 및 공유	여자	40-44세	기타	대학졸업
인맥관리	남자	35-39세	무직	대학원이상
정보 · 지식 획득 및 공유	여자	25-29세	회사원	대학졸업
여가 및 취미	여자	45-49세	기타	대학졸업
정보 · 지식 획득 및 공유	여자	50세 이상	회사원	고졸
기타	여자	50세 이상	자영업	대학졸업

※ 분석자료 위치: http://ssra.or.kr/rbook/data.csv

상기의 성별과 학력 자료에 대한 단일표본 카이제곱 검정에서 성별은 남자와 여자의 두 범주에 대한 기대빈도가 동일하고, 학력은 고졸, 대학졸업, 대학원이상의 범주별 다른 기대빈도값을 가지고 있다고 가정한다. 따라서 다음과 같은 두 가지 종류의 가설을 설정한다.

1. 모든 범주가 동일한 단일표본 카이제곱 검정

단일표본 카이제곱 검정에서 모든 범주가 동일하다는 가정에 대한 검정을 위해서 다음과 같은 가설을 설정하여 검정한다.

■ 가설설정

H_0 : 조사 자료의 남자와 여자의 비율이 같을 것이다.

H_1 : 조사 자료의 남자와 여자의 비율이 다를 것이다.

(H_0 : 귀무가설, H_1 : 대립가설)

2. 기대빈도값을 설정한 단일표본 카이제곱 검정

단일표본 카이제곱 검정에서 범주별 다른 기대빈도가 예상되는 경우 기대빈도값 설정을 통한 검정을 위해서 다음과 같은 가설을 설정하여 검정한다.

■ 가설설정

H_0 : 조사 자료의 고졸, 대학졸업, 대학원이상의 기대되는 빈도분포는 15%, 70%, 10%일 것이다.

H_1 : 조사 자료의 고졸, 대학졸업, 대학원이상의 기대되는 빈도분포는 15%, 70%, 10%가 아닐 것이다.

(H_0 : 귀무가설, H_1 : 대립가설)

3절 단일표본 카이제곱 검정 실행

1. 작업영역 설정 및 파일 불러오기

단일표본 카이제곱 검정을 위하여 다음과 같이 우선 작업영역을 설정하고 설정된 디렉터리(C:/WORK_R)에서 수집된 자료의 내용을 R 영역으로 가져와 데이터프레임으로 저장한다.

```
setwd("C:/WORK_R")
options("width"=500)
data <- read.csv("data.csv", header = T, fileEncoding="EUC-KR")
data                                                    # 데이터프레임 형식으로 저장된 자료
data <- subset(data, select=c(SNS사용목적, 성별, 연령대, 직업, 학력))
```

2. 모든 범주가 동일한 단일표본 카이제곱 검정 R 스크립트

단일표본 카이제곱 검정에 앞서 변수들에 관측빈도와 기대빈도를 산출하기 위하여 빈도분석에 사용되는 table( ) 함수를 이용하여 다음과 같은 R 스크립트를 실행한다. 우선, 성별에 대한 관측빈도를 산출하고 모든 범주의 기대빈도가 동일한 기대빈도를 산출한 후 최종적으로 데이터프레임의 형식의 통계량을 산출한다.

```
# 관측빈도와 기대빈도 통계량 산출
cFreq  <- c(table(data$성별))                          # 성별에 대한 관측빈도
cProp  <- length(data$성별)/length(table(data$성별))   # 성별이 동일한 기대빈도
ctable  <- data.frame (Freq=cFreq, Prop=cProp, exp_val=cFreq-cProp)
ctable                                                 # 관측빈도와 기대빈도
```

단일표본 카이제곱 검정을 위하여 R에서 사용되는 함수는 chisq.test( ) 함수이다. chisq.test( ) 함수의 사용 형식은 다음과 같다.

```
chisq.test(x, y = NULL, correct = TRUE,
        p = rep(1/length(x), length(x)), rescale.p = FALSE,
        simulate.p.value = FALSE, B = 2000)

x: 숫자형 벡터 또는 행렬 자료
y: x에 대응되는 자료
rescale.p: 변수값들 상대크기로 조정
```

다음과 같이 함수에 기대빈도 없이 관측값들만 입력하면 모든 범주가 동일한 단일표본 카이제곱 검정이 실행된다.

```
# 모든 범주가 동일한 단일표본 카이제곱 검정
chisq_result  <- chisq.test(cFreq, rescale.p =TRUE )
```

3. 모든 범주가 동일한 단일표본 카이제곱 검정 실행결과

상기의 R 스크립트에서 생성된 ctable을 실행하면 다음과 같은 빈도분석 현황에 대한 통계량을 얻을 수 있다.

```
ctable                                      # 관측빈도와 기대빈도 통계량

     Freq  Prop  exp_val
남자   55    45      10
여자   35    45     -10
```

상기의 결과를 보면 관측빈도는 남자 55, 여자 35이며, 모든 범주가 동일한 검정이기 때문에 모든 범주의 기댓값은 90개의 표본을 남자와 여자의 두 범주로 나눈 45가 산출되었다.

단일표본 카이제곱 검정 결과를 확인하기 위하여 상기의 R 스크립트에서 생성된 chisq_result를 실행하면 다음과 같은 검정 결과를 확인할 수 있다. 검정 결과를 보면 카이제곱 통계량은 4.4444이고 유의확률(*p*-value)은 0.03501로 0.05보다 작아 "남자와 여자의 비율이 다를 것이다"라는 대립가설이 채택되었다.

```
chisq_result                  # 모든 범주가 동일한 단일표본 카이제곱 검정 결과

  Chi-squared test for given probabilities

data:  cFreq
χ-squared = 4.4444, df = 1, p-value = 0.03501
```

4. 기대빈도값을 설정한 단일표본 카이제곱 검정 R 스크립트

모든 범주가 동일한 형태의 단일표본 카이제곱 검정과 같이 기대빈도값을 설정한 단일표본 카이제곱 검정에서도 table( ) 함수를 이용하여 관측빈도와 기대빈도를 설정한 후 데이터프레임 형식의 통계량을 산출한다. 여기서 기대빈도를 산출하기 위한 기대분포는 가설에서 설정한 고졸, 대학졸업, 대학원이상의 백분율로 다음의 cFreq의 관측빈도의 순서에 맞게 벡터값으로 설정한다.

```
# 관측빈도와 기대빈도 통계량 산출
cFreq <- c(table(data$학력))                              # 학력에 대한 빈도분석
cFreq                                                    # 관측빈도
   고졸  대학원이상  대학졸업
    14          9        67

pc <- c(15, 10, 70 )                                     # 기대빈도 비율
                                         (고졸 15%, 대학원이상 10%, 대학졸업 70%)

cProp <- pc/sum(pc) * length(data$학력)                   # 기대빈도
ctable <- data.frame (Freq=cFreq, Prop=cProp, exp_val=cFreq-cProp)
ctable                                                   # 관측빈도와 기대빈도
```

다음과 같이 chisq.test( ) 함수에 관측빈도들(cFreq)과 *p* 옵션을 사용하여 기대빈도(*p=pc*)값들을 입력하면 단일표본 카이제곱 검정이 실행된다.

```
# 기대빈도값을 설정한 단일표본 카이제곱 검정
chisq_result <- chisq.test(cFreq , p=pc, rescale.p =TRUE )
```

5. 기대빈도값 설정 실행결과

상기의 R 스크립트에서 생성된 ctable을 실행하면 다음과 같은 빈도분석 현황에 대한 통계량을 얻을 수 있다.

```
ctable                                          # 관측빈도와 기대빈도
    ctable
           Freq       Prop      exp_val
고졸         14  14.210526  -0.2105263
대학원이상    9   9.473684  -0.4736842
대학졸업     67  66.315789   0.6842105
```

상기의 결과를 보면 관측수는 고졸 14, 대학원이상 9, 대학졸업이 67이며, 고졸, 대학원이상, 대학졸업이 각각 15%, 10%, 70%로 기대빈도는 14.21, 9.47, 66.31로 산출되었다.

단일표본 카이제곱 검정 결과를 확인하기 위하여 chisq_result를 실행하면 다음과 같은 검정 결과를 확인할 수 있다. 검정 결과를 보면 카이제곱 통계량은 0.033862이고 유의확률은 0.9832로 0.05보다 크게 나타나 "고졸, 대학졸업, 대학원이상의 기대되는 빈도분포는 15%, 70%, 10%일 것이다"라는 귀무가설이 기각되지 않았다.

```
chisq_result                     # 기대빈도값을 설정한 단일표본 카이제곱 검정 결과

    Chi-squared test for given probabilities

data:  cFreq
χ-squared = 0.033862, df = 2, p-value = 0.9832
```

Chapter 23

단일표본 콜모고르프-스미르노프 검정

1절 단일표본 콜모코르프-스미르노프 검정

단일표본 콜모코르프-스미르노프 검정(kolmogorov-smirnov test)은 주어진 어떤 표본의 분포가 이론적으로 기대되는 분포, 예를 들면 정규분포, 균일분포, 포아송분포 또는 지수모형과 일치하는지의 여부를 검정할 때 이용된다. 모수통계기법이 주어진 자료가 정규분포를 따른다는 것을 가정하기 때문에 콜모코르프-스미르노프 검정은 정규분포와 관련된 모수통계기법 제약조건인 자료의 정규성을 검정하는 데 유용하게 이용된다.

2절 단일표본 콜모코르프-스미르노프 검정 예시

일반인들의 SNS 사용목적을 분석하기 위해 설문조사를 시행하였다. 설문에는 응답자의 인구통계학적 특성을 확인하기 위하여 성별, 연령대, 직업과 거주지역 항목들을 추가하여 자료를 수집하였다. 수집된 자료는 표 23-1 에 보이는 바와 같다. 수집된 자료에서 소득에 대한 콜모코르프-스미르노프 검정을 실시하고자 한다.

표 23-1 SNS 사용목적 자료

SNS 사용목적	성별	연령대	직업	소득
정보 · 지식 획득 및 공유	여자	40-44세	기타	4,100
인맥관리	남자	35-39세	무직	7,300
정보 · 지식 획득 및 공유	여자	25-29세	회사원	2,700
여가 및 취미	여자	45-49세	기타	5,100
정보 · 지식 획득 및 공유	여자	50세 이상	회사원	3,800
기타	여자	50세 이상	자영업	4,900

※ 분석자료 위치: http://ssra.or.kr/rbook/data.csv

단일표본 콜모코르프-스미르노프 검정에서 응답자의 소득 자료의 정규분포 여부를 검정을 위해서 다음과 같은 가설을 설정하여 검정한다.

■ 가설설정

H_0 : 응답자의 소득 자료는 정규분포를 따를 것이다.

H_1 : 응답자의 소득 자료는 정규분포를 따르지 않을 것이다.

(H_0 : 귀무가설, H_1 : 대립가설)

3절 단일표본 콜모코르프-스미르노프 검정 실행

1. 작업영역 설정 및 파일 불러오기

단일표본 콜모코르프-스미르노프 검정을 위하여 다음과 같이 우선 작업영역을 설정하고 설정된 디렉터리(C:/WORK_R)에서 수집된 자료의 내용을 R 영역으로 가져와 데이터프레임으로 저장한다.

```
setwd("C:/WORK_R")
options("width"=500)
data <- read.csv("data.csv", header = T, fileEncoding="EUC-KR")
data <- subset(data, select=c(SNS사용목적,성별,연령대,직업,소득))
data                                          # 데이터프레임 형식으로 저장된 자료
```

2. 단일표본 콜모코르프-스미르노프 검정 R 스크립트

단일표본 콜모코르프-스미르노프 검정을 위하여 R에서 기본적으로 사용되는 함

수는 ks.test( ) 이다. ks.test( )함수의 사용 형식은 다음과 같다.

```
ks.test(x, y, ..., alternative = c("two.sided", "less", "greater"),
        exact = NULL)

x: 숫자형 벡터값
y: 비교하려는 숫자형 벡터값 또는 누적분포 함수 약어
...: y에 따른 인수들(예, 평균, 표준편차 등)
alternative: 대립가설의 검증방법(양측, 단측검정)
exact: 정확한 p-value 계산 여부
```

다음과 같이 단일표본 콜모코르프-스미르노프 검정을 위한 R 스크립트를 실행하면 된다. 기대분포가 정규분포이므로 다음과 같이 ks.test( ) 함수의 인수로 기대분포가 정규분포임을 알려주는 "pnorm"과 분포의 평균과 표준편차값들을 사용한다.

```
N <- length(data$소득)                                # 표본수
AVE <- mean(data$소득)                                # 평균
SD <- sd(data$소득)                                   # 표준편차

# 단일표본 콜모코르프-스미르노프 검정
ks_result <- ks.test(data$소득, "pnorm", AVE, SD )
```

상기의 ks.test( ) 함수 사용에 있어서 입력 형식을 **표 23-2** 와 같이 하면 정규분포 이외에 균일분포, 포아송분포 및 지수모형에 대한 콜모코르프-스미르노프 검정도 시행할 수 있다.

표 23-2 ks.test( ) 함수 입력 형식

기대 분포	ks.test( ) 함수 입력 형식
정규분포	"pnorm", mean(cFreq), sd(cFreq)
균일분포	"punif", min(cFreq), max(cFreq)
포아송분포	"ppois", mean(cFreq)
지수모형	"pexp", 1/mean(cFreq)

3. 단일표본 콜모코르프-스미르노프 검정 실행결과

상기의 R 스크립트에서 생성된 N, AVE, SD 그리고 ks_result를 실행하면 다음과 같은 결과들을 얻을 수 있다.

```
N                                                  # 표본수
   [1] 90

AVE                                                # 평균
   [1] 4978.889

SD                                                 # 표준편차
   [1] 1916.765

ks_result                              # 단일표본 콜모코르프-스미르노프 검정 결과

    One-sample Kolmogorov-Smirnov test

data:  data$소득
D = 0.074889, p-value = 0.6938
alternative hypothesis: two-sided
```

상기의 콜모코르프-스미르노프 검정 결과를 보면 최대극단값(*D*)은 0.074889이고 유의확률(*p*-value)은 0.6938로 나타나 0.05보다 큰 것으로 나타나고 있다. 따라서 "소득 자료는 정규분포를 따를 것이다"라는 귀무가설은 기각되지 않았다.

참고로 상기의 최대극단값(*D*)으로부터 *Z*값을 얻기 위해서는 다음과 같이 실행하면 된다.

```
z <- ks_result$statistic*sqrt(N)
names(z) <- "Z"

z
    Z
0.7104622
```

Chapter 24

이항분포 검정

1절 이항분포 검정

이항분포 검정(Binominal test)은 자료들이 이항분포에서 기대되는 빈도와 일치하는지를 검정하는 통계기법이다. 예를 들면 제조 공장에서 정품과 불량품 중 불량품이 나올 확률에 대한 검정이나 여론조사에서 특정 후보자에 대한 찬성 및 반대에서 반대되는 확률 등의 여부를 검정하고자 할 때 사용한다.

이항분포(binomial distribution)와 관련하여 베르누이 시행(bernoulli trials)이란 특정 관측 또는 실험의 결과가 두 가지로만 일어나는 경우를 말한다. 예를 들어 동전 던지기에서 동전은 앞면 또는 뒷면의 경우를 가리키며, 그 결과를 편의상 '성공'과 '실패'로 부른다. 성공률이 p인 베르누이 시행이 n번 반복되었을 때 '성공이 나오는 횟수'들의 확률분포는 '시행횟수 n과 성공률 p'를 가지는 이항분포가 된다. 이항분포에서의 확률함수는 성공확률 p와 실패확률$(1-p)$을 곱한 형식으로 다음과 같다.

$$p(x) = \binom{n}{x} p^{x}(1-p)^{n-x}$$

2절 이항분포 검정 예시

일반인들의 SNS 사용목적을 분석하기 위해 설문조사를 시행하였다. 설문에는 응답자의 인구통계학적 특성을 확인하기 위하여 성별, 연령대, 직업과 거주지역 항목들을 추가하여 자료를 수집하였다. 수집된 자료는 **표 24-1**에 보이는 바와 같다. 수집된 자료에서 종교 여부에 대한 이항분포 검정을 실시하고자 한다.

표 24-1 SNS 사용목적 자료

SNS 사용목적	성별	연령대	종교 여부
정보 · 지식 획득 및 공유	여자	40-44세	예
인맥관리	남자	35-39세	아니오
정보 · 지식 획득 및 공유	여자	25-29세	예
여가 및 취미	여자	45-49세	예
정보 · 지식 획득 및 공유	여자	50세 이상	아니오
기타	여자	50세 이상	아니오

※ 분석자료 위치: http://ssra.or.kr/rbook/data.csv

이항분포 검정에서 응답자의 절반이 종교를 가지고 있는지 검정을 위해서 다음과 같은 가설을 설정하여 검정한다.

■ 가설설정

H_0 : 응답자들 중 종교를 가지고 있을 확률은 1/2이다.

H_1 : 응답자들 중 종교를 가지고 있을 확률은 1/2이 아니다.

(H_0 : 귀무가설, H_1 : 대립가설)

3절 이항분포 검정 실행

1. 작업영역 설정 및 파일 불러오기

이항분포 검정을 위하여 다음과 같이 우선 작업영역을 설정하고 설정된 디렉터리 (C:/WORK_R)에서 수집된 자료의 내용을 R 영역으로 가져와 데이터프레임으로 저장한다.

```
setwd("C:/WORK_R")
options("width"=500)
data <- read.csv("data.csv", header = T, fileEncoding="EUC-KR")
data                                          # 데이터프레임 형식으로 저장된 자료
```

2. 이항분포 검정 R 스크립트

이항분포 검정을 위하여 R에서 사용되는 함수는 binom.test( ) 함수이다. binom.test( ) 함수의 사용 형식은 다음과 같다.

```
binom.test(x, n = NULL, p = 0.5, alternative = c("two.sided", "less",
 "greater"), conf.level = 0.95, ci.method = c("Clopper-Pearson",
 "binom.test", "Score", "Wilson", "prop.test", "Wald", "Agresti-Coull",
 "Plus4"), data = NULL, success = NULL, ...)

x: 요인형 벡터값
n: 표본수
p: 검정비율
alternative: 대립가설의 검정 방법
ci.method: 신뢰구간 방법
```

table( ) 함수로 산출된 빈도값과 표본수 그리고 검정비율을 입력하여 다음과 같이 R 스크립트를 실행하면 된다.

```
N <- length(data$종교 여부)                    # 종교 여부
cFreq <- c(table(data$종교 여부))               # 관측빈도
test_value <- 0.5                              # 검정확률

# 이항분포 검정
binom_result <- binom.test(cFreq, N, test_value)
```

3. 이항분포 검정 R 스크립트 실행결과

상기의 R 스크립트에서 생성된 cFreq와 binom_result를 실행하면 다음과 같은 빈도표와 이항분포 검정 결과를 얻을 수 있다.

```
N                                                  # 전체 표본수
  [1] 90

cFreq                                              # 관측빈도

  아니오  예
     29  61

test_value                                         # 검정비율
  [1] 0.5

binom_result                                       # 이항분포 검정 결과

     Exact binomial test

data:  cFreq
number of successes = 29, number of trials = 90, p-value = 0.0009728
alternative hypothesis: true probability of success is not equal to 0.5
95 percent confidence interval:
 0.2275203 0.4290004
sample estimates:
probability of success
          0.3222222
```

상기의 이항분포 검정 결과를 전체 90명의 응답자(number of trials) 중 종교가 없는 응답자(number of successes)는 29명이고 유의확률(*p*-value)은 0.0009728로 나타나 0.05보다 작은 것으로 나타나고 있다. 따라서 "응답자들 중 종교를 가지고 있을 확률은 1/2이 아니다"라는 대립가설이 채택되었다.

Chapter 25

런 검정

1절 런 검정

런 검정(runs test)은 일련의 연속적인 관측값들이 임의(random)로 나타난 것인지 아닌지를 검정하는 통계기법으로 관측값들이 얻어진 순서에 근거하는 검정하는 비모수적 기법이다. 런(run)이란 동일한 관측값이 연속적으로 이어진 것(a sequence of like observations)을 의미하며, 특수한 경우를 제외하고는 대부분의 표본은 무작위로 추출된다. 런 검정은 앞부분의 관찰치가 뒤에 나타나는 관측값에 영향을 미치는지를 검정하기 때문에 자료의 순서가 중요한 의미를 갖는다.

런 검정은 이항분포 검정과 같이 베르누이 시행에 대한 것으로 예를 들어, 특정 기간 동안의 주가의 오름과 내림이 무작위로 발생하는 것인지 아니면 이전에 발생한 주가에 영향에 받았는지에 대한 검정을 할 수 있다.

2절 런 검정 예시

한 공장에서 8월달 제품의 불량품 검측 여부와 장비온도에 대한 자료를 수집하였다. 수집된 자료는 표 25-1 에 보이는 바와 같다. 수집된 자료를 가지고 런 검정을

표 25-1 제품의 불량품 검측 및 장비온도

일자	불량검측 여부	온도
8월1일	불검측	28.6
8월2일	검측	30.0
8월3일	불검측	30.2
8월4일	불검측	30.3
8월5일	불검측	31.4
8월6일	불검측	29.8

※ 분석자료 위치: http://ssra.or.kr/rbook/non_data.csv

통하여 불량검측의 우연성 여부와 장비온도의 우연성 여부를 확인하고자 한다.

1. 이항자료의 런 검정

이항자료인 불량검측 여부 우연성에 대한 런 검정을 위해서 다음과 같은 가설을 설정하여 검정한다.

■ 가설설정

H_0 : 검측된 불량들은 무작위로 발생한 것이다.

H_1 : 검측된 불량들은 무작위로 발생한 것이 아니다.

(H_0 : 귀무가설, H_1 : 대립가설)

2. 연속형 자료의 런 검정

연속형 자료인 장비온도 우연성에 대한 런 검정을 위해서 다음과 같은 가설을 설정하여 검정한다.

■ 가설설정

H_0 : 장비온도는 우연하게 발생한 것이다.

H_1 : 장비온도는 우연하게 발생한 것이 아니다.

(H_0 : 귀무가설, H_1 : 대립가설)

3절 런 검정 실행

1. 작업영역 설정 및 파일 불러오기

런 검정을 위하여 다음과 같이 우선 작업영역을 설정하고 설정된 디렉터리(C:/WORK_R)에서 수집된 자료의 내용을 R 영역으로 가져와 데이터프레임으로 저장한다.

```
setwd("C:/WORK_R")
options("width"=500)
data <- read.csv("non_data.csv", header = T, fileEncoding="EUC-KR")
data <- subset(data, select=c(일자, 불량검측 여부, 온도))
data                                                    # 데이터프레임 형식으로 저장된 자료
```

2. 이항 자료의 런 검정 R 스크립트

런 검정은 "tseries" 패키지의 runs.test( ) 함수를 이용하여 분석할 수 있다. runs.test( ) 함수의 사용 형식은 다음과 같다.

```
runs.test(x, alternative = c("two.sided", "less", "greater"))

x: 요인형 벡터값
alternative: 대립가설의 검정 방법
```

런 검정을 위하여 다음과 같이 패키지를 사용하기 위한 library(tseries)를 실행한 후 runs.test( ) 함수를 실행하면 된다. runs.test( )에 이항 자료로 구성된 분석할 자료를 요인(factor)으로 설정하여 실행하면 된다.

```
# 이항 자료의 런 검정
library(tseries)
run_test_result <- runs.test(as.factor(data$불량검측 여부))
```

3. 이항 자료의 런 검정 실행결과

불량검측 여부에 대한 케이스값을 산출하기 위하여 table(data$불량검측 여부)과 상기의 R 스크립트에서 생성된 run_test_result를 실행하면 다음과 같은 결과들을 얻을 수 있다.

```
table(data$불량검측 여부)                    # 이항 자료의 빈도분석

  검측  불검측
   12     32

run_test_result                             # 이항 자료의 런 검정 결과

     Runs Test

data: as.factor(data$불량검측 여부)
Standard Normal = 0.98492, p-value = 0.3247
alternative hypothesis: two.sided
```

상기의 런 검정 결과를 보면 Z(Standard Normal)값이 0.98492이고 유의확률(*p*-value)은 0.3247로 0.05보다 큰 것으로 나타나고 있다. 따라서 "검측된 불량들은 무작위로 발생한 것이다"라는 귀무가설이 기각되지 않았다. 즉 이전 불량에 영향을 미친다고 볼 수는 없다.

4. 연속형 자료의 런 검정 R 스크립트

실무적으로 런 검정은 이항 자료뿐만 아니라 상기의 예시 자료에서의 장비온도와 같은 연속형 자료에 대하여도 검정할 필요가 있을 때가 있다. 이때 이를 위해서는 다음과 같이 절단점을 산출한 후, sign( ) 함수를 이용하여 이항 자료로 만들어 수행하면 된다.

```
# 연속형 자료의 런 검정
library(tseries)
m <- mean(data$온도)                                  # 절단점 (평균)
vs <- sign(data$온도-m+0.000000001)
run_test_result_c  <- runs.test(factor(vs))
```

상기의 연속형 자료에 대한 절단은 표 25-2 와 같이 하여 평균은 물론 중위수, 최빈값 또는 사용자가 임의로 정의한 값을 이용하여 할 수 있다.

표 25-2 절단점 산출

절단점	절단
중위수	m <- median(data$온도)
평균	m <- mean(data$온도)

최빈값	Mode <- function(x) {
	ml <- sort(table(x))
	as.numeric(rownames(ml)[length(ml)])
	}
	m <- Mode(data$온도)

사용자정의	m <- 사용자정의값

5. 연속형 자료 런 검정 실행결과

연속형 자료에 대한 런 검정을 위하여 만들어진 상기의 R 스크립트에서 생성된 run_test_result_c을 실행하면 다음과 같은 결과들을 얻을 수 있다.

```
run_test_result_c                                    # 연속형 자료의 런 검정 결과

      Runs Test

data:  factor(vs)
Standard Normal = -3.9605, p-value = 7.478e-05
alternative hypothesis: two.sided
```

상기의 런 검정 결과를 보면 *Z*(Standard Normal)값이 −3.9605이고 유의확률(*p*-value)은 7.478e-05로 0.05보다 작은 것으로 나타나고 있다. 따라서 "장비온도는 우연하게 발생한 것이 아니다"라는 대립가설이 채택되었다. 즉 온도는 이전 장비온도에 영향을 받는다고 볼 수 있다.

Chapter 26

독립 2-표본 검정

1절 독립 2-표본 검정

비모수통계기법의 독립 2-표본 검정은 서로 다른 두 집단 차이를 분석하는 가장 일반적인 방법인 모수통계의 *t*-검정과 달리 자료의 수치가 순위척도(ordinal scale)이거나 또는 집단의 표본수가 30 미만이면서 정규성(normality)을 만족하지 못하는 경우에 사용되는 방법이다. 독립 2-표본 검정은 맨-휘트니 *U* 검정, 모세 검정, 콜모코르프-스미르노프 검정, 왈드-포비츠 런 검정의 4가지가 주로 사용된다.

2절 독립 2-표본 검정 예시

통계학을 수강하는 학생들의 성적은 다음의 **표 26-1** 에서 보이는 바와 같다. 이 자료에서 통계학 성적이 성별에 따라 차이가 있는지 독립 2-표본 검정을 실시하고자 한다.

표 26-1 학생들의 통계학 성적

순번	학년	성별	통계학성적
1	3학년	남학생	41
2	3학년	남학생	73
3	2학년	여학생	31
4	2학년	남학생	51
5	2학년	남학생	41
6	2학년	여학생	50

※ 분석자료 위치: http://ssra.or.kr/rbook/non_data.csv

독립 2-표본의 동질성 검정을 위해서 다음과 같은 가설을 설정하여 검정한다.

■ 가설설정

H_0 : 남학생과 여학생의 통계학 성적은 차이가 없다.

H_1 : 남학생과 여학생의 통계학 성적은 차이가 있다.

(H_0 : 귀무가설, H_1 : 대립가설)

3절 맨-휘트니 *U* 검정 실행

맨-휘트니(Mann-Whitney) *U* 검정은 두 개의 독립적인 표본이 크게 다른지 여부를 검정하는 가장 널리 사용되는 독립 2-표본 검정 방법으로, 표본집단이 동일한 확률분포를 갖는 모집단들로부터 추출되었는지의 여부를 검정한다. 맨-휘트니 *U* 검정은 집단별 평균순위를 구하고, 이를 비교하여 검정한다.

1. 작업영역 설정 및 파일 불러오기

맨-휘트니 검정을 위하여 다음과 같이 우선 작업영역을 설정하고 설정된 디렉터리(C:/WORK_R)에서 수집된 자료의 내용을 R 영역으로 가져와 데이터프레임으로 저장한다.

```
setwd("C:/WORK_R")
options("width"=500)
data <- read.csv("non_data.csv", header = T, fileEncoding="EUC-KR")
data                                            # 데이터프레임 형식으로 저장된 자료
```

2. 맨-휘트니 검정 R 스크립트

맨-휘트니 검정을 위하여 R에서 사용되는 함수는 wilcox.test( ) 함수이다. wilcox.test( ) 함수의 사용 형식은 다음과 같다.

```
wilcox.test(x, y = NULL,
        alternative = c("two.sided", "less", "greater"),
        mu = 0, paired = FALSE, exact = NULL, correct = TRUE,
        conf.int = FALSE, conf.level = 0.95, …)

x: 요인형 벡터값
y: x와 비교하려는 벡터값
alternative: 대립가설의 검정 방법
```

자료들에 대한 순위를 산출하기 위하여 rank( )를 이용하여 전체 순위에 대한 변수를 data$rank 생성한 후 남학생과 여학생의 평균순위를 파악한다. 맨-휘트니 검정은 wilcox.test( ) 함수에 비교할 남학생과 여학생의 자료를 등록하여 수행한다. 남학생과 여학생의 자료는 데이터프레임에서 일부 자료를 추출하는 subset( ) 함수를 이용하여 산출한다.

```
# 순위표 생성
data$rank <- rank(data$통계학성적)                      # 순위변수 생성
data1 <- subset(data, data$성별=='남학생')              # 남학생 표본자료
data2 <- subset(data, data$성별=='여학생')              # 여학생 표본자료
ALL=nrow(data)                                          # 전체 표본수
N =nrow(data1                                           # 남학생 표본수
M =nrow(data2)                                          # 여학생 표본수
R1 =mean(data1$rank)                                    # 남학생 평균순위
R2 =mean(data2$rank)                                    # 여학생 평균순위
RS1 =sum(data1$rank)                                    # 남학생 순위합
RS2 =sum(data2$rank)                                    # 여학생 순위합
desc_rank <- rbind(c(N, R1, RS1), c(M, R2, RS2))
rownames(desc_rank) <- c( "남학생", "여학생")
```

```
colnames(desc_rank) <- c( "N", "평균순위", "순위합")
desc_rank                                              # 순위표

cScore1 <- data1$통계학성적                            # 남학생 통계학성적
cScore2 <- data2$통계학성적                            # 여학생 통계학성적

# 맨-휘트니 검정
wilcox_result <- wilcox.test(cScore1, cScore2)
z.value <- qnorm(1 - (wilcox_result$p.value/2))        # Z값 산출
```

상기의 wilcox_result 결과에서 제공하지 않는 맨-휘트니의 *U*값을 산출하기 위해 다음과 같은 수식을 사용한다.

$$U = \frac{N(N+1)}{2} - \sum_{x_i} Rank(x_i)$$

```
U <- N*M + N*(N+1)/2 − RS1                    # Mann-Whitney의 U값 산출
```

3. 맨-휘트니 검정 실행결과

상기의 R 스크립트에서 생성된 desc_rank와 wilcox_result를 실행하면 다음과 같은 순위표와 맨-휘트니 검정 결과를 얻을 수 있다.

```
desc_rank                                     # 순위 결과
        N   평균순위   순위합
남학생  28  21.76786   609.5
여학생  16  23.78125   380.5
```

```
wilcox_result                                         # 맨-휘트니 검정 결과

    Wilcoxon rank sum test with continuity correction

data:  cScore1 and cScore2
W = 203.5, p-value = 0.6254
alternative hypothesis: true location shift is not equal to 0
```

상기의 결과에 *Z*값과 맨-휘트니의 *U*를 제공하지 않으므로 다음과 같이 *U*와 z.value를 실행한다.

```
U                                                     # Mann-Whitney의 U값
  [1] 244.5

z.value                                               # Z값
  [1] 0.488277
```

상기의 맨-휘트니 검정 결과들을 보면, 남학생의 평균순위는 21.76786이고 여학생의 평균순위는 23.78125로 나타났으나 유의확률(*p*-value)은 0.6254로 0.05보다 커서 유의한 차이가 있다고 볼 수 없다. 따라서 "남학생과 여학생의 통계학성적은 차이가 없다"는 귀무가설을 기각할 수 없다.

4절 모세의 극단값 반동 검정

독립 2-표본 검정 방법에서 모세의 극단값 반동(Moses extreme reactions) 검정은 실험집단의 값은 다른 값들에게 긍정적이고 부정적인 양극적인 영향을 준다고 가정하고

이러한 극단값 반동을 대조군과 비교하여 검정한다. 따라서 모세의 극단값 반동은 두 표본을 통제집단과 실험집단으로 구분하여 검정한다.

1. 작업영역 설정 및 파일 불러오기

모세의 극단값 반동 검정을 위하여 다음과 같이 우선 작업영역을 설정하고 설정된 디렉터리(C:/WORK_R)에서 수집된 자료의 내용을 R 영역으로 가져와 데이터프레임으로 저장한다.

```
setwd("C:/WORK_R")
options("width"=500)
data <- read.csv("non_data.csv", header = T, fileEncoding="EUC-KR")
data                                         # 데이터프레임 형식으로 저장된 자료
```

2. 모세의 극단값 반동 검정 R 스크립트

모세의 극단값 반동 검정을 위하여 R에서 사용되는 함수는 DescTools 패키지의 MosesTest( ) 함수이다. MosesTest( ) 함수의 사용 형식은 다음과 같다.

```
MosesTest(x, y, extreme = NULL, ...)

x: 요인형 벡터값
y: x와 비교하려는 벡터값
extreme: 극단값
```

맨-휘트니 검정에서와 같이 비교할 남학생과 여학생의 자료는 데이터프레임에서 일부 자료를 추출하는 subset( ) 함수를 이용하여 산출한다.

```
library(DescTools)
data1 <- subset(data, data$성별=='남학생')          # 남학생 표본자료
data2 <- subset(data, data$성별=='여학생')          # 여학생 표본자료

cScore1 <- data1$통계학성적                          # 남학생 통계학성적
cScore2 <- data2$통계학성적                          # 여학생 통계학성적

# 모세의 검정
moses_result <- MosesTest(cScore1, cScore2)
```

3. 모세의 극단값 반동 검정 실행결과

상기의 R 스크립트에서 생성된 moses_result를 실행하면 다음과 같은 결과를 얻을 수 있다.

```
moses_result                                         # 모세의 검정 결과

    Moses Test of Extreme Reactions

data: cScore1 and cScore2
S = 38, p-value = 0.2048
alternative hypothesis: extreme values are more likely in x than in y
```

상기의 모세의 극단값 반동 검정 결과들을 보면 유의확률(*p*-value)은 0.2048로 0.05보다 높아 유의한 차이가 있다고 볼 수 없다. 따라서 맨-휘트니 검정 결과와 같이 모세 검정에서도 "남학생과 여학생의 통계학성적은 차이가 없다"는 귀무가설을 기각할 수 없다.

5절 콜모코르프-스미르노프 검정

독립 2-표본 검정에서 콜모코르프-스미르노프(Kolmogorov-Smirnov) 검정은 두 표본에 대해 관측된 누적분포함수 간의 최대 절대차를 기초로 한다. 즉 차이가 매우 클 경우 두 분포에 차이가 있음을 나타낸다.

1. 작업영역 설정 및 파일 불러오기

콜모코르프-스미르노프 검정을 위하여 다음과 같이 우선 작업영역을 설정하고 설정된 디렉터리(C:/WORK_R)에서 수집된 자료의 내용을 R 영역으로 가져와 데이터프레임으로 저장한다.

```
setwd("C:/WORK_R")
options("width" =500)
data <- read.csv("non_data.csv", header = T, fileEncoding="EUC-KR")
data                                                    # 데이터프레임 형식으로 저장된 자료
```

2. 콜모코르프-스미르노프 R 스크립트

콜모코르프-스미르노프 검정을 위하여 R에서 사용되는 함수는 psych 패키지의 ks.test( ) 함수이다. 맨-휘트니 검정에서와 같이 비교할 남학생과 여학생의 자료는 데이터프레임에서 일부 자료를 추출하는 subset( ) 함수를 이용하여 산출한다.

```
library(psych)
data1 <- subset(data, data$성별=='남학생')              # 남학생 표본자료
data2 <- subset(data, data$성별=='여학생')              # 여학생 표본자료
```

```
cScore1 <- data1$통계학성적                    # 남학생 통계학성적
cScore2 <- data2$통계학성적                    # 여학생 통계학성적

# 독립 2-표본 콜모코르프-스미르노프 검정
ks_result <- ks.test(cScore1, cScore2)
```

3. 콜모코르프-스미르노프 검정 실행결과

상기의 R 스크립트에서 생성된 ks_result를 실행하면 다음과 같은 결과를 얻을 수 있다.

```
ks_result                          # 독립 2-표본 콜모코르프-스미르노프 검정 결과

    Two-sample Kolmogorov-Smirnov test

data: cScore1 and cScore2
D = 0.25, p-value = 0.5478
alternative hypothesis: two-sided
```

상기의 콜모코르프-스미르노프 검정 결과들을 보면 유의확률(*p*-value)은 0.5478로 0.05보다 높아 유의한 차이가 있다고 볼 수 없다. 따라서 맨-휘트니 검정 결과와 같이 콜모코르프-스미르노프 검정에서도 "남학생과 여학생의 통계학성적은 차이가 없다"는 귀무가설을 기각할 수 없다.

6절 왈드-포비츠 런 검정

왈드-포비츠 런(Wald-Wolfowitz run) 검정은 맨-휘트니 U 검정과 같이 동일한 확률분포를 갖는 모집단들로부터 추출되었는지의 여부를 검정하는 기법으로 런을 기준으로 검정하는 방법이다. 두 그룹의 관측값들을 조합하고 순위를 지정하여 런을 구성한 다음 런의 수를 분석하여 검정한다.

1. 작업영역 설정 및 파일 불러오기

왈드-포비츠 런 검정을 위하여 다음과 같이 우선 작업영역을 설정하고 설정된 디렉터리(C:/WORK_R)에서 수집된 자료의 내용을 R 영역으로 가져와 데이터프레임으로 저장한다.

```
setwd("C:/WORK_R")
options("width"=500)
data <- read.csv("non_data.csv", header = T, fileEncoding="EUC-KR")
data                                                    # 데이터프레임 형식으로 저장된 자료
```

2. 왈드-포비츠 런 검정 R 스크립트

왈드-포비츠 런 검정을 위하여 R에서 사용되는 함수는 tseries 패키지의 runs.test( ) 함수이다. 런 검정을 위하여 다음과 같이 성적순으로 정렬한 후 성별 자료를 가지고 런을 구성한다. 이항형의 성별 자료(남학생과 여학생)는 런 검정을 위하여 요인(factor)으로 구성하여 실행한다.

```
library(tseries)
data <- data[order(data$통계학성적),]
vs <- data$성별                                          # 성적순의 런 구성

# 왈드-포비츠 런 검정
wald_wolfowitz_result <- runs.test(factor(vs))
```

3. 왈드-포비츠 런 검정 검정 실행결과

상기의 R 스크립트에서 생성된 wald_wolfowitz_result를 실행하면 다음과 같은 결과를 얻을 수 있다.

```
wald_wolfowitz_result                                    # 왈드-포비츠 런 검정 결과

    Runs Test

data: factor(vs)
Standard Normal = 0.54037, p-value = 0.5889
alternative hypothesis: two.sided
```

상기의 왈드-포비츠 런 검정 결과를 보면 유의확률(*p*-value)은 0.5889로 0.05보다 높아 유의한 차이가 있다고 볼 수 없다. 따라서 맨-휘트니 검정 결과와 같이 왈드-포비츠 런 검정에서도 "남학생과 여학생의 통계학성적은 차이가 없다"는 귀무가설을 기각할 수 없다.

Chapter 27

독립 K-표본 검정

1절 독립 K-표본 검정

독립 K-표본 검정은 모수통계기법의 분산분석(ANOVA)과 같이 두 개 이상 다수의 집단을 비교하고자 할 때 사용되는 방법으로 독립 2-표본 검정과 같이 자료의 수치가 순위척도이거나 또는 집단의 표본수가 적어 정규성을 만족하지 못하는 경우에 사용하는 비모수통계분석기법이다. 독립 K-표본 검정은 크루스칼-왈리스 검정, 중앙값 검정 그리고 존키어-텝슬라 검정 등이 있다.

2절 독립 K-표본 검정 예시

통계학을 수강하는 학생들의 성적은 다음의 표 27-1 에서 보이는 바와 같다. 이 자료에서 통계학 성적이 학년에 따라 차이가 있는지 독립 K-표본 검정을 실시하고자 한다.

표 27-1 학생들의 통계학 성적

순번	학년	성별	통계학성적
1	3학년	남학생	41
2	3학년	남학생	73
3	2학년	여학생	31
4	2학년	남학생	51
5	2학년	남학생	41
6	2학년	여학생	50

※ 분석자료 위치: http://ssra.or.kr/rbook/non_data.csv

독립 K-표본의 동질성 검정을 위해서 다음과 같은 가설을 설정하여 검정한다.

■ 가설설정

H_0 : 학년별 통계학성적은 동일하다.

H_1 : 학년별 통계학성적은 차이가 있다.

(H_0 : 귀무가설, H_1 : 대립가설)

3절 크루스칼-왈리스 검정

크루스칼-왈리스(Kruskal-Wallis) 검정은 3집단 이상의 평균이 같은지 아닌지를 검정을 통하여 다수의 집단을 비교하고자 할 때 사용되는 방법이다. 즉, 맨-휘트니(Mann-Whitney) U 검정과 같이 집단별 평균순위를 구하고, 이를 비교하여 검정한다.

1. 작업영역 설정 및 파일 불러오기

크루스칼-왈리스 검정을 위하여 다음과 같이 우선 작업영역을 설정하고 설정된 디렉터리(C:/WORK_R)에서 수집된 자료의 내용을 R 영역으로 가져와 데이터프레임으로 저장한다.

```
setwd("C:/WORK_R")
options("width"=500)
data <- read.csv("non_data.csv", header = T, fileEncoding="EUC-KR")
data                                    # 데이터프레임 형식으로 저장된 자료
```

2. 크루스칼-왈리스 검정 R 스크립트

크루스칼-왈리스 검정을 위하여 R에서 사용되는 함수는 kruskal.test( ) 함수이다. kruskal.test( ) 함수의 사용 형식은 다음과 같다.

```
kruskal.test(formula, data, subset, na.action, …)

formula: 적용할 공식
data: 적용할 모델의 변수를 포함하는 선택적 데이터프레임
subset: 관측치의 서브 세트를 지정하는 선택적 벡터
```

자료들에 대한 순위를 산출하기 위하여 rank( )를 이용하여 전체 순위에 대한 변수를 data$rank 생성한 후 학년별의 평균순위를 파악한다. 크루스칼-왈리스 검정은 kruskal.test( ) 함수에 종속변수인 통계학성적과 독립변수인 학년으로 구성된 공식(formula)으로 입력한다.

```
data$rank <- rank(data$통계학성적)                   # 순위변수 생성
data1 <- subset(data, data$학년=='2학년')             # 2학년 표본자료
data2 <- subset(data, data$학년=='3학년')             # 3학년 표본자료
data3 <- subset(data, data$학년=='4학년')             # 4학년 표본자료

# 순위표 산출
N <- nrow(data)                                      # 전체 표본수
N1 <- nrow(data1)                                    # 2학년 표본수
N2 <- nrow(data2)                                    # 3학년 표본수
N3 <- nrow(data3)                                    # 4학년 표본수
R1 <- mean(data1$rank)                               # 2학년 평균순위
R2 <- mean(data2$rank)                               # 3학년 평균순위
R3 <- mean(data3$rank)                               # 4학년 평균순위
desc_rank <- rbind(c(N1, R1), c(N2, R2), c(N3, R3))
rownames(desc_rank) <- c( "2학년", "3학년", "4학년")
colnames(desc_rank) <- c( "N", "평균순위")
desc_rank                                            #순위표
```

```
# 크루스칼-왈리스 검정
kruskal_result <- kruskal.test(통계학성적 ~ 학년, data = data)
```

3. 크루스칼-왈리스 검정 실행결과

상기의 R 스크립트에서 생성된 desc_rank와 kruskal_result를 실행하면 다음과 같은 순위표와 맨-휘트니 검정 결과를 얻을 수 있다.

```
desc_rank                                        # 순위표
         N   평균순위
 2학년  19  28.86842
 3학년  17  16.02941
 4학년   8  21.12500

kruskal_result                                   # 크루스칼-왈리스 검정

        Kruskal-Wallis rank sum test

data:  통계학성적 by 학년
Kruskal-Wallis chi-squared = 9.0877, df = 2, p-value = 0.01063

R1
[1] 28.86842
R2
[1] 16.02941
R3
[1] 21.125
```

상기의 크루스칼-왈리스 검정 결과들을 보면 2학년의 평균순위는 28.86842이고 3학년의 평균순위는 16.02941, 그리고 4학년의 평균순위는 21.125로 나타났고 유의확률(*p*-value)은 0.01063으로 0.05보다 적어 유의한 차이가 있는 것으로 보인다. 따라

서 "학년별 통계학성적은 차이가 있다"는 대립가설이 채택되었다.

4절 중앙값 검정

중앙값(median) 검정은 크루스칼-왈리스 검정과 같이 3집단 이상의 집단을 비교하고자 할 때 사용되는 방법으로 중앙값을 이용하여 검정하는 방법이다. 비교하려는 집단의 자료들을 크기순으로 혼합하여 하나의 분포로 만들고, 이 표본에서 중앙값을 산출한 다음 중앙값보다 작거나 큰 수량을 각 집단의 표본에서 계산하여 집단 간의 차이를 검정하는 방법이다.

1. 작업영역 설정 및 파일 불러오기

중앙값 검정을 위하여 다음과 같이 우선 작업영역을 설정하고 설정된 디렉터리(C:/WORK_R)에서 수집된 자료의 내용을 R 영역으로 가져와 데이터프레임으로 저장한다.

```
setwd("C:/WORK_R")
options("width"=500)
data <- read.csv("non_data.csv", header = T, fileEncoding="EUC-KR")
data                                    # 데이터프레임 형식으로 저장된 자료
```

2. 중앙값 검정 R 스크립트

중앙값 검정을 위하여 R에서 사용되는 함수는 chisq.test( ) 함수이다. 우선 표본에서 중앙값(M)을 산출한 다음 중앙값보다 작거나 큰 수량을 각 집단의 표본에서 계산

하여 데이터프레임(median_test_data)으로 생성하고 이들에 대한 카이제곱 검정을 한다.

```
mdtable <- NULL
M <- median(data$통계학성적)                          # 중앙값
data1 <- subset(data, data$통계학성적 > M)            # 중앙값보다 큰 자료
data1 <- data1[,c("통계학성적", "학년")]
data2 <- subset(data, data$통계학성적 <= M)           # 중앙값보다 작은 자료
data2 <- data2[,c("통계학성적", "학년")]
data1$통계학성적= 0                                   # 0으로 설정
data2$통계학성적= 1                                   # 1로 설정
median_test_data <- table(rbind(data1, data2))
median_test_data
md <- as.data.frame(cbind("통계학성적", median_test_data))
mdtable <- rbind(mdtable, md)
high <- as.vector(median_test_data[1,])               # 높은 집단 빈도
low <- as.vector(median_test_data[2,])                # 낮은 집단 빈도
ctbl <- cbind(low, high)

# 중앙값 검정
median_result <- chisq.test(ctbl)                     # 카이제곱 검정
```

3. 중앙값 검정 실행결과

상기의 R 스크립트에서 생성된 median_test_data와 median_result를 실행하면 다음과 같은 중앙값 검정 결과를 얻을 수 있다.

```
median_test_data                                      # 중앙값 기준 빈도표
  학년
통계학성적  2  3  4
    0      14  4  4
    1       5 13  4
```

상기의 표는 중앙값을 기준으로 한 1 (> 중앙값)과 0 (<= 중앙값)의 빈도수를 나타내고 있다.

```
median_result                                    # 중앙값 검정 결과

        Pearson's Chi-squared test

data:  ctbl
χ-squared = 9.0279, df = 2, p-value = 0.01096
```

상기의 중앙값 검정 결과들을 보면 유의확률(*p*-value)은 0.01096으로 0.05보다 적어 유의한 차이가 있는 것으로 나타났다. 따라서 크루스칼-왈리스 검정 결과와 같이 "학년별 통계학성적은 차이가 있다"는 대립가설이 채택되었다.

5절 존키어-텝슬라 검정

존키어-텝슬라(Jonckheere-Terpstra) 검정 역시 3집단 이상의 집단을 비교하고자 할 때 사용되는 비모수통계 방법으로, 3개 이상의 독립변수가 서열을 갖고 있을 때 서열의 증가에 따라 종속변수의 값이 증가 또는 감소의 추세를 갖고 있는지를 검정하고자 할 때 사용된다.

1. 작업영역 설정 및 파일 불러오기

존키어-텝슬라 검정을 위하여 다음과 같이 우선 작업영역을 설정하고 설정된 디렉터리(C:/WORK_R)에서 수집된 자료의 내용을 R 영역으로 가져와 데이터프레임으로 저장한다.

```
setwd("C:/WORK_R")
options("width"=500)
data <- read.csv("non_data.csv", header = T, fileEncoding="EUC-KR")
data                                          # 데이터프레임 형식으로 저장된 자료
```

2. 존키어-텝슬라 검정 R 스크립트

존키어-텝슬라 검정을 위하여 R에서 사용되는 함수는 clinfun 패키지의 jonckheere.test( ) 함수이다. jonckheere.test( ) 함수의 사용 형식은 다음과 같다.

```
jonckheere.test(x, g, alternative = c("two.sided", "increasing",
                "decreasing"), nperm=NULL)

x: 숫자형 벡터
g: 그룹벡터
alternative: 대립가설의 검정 방법(양측/단측검정)
nperm: 반복순열 횟수
```

존키어-텝슬라 검정을 위하여 학년별로 서열화한 후 jonckheere.test( ) 함수에 종속변수(통계학성적)와 독립변수(학년)로 구성된 집단으로 입력한다. 인자 nperm=5000은 참조분포에 대한 순열의 횟수인 5,000번으로 최소한 1,000번 이상이 권고되고 있다.

```
library(clinfun)
data <- data[order(data$학년),]                    # 독립변수 서열화
data <- as.data.frame(data)
data$학년 <- as.numeric(as.factor(data$학년))
N <- nrow(data)

# 존키어-텝슬라 검정
jonckheere_result <- jonckheere.test(data$통계학성적, data$학년, nperm=5000)
```

3. 존키어-텝슬라 검정 실행결과

상기의 R 스크립트에서 생성된 jonckheere_result를 실행하면 다음과 같은 중앙값 검정 결과를 얻을 수 있다.

```
jonckheere_result                                    # 존키어-텝슬라 검정 결과

    Jonckheere-Terpstra test

data:
JT = 204, p-value = 0.0244
alternative hypothesis: two.sided
```

상기의 존키어-텝슬라 검정 결과들을 보면 유의확률(*p*-value)은 0.0244로 0.05보다 작아 유의한 차이가 있는 것으로 나타났다. 따라서 크루스칼-왈리스 검정 결과와 같이 "학년별 통계학성적의 확률분포는 차이가 있다"는 대립가설이 채택되었다.

Chapter 28

대응 2-표본 검정

1절 대응 2-표본 검정

대응 2-표본 검정은 모수통계분석의 대응표본 t-검정에 비교되는 분석 방법이다. 독립 2-표본 검정과 같이 자료의 수치가 순위척도이거나 또는 집단의 표본수가 적어 정규성을 만족하지 못하는 경우에 대응표본 간의 차이를 분석하는 비모수통계분석 방법이다. 독립 2-표본 검정이 집단의 표본수가 다른 경우에 사용되는 것에 반하여 대응 2-표본 검정은 하나의 집단에서 대응되는 항목 간의 차이, 예를 들면 치료약 투약 후 전후 효과 비교와 같은 분석에 시행한다.

대응 2-표본 검정은 서열척도 자료를 대상으로 하는 윌콕슨 순위 검정과 부호 검정, 이분형 명목척도 자료를 대상으로 하는 맥네마르 검정 그리고 명목척도 자료를 대상으로 하는 주변동질성 검정 등이 있다.

2절 대응 2-표본 검정 예시

학생들의 통계학 중간고사와 기말고사를 시행하였다. 시험 결과는 표 28-1 에서 보이는 바와 같다. 아울러 학생들로 하여금 중간성적가중치선호, 기말성적가중치 선호 여부 및 각각의 선호한 점수를 10, 20, 30점 사이에서 정하도록 하였다. 수집된 자료들을 이용하여 대응 2-표본 검정을 실시하고자 한다.

표 28-1 학생들의 성적 선호도 및 가중치

순번	중간 성적	기말 성적	중간성적 가중치선호	기말성적 가중치선호	중간성적 가중치	기말성적 가중치
1	18	23	아니오	예	20	10
2	37	36	예	아니오	10	10
3	13	18	아니오	예	20	20
4	23	28	예	예	20	20
5	17	24	아니오	예	30	20
6	23	27	아니오	아니오	30	20

※ 분석자료 위치: http://ssra.or.kr/non_data

1. 대응 2-표본 검정(서열척도)

서열척도 자료에 대한 대응 2-표본 검정을 지원하는 윌콕슨 순위 검정, 부호 검정을 위해서 다음과 같은 가설을 설정하여 검정한다.

■ 가설설정

H_0 : 중간성적과 기말성적은 차이가 없다.

H_1 : 중간성적과 기말성적은 차이가 있다.

(H_0 : 귀무가설, H_1 : 대립가설)

2. 대응 2-표본 검정(이분형 명목척도)

이분형 명도척도 자료에 대한 대응 2-표본 검정을 지원하는 맥네마르 검정을 위해서 다음과 같은 가설을 설정하여 검정한다.

■ 가설설정

H_0 : 중간성적가중치선호와 기말성적가중치선호는 차이가 없다.

H_1 : 중간성적가중치선호와 기말성적가중치선호는 차이가 있다.

(H_0 : 귀무가설, H_1 : 대립가설)

3. 대응 2-표본 검정(명목척도)

명도척도 자료에 대한 대응 2-표본 검정을 지원하는 주변동질성 검정을 위해서 다음과 같은 가설을 설정하여 검정한다.

■ 가설설정

H_0 : 선호하는 중간성적가중치와 기말성적가중치 점수의 차이가 없다.

H_1 : 선호하는 중간성적가중치와 기말성적가중치 점수의 차이가 있다.

(H_0 : 귀무가설, H_1 : 대립가설)

3절 부호 검정

부호 검정(sign test)은 두 변수값에 대해서 두 변수가 이루는 확률분포상의 차이가 있는지를 검정하는 방법이다. 부호 검정은 두 변수값을 비교하여, 부호(+, −)의 방향만을 이용하여 분석하게 된다.

1. 작업영역 설정 및 파일 불러오기

부호 검정을 위하여 다음과 같이 우선 작업영역을 설정하고 설정된 디렉터리(C:/WORK_R)에서 수집된 자료의 내용을 R 영역으로 가져와 데이터프레임으로 저장한다.

```
setwd("C:/WORK_R")
options("width"=500)
data <- read.csv("non_data.csv", header = T, fileEncoding="EUC-KR")
data                                          # 데이터프레임 형식으로 저장된 자료
```

2. 부호 검정 R 스크립트

부호 검정을 위하여 R에서 사용되는 함수는 이항분포 검정 시 사용되는 binom.test( ) 함수이다. 다음과 같이 두 변수 차이(data$중간성적 - data$기말성적)를 반영한 부호(sign)를 생성한 후 양수가 나오는 개수와 전체 개수를 입력한 후 R 스크립트를 실행하면 된다.

```
# 빈도표 산출
sign <- data$중간성적 - data$기말성적
sign_data <- cbind(data , sign)
true_count <- nrow(subset(sign_data, sign > 0))
false_count <- nrow(subset(sign_data, sign < 0))
same_count <- nrow(subset(sign_data, sign == 0))
desc_sign <- data.frame(true_count , false_count, same_count, true_count+false_count+
same_count)
colnames(desc_sign) <- c("양수차", "음수차", "동률", "합계")
rownames(desc_sign) <- c("중간성적-기말성적")
desc_sign                                       # 빈도표

# 부호 검정
sign_result <- binom.test(true_count ,true_count+false_count)
```

3. 부호 검정 실행결과

상기의 R 스크립트에서 생성된 desc_sign과 sign_result를 실행하면 다음과 같은 빈도표와 부호검정 결과를 얻을 수 있다.

```
desc_sign                                              # 빈도표
                    양수차  음수차  동률  합계
중간성적-기말성적      5      37      2    44

sign_result                                            # 부호 검정 결과

        Exact binomial test

data:  true_count and true_count + false_count
number of successes = 5, number of trials = 42, p-value = 4.434e-07
alternative hypothesis: true probability of success is not equal to 0.5
95 percent confidence interval:
 0.03980553 0.25631668
sample estimates:
probability of success
             0.1190476
```

상기의 빈도분석을 보면 중간성적이 기말성적보다 높은 경우는 5회 낮은 경우인 37회로 나타났다. 이를 부호 검정한 결과를 보면 유의확률(*p*-value)은 4.434e-07로 0.05보다 적어 유의한 차이가 있는 것으로 나타났다. 따라서 부호 검정 결과와 같이 "중간성적과 기말성적은 차이가 있다"는 대립가설이 채택되었다.

4절 윌콕슨 순위 검정

윌콕슨 부호 순위 검정(Wilcoxon signed rank test)은 부호 검정이 두 자료를 비교하고자 할 때 관측치의 크기는 무시하고 중앙값을 중심으로 부호만을 고려하는 데 반하여 크기도 고려하여 대응표본의 차이를 검정한다.

1. 작업영역 설정 및 파일 불러오기

윌콕슨 부호 순위 검정을 위하여 다음과 같이 우선 작업영역을 설정하고 설정된 디렉터리(C:/WORK_R)에서 수집된 자료의 내용을 R 영역으로 가져와 데이터프레임으로 저장한다.

```
setwd("C:/WORK_R")
options("width"=500)
data <- read.csv("non_data.csv", header = T, fileEncoding="EUC-KR")
data                                              # 데이터프레임 형식으로 저장된 자료
```

2. 윌콕슨 순위 검정 R 스크립트

윌콕슨 부호 순위 검정을 위하여 R에서 사용되는 함수는 psych 패키지의 wilcox.test( ) 함수이다. 윌콕슨 부호 순위 검정을 위하여 비교할 값들(중간성적, 기말성적)과 대응표본임을 알려주는 인수 "paired=TRUE"를 등록한 다음과 같이 R 스크립트를 실행하면 된다.

```
# 윌콕슨 순위 검정
library(psych)
wilcox_result <- wilcox.test(data$중간성적, data$기말성적, paired=TRUE)
z.value <- qnorm(1 - (wilcox_result$p.value/2))          # Z값
```

3. 윌콕슨 순위 검정 실행결과

상기의 R 스크립트에서 생성된 wilcox_result를 실행하면 다음과 같은 윌콕슨 순위 검정 결과를 얻을 수 있다.

```
wilcox_result                                          # 윌콕슨 순위 검정 결과

    Wilcoxon signed rank test with continuity correction

data: data$중간성적 and data$기말성적
V = 40.5, p-value = 2.696e-07
alternative hypothesis: true location shift is not equal to 0
```

상기의 윌콕슨 순위 검정 결과들을 보면 유의확률(p-value)은 2.696e-07로 0.05보다 적어 유의한 차이가 있는 것으로 나타났다. 따라서 부호 검정 결과와 같이 "중간성적과 기말성적은 차이가 있다"는 대립가설이 채택되었다.

5절 맥네마르 검정

맥네마르 검정(McNemar test)은 이항변수로 되어 있는 두 변수 간의 분포의 차이를 검정할 때 이용되며 자료가 명목변수와 순위변수로 이루어져 있을 때 사용되는 통계분석기법이다.

1. 작업영역 설정 및 파일 불러오기

맥네마르 검정을 위하여 다음과 같이 우선 작업영역을 설정하고 설정된 디렉터리(C:/WORK_R)에서 수집된 자료의 내용을 R 영역으로 가져와 데이터프레임으로 저장한다.

```
setwd("C:/WORK_R")
options("width"=500)
data <- read.csv("non_data.csv", header = T, fileEncoding="EUC-KR")
data                                          # 데이터프레임 형식으로 저장된 자료
```

2. 맥네마르 검정 R 스크립트

맥네마르 검정을 위하여 R에서 사용되는 함수는 mcnemar.test( ) 함수이다. mcnemar.test( ) 함수의 사용 형식은 다음과 같다.

```
mcnemar.test(x, y = NULL, correct = TRUE)

x: 행렬구조의 테이블
y: x의 대응 자료
```

다음과 같이 두 변수의 빈도수를 입력하기 위하여 subset( ) 함수를 이용하여 비교할 자료를 생성한 후 빈도분석을 위한 table( )를 이용한 R 스크립트를 실행하면 된다.

```
library(psych)
mcnemar_test_data <- subset(data, select=c(중간성적가중치선호,기말성적가중치선호))
mtable <- table(mcnemar_test_data)

# 맥네마르 검정
mcnemar_result <- mcnemar.test(mtable)
```

상기의 자료들에 대한 검정을 위한 참고자료로 교차표를 작성하기 위하여 gmodels 패키지의 CrossTable( )를 이용한 다음과 같은 R 스크립트를 실행하면 된다.

```
library(gmodels)
cross_table <- CrossTable(data$중간성적가중치선호, data$기말성적가중치선호, digits=3)
                                                        # 교차표 산출
```

3. 맥네마르 검정 실행결과

상기의 R 스크립트에서 생성된 cross_table과 mcnemar_result를 실행하면 다음과 같은 교차표와 맥네마르 검정 결과를 얻을 수 있다.

cross_table # 교차표

N Chi-square contribution N / Row Total N / Col Total N / Table Total

Total Observations in Table: 44

data$중간성적	data$기말성적가중치선호		
가중치선호	아니오	예	Row Total
아니오	7 0.014 0.304 0.500 0.159	16 0.006 0.696 0.533 0.364	23 0.523
예	7 0.015 0.333 0.500 0.159	14 0.007 0.667 0.467 0.318	21 0.477
Column Total	14 0.318	30 0.682	44

mcnemar_result # 맥네마르 검정 결과

McNemar's Chi-squared test with continuity correction

data: mtable
McNemar's chi-squared = 2.7826, df = 1, p-value = 0.09529

상기의 맥네마르 검정 결과들을 보면 유의확률(p-value)은 0.09529로 0.05보다 커 유의한 차이가 없는 것으로 나타났다. 따라서 "중간성적가중치선호와 기말성적가중치선호는 차이가 없다"는 귀무가설이 기각되지 못했다.

6절 주변동질성 검정

명목척도형 자료에 대한 대응표본 검정을 수행하는 주변동질성 검정(Marginal Homogeneity test)은 맥네마르 검정을 이분형 변수에서 다항변수로 확장한 검정 방법으로 카이제곱 분포를 사용하여 대응표본의 차이를 검정한다.

1. 작업영역 설정 및 파일 불러오기

주변동질성 검정을 위하여 다음과 같이 우선 작업영역을 설정하고 설정된 디렉터리(C:/WORK_R)에서 수집된 자료의 내용을 R 영역으로 가져와 데이터프레임으로 저장한다.

```
setwd("C:/WORK_R")
options("width"=500)
data <- read.csv("non_data.csv", header = T, fileEncoding="EUC-KR")
data                                                # 데이터프레임 형식으로 저장된 자료
```

2. 주변동질성 검정 R 스크립트

주변 동질성 검정을 위하여 R에서 사용되는 함수는 coin 패키지의 mh_test( ) 함수이다. mh_test( ) 함수의 사용 형식은 다음과 같다.

```
mh_test(object, …)

object: 테이블
```

다음과 같이 두 변수의 빈도수를 입력하기 위하여 비교할 자료를 생성한 후 빈도 분석을 위한 table( )를 이용한 R 스크립트를 실행하면 된다.

```
library(coin)
marginal_homogeneity_data <- data[,c("중간성적가중치", "기말성적가중치")]
N =nrow(data)
marginal_homogeneity_data <- as.data.frame(marginal_homogeneity_data)
mtable <- table(marginal_homogeneity_data)

# 주변동질성 검정
marginal_homogeneity_result <- mh_test(mtable)
```

3. 주변동질성 검정 실행결과

상기의 R 스크립트에서 생성된 marginal_homogeneity_result를 실행하면 다음과 같은 주변동질성 검정을 얻을 수 있다.

```
marginal_homogeneity_result                    # 주변동질성 검정 결과

      Asymptotic Marginal Homogeneity Test

data: response by conditions (중간성적가중치, 기말성적가중치)
      stratified by block
chi-squared = 5.5556, df = 2, p-value = 0.06218
```

상기의 주변동질성 검정 결과들을 보면 유의확률(*p*-value)은 0.06218로 0.05보다 커 유의한 차이가 없는 것으로 나타났다. 따라서 "선호하는 중간성적가중치와 기말성적가중치 점수의 차이가 없다"는 귀무가설이 기각되지 못했다.

Chapter 29

대응 K-표본 검정

1절 대응 K-표본 검정

대응 K-표본 검정은 모수통계분석의 반복측정 분산분석에 비교되는 분석 방법이다. 독립 K-표본 검정과 같이 자료의 수치가 순위척도이거나 또는 집단의 표본수가 적어 정규성을 만족하지 못하는 경우에 대응표본들 간 차이를 분석하는 비모수통계분석 방법이다. 독립 K-표본 검정이 집단의 표본 수가 다른 경우에 사용되는 것에 반하여 대응 K-표본 검정은 하나의 집단에서 대응되는 항목들 간의 차이 분석 시 시행한다. 대응 K-표본 검정은 서열척도 자료를 대상으로 하는 프리드먼 검정과 켄달의 일치도 검정, 명목척도 자료를 대상으로 하는 코크란 큐 검정 등이 있다.

2절 대응 K-표본 검정 예시

대학생들의 학기말 평가를 시행하였다. 과목별 평가결과는 표 29-1 에서 보이는 바와 같으며, 아울러 전체 성적에서 제외할 과목의 선호도를 조사하였다. 수집된 자료들을 이용하여 대응 K-표본 검정을 실시하고자 한다.

표 29-1 학생들의 과목별 성적 및 제외 선호도

순번	통계학 성적	외국어 성적	물리학 성적	통계학제외	외국어제외	물리학제외
1	41	56	56	찬성	반대	찬성
2	73	56	64	반대	반대	찬성
3	31	57	56	찬성	찬성	반대
4	51	45	65	찬성	반대	찬성
5	41	45	67	반대	반대	찬성
6	50	38	78	반대	반대	찬성

※ 분석자료 위치: http://ssra.or.kr/rbook/non_data.csv

1. 대응 K-표본 검정(서열척도)

서열척도 자료에 대한 대응 K-표본 검정을 지원하는 프리드먼 검정과 켄달의 일치도 검정을 위해서 다음과 같은 가설을 설정하여 검정한다.

■ 가설설정

H_0 : 통계학, 외국어, 물리학 성적 간의 차이가 없다.

H_1 : 통계학, 외국어, 물리학 성적 간의 차이가 있다.

(H_0 : 귀무가설, H_1 : 대립가설)

2. 대응 K-표본 검정(명목척도)

명목척도 자료에 대한 대응 2-표본 검정을 지원하는 코크란 큐 검정을 위해서 다음과 같은 가설을 설정하여 검정한다.

■ 가설설정

H_0 : 특정과목제외에 대한 선호도 차이가 없다.

H_1 : 특정과목제외에 대한 선호도 차이가 있다.

(H_0 : 귀무가설, H_1 : 대립가설)

3절 프리드먼 검정

프리드먼(Friedman) 검정은 대응표본이 3개인 경우의 모집단의 평균 동일성을 검정하는 기법이다. 변수들의 측정 자료가 서열척도로 되어 있는 경우 변수들 간의 순위의 평균값을 비교하여 순위상 차이가 있는지를 검정하는 방법이다.

1. 작업영역 설정 및 파일 불러오기

프리드먼 검정을 위하여 다음과 같이 우선 작업영역을 설정하고 설정된 디렉터리(C:/WORK_R)에서 수집된 자료의 내용을 R 영역으로 가져와 데이터프레임으로 저장한다.

```
setwd("C:/WORK_R")
options("width"=500)
data <- read.csv("non_data.csv", header = T, fileEncoding="EUC-KR")
data                                            # 데이터프레임 형식으로 저장된 자료
```

2. 프리드먼 검정 R 스크립트

프리드먼 검정을 위하여 R에서 사용되는 함수는 friedman.test( ) 함수이다. friedman.test( ) 함수의 사용 형식은 다음과 같다.

```
friedman.test(y, ...)

x: 행렬구조의 테이블
```

우선 순위표를 만들기 위하여 matrixStats 패키지의 rowRanks( ) 함수를 이용하여 순위를 정한 후 평균순위와 순위합을 도출한다. 프리드먼 검정은 비교분석할 자료를 매트리스 형식으로 입력하여 R 스크립트를 실행하면 된다.

```
library(matrixStats)
friedman_data <- subset(data, select=c(통계학성적, 외국어성적, 물리학성적))
```

```
# 순위표 작성
N <- nrow(friedman_data)
ranks <- rowRanks(as.matrix(friedman_data))
rankstable <- NULL
for (i in 1:ncol(friedman_data) )
    {
    rk <- cbind(colnames(friedman_data[i]), N, round(mean(ranks[,i]),2),
    sum(ranks[,i]))
    rk <- as.data.frame(rk)
    rankstable <- rbind(rankstable, rk)
    i <- i+1
}
colnames(rankstable) <- c("구분", "N", "평균순위", "순위합")
rankstable

# 프리드먼 검정
friedman_result <- friedman.test(data.matrix(friedman_data))
```

3. 프리드먼 검정 검정 실행결과

상기의 R 스크립트에서 생성된 rankstable과 friedman_result 결과를 실행하면 다음과 같은 순위표와 프리드먼 검정 결과를 얻을 수 있다.

```
rankstable                                          # 순위표

      구분     N  평균순위  순위합
1 통계학성적  44      1.84      81
2 외국어성적  44      1.98      87
3 물리학성적  44      2.25      99

friedman_result                                     # 프리드먼 검정 결과

      Friedman rank sum test

data:  data.matrix(friedman_data)
Friedman chi-squared = 3.4798, df = 2, p-value = 0.1755
```

상기의 순위표를 보면 통계학성적이 1.84로 가장 낮고 물리학성적이 2.25로 가장 높게 나타나고 있지만 프리드먼 검정 결과를 보면 유의확률(p-value)은 0.1755로 0.05보다 커 유의한 차이가 없는 것으로 나타났다. 따라서 "통계학, 외국어, 물리학 성적 간의 차이가 없다"는 귀무가설이 기각되지 못했다.

4절 켄달의 일치도 검정

켄달(Kendall)의 일치도 검정은 순위 자료로 측정된 *k*개의 변수값들이 동일한 분포를 갖는 모집단으로부터 추출되었는지의 여부를 검정하는 방법으로 각 대상에 부여된 순위의 일치 여부를 검정하는 데 이용된다.

1. 작업영역 설정 및 파일 불러오기

켄달의 일치도 검정을 위하여 다음과 같이 우선 작업영역을 설정하고 설정된 디렉터리(C:/WORK_R)에서 수집된 자료의 내용을 R 영역으로 가져와 데이터프레임으로 저장한다.

```
setwd("C:/WORK_R")
options("width"=500)
data <- read.csv("non_data.csv", header = T, fileEncoding="EUC-KR")
data                                        # 데이터프레임 형식으로 저장된 자료
```

2. 켄달의 일치도 검정 R 스크립트

켄달의 일치도 검정을 위하여 R에서 사용되는 함수는 irr 패키지의 kendall( ) 함수

이다. kendall( ) 함수의 사용 형식은 다음과 같다.

```
kendall(ratings, correct = FALSE)

ratings: n*m 행렬 또는 데이터프레임
```

켄달의 일치도 검정을 위하여 다음과 같이 R 스크립트를 실행하면 된다.

```
library(irr)
kendall_data <- rbind(data$통계학성적, data$외국어성적, data$물리학성적)

# 켄달의 일치도 검정
kendall_result <- kendall(kendall_data , correct = FALSE)
```

3. 켄달의 일치도 검정 실행결과

상기의 R 스크립트에서 생성된 kendall_result를 실행하면 다음과 같은 켄달의 일치도 검정 결과를 얻을 수 있다.

```
kendall_result                                    # 켄달의 일치도 검정 결과

   Kendall's coefficient of concordance W

   Subjects = 3
    Raters = 44
        W = 0.0389

   Chisq(2) = 3.42
    p-value = 0.181

   Coefficient may be incorrect due to ties
```

상기의 켄달의 일치도 검정 결과를 보면 유의확률(p-value)은 0.181로 0.05보다 커 유의한 차이가 없는 것으로 나타났다. 따라서 "통계학, 외국어, 물리학 성적 간의 차이가 없다"는 귀무가설이 기각되지 못했다.

5절 코크란 큐 검정

코크란 큐(Cochran's q) 검정은 이항변수로 되어 있는 3개 이상의 변수들 간 비율 차이를 검정하는 통계분석기법이다. 이 검정은 자료가 명목변수 및 순위변수로 이루어져 있을 때 적절한 분석기법이다.

1. 작업영역 설정 및 파일 불러오기

코크란 큐 검정을 위하여 다음과 같이 우선 작업영역을 설정하고 설정된 디렉터리(C:/WORK_R)에서 수집된 자료의 내용을 R 영역으로 가져와 데이터프레임으로 저장한다.

```
setwd("C:/WORK_R")
options("width"=500)
data <- read.csv("non_data_old.csv", header = T, fileEncoding="EUC-KR")
data                                            # 데이터프레임 형식으로 저장된 자료
```

2. 코크란 큐 검정 R 스크립트

코크란 큐 검정을 위하여 R에서 사용되는 함수는 CVST 패키지의 cochranq.test( ) 함수이다. cochranq.test( ) 함수의 사용 형식은 다음과 같다.

```
cochranq.test(mat)

mat: 행렬자료
```

다음과 같이 비교할 자료를 매트리스 형식으로 입력하여 R 스크립트를 실행하면 된다. 중간에 table을 이용하여 빈도표도 작성한다. 코크란 큐 검정을 위한 비교 자료는 0과 1로 코드화되어야 한다. 따라서 찬성은 0, 반대는 1로 변경하여 비교 자료(cochranq_data)를 만든다.

```
library(CVST)
cochranq_data <- subset(data, select=c(통계학제외, 외국어제외, 물리학제외))

# 빈도표 산출
freq_table <- NULL
for (i in 1:3 )
    {
     cochranq_data[i] <- ifelse( cochranq_data[i] == "반대",0, 1)
      # 찬성:0, 반대:1
     freq_table <- rbind(freq_table, table(cochranq_data[i]))
    }
    rownames(freq_table) <- c("통계학제외", "외국어제외", "물리학제외")
freq_table
mdata <- as.matrix(cochranq_data)

# 코크란 큐 검정
cochranq_result <- cochranq.test(mdata)
```

3. 코크란 큐 검정 실행결과

상기의 R 스크립트에서 생성된 freq_table과 cochranq_result를 실행하면 다음과 같은 빈도표를 얻을 수 있다.

```
freq_table                                       # 빈도표, 0:찬성, 1:반대
          0  1
통계학제외  21 23
외국어제외  21 23
물리학제외  10 34

cochranq_result                                  # 코크란 큐 검정 결과

    Cochran's Q Test

data: mdata
Cochran's Q = 7.1176, df = 2, p-value = 0.02847
```

상기의 코크란 큐 검정 결과를 보면 유의확률(*p*-value)은 0.02847로 0.05보다 작아 유의한 차이가 있는 것으로 나타났다. 따라서 "특정과목제외에 대한 선호도 차이가 있다"는 대립가설이 채택되었다.

Chapter 30

비모수상관분석

1절 비모수상관관계분석

상관분석(correlation analysis)은 두 변수 간에 어떠한 관련이 있는지를 분석하는 통계분석 방법이다. 비모수상관분석은 명목 및 서열척도 자료들에 대한 상관분석 시 이용되는 스피어만 상관계수분석과 켄달의 순위상관계수분석으로 구분된다.

2절 비모수상관관계분석 예시

대학생들의 학기말 평가를 시행하였다. 과목별 평가결과는 표 30-1 에서 보이는 바와 같다. 수집된 자료들에 대한 비모수상관관계분석을 실시하고자 한다.

표 30-1 학생들의 과목별 성적 순위

학년	성별	통계학순위	외국어순위	물리학순위
3학년	여학생	27	19	24
3학년	남학생	7	18	16
2학년	여학생	34	17	23
4학년	남학생	22	28	15
2학년	남학생	28	29	14
2학년	여학생	23	37	5

※ 분석자료 위치: http://ssra.or.kr/rbook/non_data.csv

3절 스피어만 상관계수분석

스피어만 상관계수(Spearman correlation coefficient)는 자료가 명목 또는 서열척도인 경우, 즉 자료의 값 대신 순위를 이용하는 경우의 상관계수로서, 자료를 작은 것부터 차례로 순위를 매겨 서열 순서로 바꾼 뒤 순위를 이용해 상관계수를 구한다. 두 변수 간의 연관 관계가 있는지 없는지를 밝혀주며 자료에 이상점이 있거나 표본크기가 작을 때 유용하다. 상기의 예시에서 스피어만 상관계수는 물리학 잘하는 학생이 외국어를 잘하는 것과 상관이 있는지 없는지를 알아보는 데 쓰일 수 있다.

1. 작업영역 설정 및 파일 불러오기

스피어만 상관계수분석을 위하여 다음과 같이 우선 작업영역을 설정하고 설정된 디렉디리(C:/WORK_R)에서 수집된 자료의 내용을 R 영역으로 가져와 데이터프레임으로 저장한다.

```
setwd("C:/WORK_R")
options("width"=500)
data <- read.csv("non_data.csv", header = T, fileEncoding="EUC-KR")
data                                                # 데이터프레임 형식으로 저장된 자료
```

2. 스피어만 상관계수 R 스크립트

스피어만 상관계수 분석을 위하여 R에서 사용되는 기본 함수는 Hmisc 패키지의 rcorr( ) 함수이다. rcorr( ) 함수의 사용 형식은 다음과 같다.

```
rcorr(x, y, type=c("pearson", "spearman"))

x: 매트리스형 자료
y: x와 결합된 벡터 또는 매트리스형 자료
type: 상관계수 종류(pearson, spearman)
```

우선 상기의 자료에서 subset( ) 함수를 이용하여 분석하려는 표본 자료들을 추출하고 rcorr( )을 이용한 상관분석을 수행한다. 이후 상관분석 자료는 행렬(matrix) 형식으로 변환하고 인수인 type을 "spearman"으로 사용하여 스피어만 상관계수 분석을 수행한다. 상관분석 자료(spearman_data)가 데이터프레임 형식이므로 행렬을 변환하기 위해서 as.matrix( ) 함수를 사용한다.

```
library(Hmisc)
data$학년 <- as.numeric(as.factor(data$학년))
data$성별 <- as.numeric(as.factor(data$성별))
spearman_data <- subset(data, select=c(학년, 성별, 통계학순위, 외국어순위, 물리학순위))

# 스피어만 상관계수 분석
spearman_result <- rcorr(as.matrix(spearman_data), type="spearman")
```

3. 스피어만 상관계수 실행결과

상기의 R 스크립트에서 생성된 spearman_result를 실행하면 다음과 같은 스피어만 상관계수분석 결과를 얻을 수 있다.

```
spearman_result                                    # 스피어만 상관계수 분석결과

          학년   성별 통계학순위 외국어순위 물리학순위
학년      1.00  -0.15       0.36      -0.07      -0.04
```

```
  성별        -0.15   1.00    -0.07    -0.18     0.06
  통계학순위   0.36  -0.07     1.00     0.10     0.10
  외국어순위  -0.07  -0.18     0.10     1.00    -0.08
  물리학순위  -0.04   0.06     0.10    -0.08     1.00

n= 44

P
           학년    성별   통계학순위 외국어순위 물리학순위
학년               0.3418 0.0162     0.6347     0.7808
성별       0.3418                    0.6484     0.2362     0.7011
통계학순위 0.0162  0.6484                       0.5169     0.5384
외국어순위 0.6347  0.2362 0.5169                           0.6067
물리학순위 0.7808  0.7011 0.5384     0.6067
```

상기의 자료에서 보면 상단은 스피어만 상관계수값들, 표본수(n=90) 그리고 하단의 유의확률(p-values)들로 구성되어 있다. 상관분석 결과 학년과 통계학 순위와 상관계수는 0.36이고 유의확률은 0.016으로 나타나 0.05보다 낮아 상관관계가 있는 것으로 나타났다.

4절 켄달의 순위상관계수분석

켄달(Kendall)의 순위상관계수분석은 스피어만 상관계수분석과 같은 비모수상관분석기법으로 일반적으로 자료가 서열척도일 때 사용되는 기법이다.

1. 작업영역 설정 및 파일 불러오기

켄달의 순위상관계수분석을 위하여 다음과 같이 우선 작업영역을 설정하고 설정된 디렉터리(C:/WORK_R)에서 수집된 자료의 내용을 R 영역으로 가져와 데이터프레임으로 저장한다.

```
setwd("C:/WORK_R")
options("width"=500)
data <- read.csv("non_data.csv", header = T, fileEncoding="EUC-KR")
data                                              # 데이터프레임 형식으로 저장된 자료
```

2. 켄달의 순위상관계수 R 스크립트

상관계수분석에서 일반적으로 사용되는 Hmisc 패키지의 rcorr( ) 함수에서 켄달의 순위상관계수를 제공하지 않기 때문에 켄달의 순위상관계수분석을 위하여 psych 패키지에서 제공하는 corr.test( ) 함수를 사용한다. corr.test( ) 함수의 사용 형식은 다음과 같다.

```
corr.test(x, y = NULL, use = "pairwise",method="pearson",adjust="holm",
alpha=.05,ci=TRUE)

x: 데이터프레임형 자료
y: x와 결합된 벡터 또는 매트리스형 자료
method: 상관계수 종류(pearson, spearman, kendall)
```

상기의 rcorr( ) 함수에는 자료가 행렬 형식으로 들어가는 반면에 corr.test( ) 함수는 데이터프레임 형식으로 들어간다.

```
library(psych)
data$학년 <- as.numeric(as.factor(data$학년))
data$성별 <- as.numeric(as.factor(data$성별))
kendall_data <- subset(data, select=c(학년, 성별, 통계학순위, 외국어순위, 물리학순위))

# 켄달의 순위상관계수
kendall_result =corr.test(kendall_data, method="kendall")
```

3. 켄달의 순위상관계수 실행결과

상기의 R 스크립트에서 생성된 kendall_result를 실행하면 다음과 같은 켄달의 순위상관계수분석 결과를 얻을 수 있다.

```
kendall_result                                      # 켄달의 순위상관계수분석 결과
Call:corr.test(x = spearman_data, method = "kendall")
Correlation matrix
            학년   성별  통계학순위  외국어순위  물리학순위
학년        1.00  -0.14       0.27       -0.06       -0.04
성별       -0.14   1.00      -0.06       -0.15        0.05
통계학순위  0.27  -0.06       1.00        0.07        0.06
외국어순위 -0.06  -0.15       0.07        1.00       -0.06
물리학순위 -0.04   0.05       0.06       -0.06        1.00
Sample Size
[1] 44
Probability values (Entries above the diagonal are adjusted for multiple tests.)
            학년   성별  통계학순위  외국어순위  물리학순위
학년        0.00   1.00       0.71         1.0           1
성별        0.37   0.00       1.00         1.0           1
통계학순위  0.07   0.71       0.00         1.0           1
외국어순위  0.69   0.33       0.64         0.0           1
물리학순위  0.81   0.75       0.69         0.7           0

 To see confidence intervals of the correlations, print with the short=FALSE option
```

상기의 자료에서 보면 학년과 통계학순위의 상관계수는 −0.27이고 유의확률은 0.07로 가장 낮은 상관관계를 보여주고 있다.

참고문헌

1. 강현철, 한상태, 연규필, 김혁, 김성용(2017). 예제로 배우는 R 데이터 분석 입문, 자유아카데미.
2. 김재희(2014). R을 이용한 통계적 실험설계와 분석, 자유아카데미.
3. 마이클 크롤리(2016). 크롤리의 통계학 강의R을 활용한 입문, 염현식 옮김, 에이콘출판사.
4. 박찬성, 우현종, 김희석(2015). 통계와 R을 함께 배우는 R까기 2 : R 입문용, 느린생각.
5. 백영민(2016). R를 이용한 사회과학 데이터 분석: 응용편, 커뮤니케이션북스.
6. 서민구(2013). R을 이용한 데이터 분석 실무, http://r4pda.co.kr/pdf/r4pda_2014_03_02.pdf
7. 이형석(2014). 통계분석방법, 한경사.
8. 임동훈(2010). R을 이용한 비모수 통계학, 자유아카데미.
9. 유충현, 홍성학(2015). R을 활용한 데이터 시각화, 인사이트.
10. 윤철호(2015). 클라우드 기반의 사회과학연구 자동화 시스템 개발에 관한 연구. Information Systems Review, 17(1), 217-238.
11. 윤철호, 김상훈(2014). R 을 이용한 PLS 구조방정식모형 분석 튜토리얼: 예시 연구모형 및 데이터를 중심으로. Information Systems Review, 16(3), 89-112.
12. 윤철호, 최광돈(2015). R 을 이용한 공분산 기반 구조방정식 모델링 튜토리얼: Lavaan 패키지를 중심으로. Journal of Digital Convergence, 13(10), 121-133.
13. 윤철호, 최광돈(2016). 구조방정식모형에서의 R 을 이용한 부트스트랩 기반의 이중매개효과 분석 방안에 대한 연구. Journal of Digital Convergence, 14(9), 111-121.
14. 윤철호(2017). PLS 경로분석모형에서의 R 을 이용한 다중그룹 분석 방안에 대한 연구. 경영과학, 34(4), 1-13.
15. 윤형기(2014). 분석언어 R 기초, http://www.openwith.net/wp-content/uploads/2015/05/R기초교육자료.pdf
16. 위키백과(2018), 로지스틱 회귀, https://ko.wikipedia.org/wiki/로지스틱 회귀.
17. 장용식, 강희구(2017). R로 배우는 코딩, 생능출판사.
18. 정아(2014). R 언어_그래픽, 네이버 블로그, https://m.blog.naver.com/PostList.nhn?blogId=dic1224&categoryNo=240&logCode=0
19. 조민호(2017). 빅데이터 분석을 위한 R프로그래밍, 정보문화사.
20. 조완일(2002). R의 설치 및 기본 사용법, http://datamining.dongguk.ac.kr/R/RR의 설치 및 기본 사용법.pdf
21. 채서일, 김선철, 최수호(2002). SPSS WIN 을 이용한 통계분석. 학현사.
22. 채서일(2010). 사회과학조사방법론. 비앤엠북스.
23. 한희선(2009). SPSS를 활용한 사회조사분석, 이담북스.
24. 환경부(2017). R을 이용한 데이터 분석(환경교육교재), 환경부 국립환경개발원.
25. Aquino, J., Enzmann, D., Schwartz, M., & Jain, N. (2009). *descr: Descriptive statistics.* R package.

26. An, J. N. (2017). R에서 데이터 정제하기 (결측치, 이상치), https://rpubs.com/jmhome/R_data_processing

27. Bertram, D. (2007). *Likert scales*. Retrieved November, 2, 2013.

28. Bhabuk, U. R. (2018). *R graph gallery*, http://rgraphgallery.blogspot.com/

29. Chambers, J. M., Freeny, A and Heiberger, R. M. (1992) *Analysis of variance; designed experiments*. Chapter 5 of Statistical Models in S eds J. M. Chambers and T. J. Hastie, Wadsworth & Brooks/Cole.

30. Chambers, J. M. (1992) *Linear models*. Chapter 4 of Statistical Models in S eds. J. M. Chambers and T. J. Hastie, Wadsworth & Brooks/Cole.

31. CRAN(2018). *What is R?*, https://www.r-project.org/about.html

32. da Silva, A. R., Malafaia, G., & Menezes, I. P. P. (2017). biotools: an R function to predict spatial gene diversity via an individual-based approach. *Genet. Mol. Res*, 16.

33. DataCamp(2018). *Principal Components and Factor Analysis*, https://www.statmethods.net/advstats/factor.html

34. de Mendiburu, F., & de Mendiburu, M. F. (2017). Package '*agricolae*'. Statistical procedures for agricultural research.

35. Dobson, A. J. (1990). *An Introduction to Generalized Linear Models*. London: Chapman and Hall.

36. Falissard, B., & Falissard, M. B. (2008). The psy package, *measurements*, 20, 37-46.

37. Fox, J., Weisberg, S., Adler, D., Bates, D., Baud-Bovy, G., Ellison, S., ... & Heiberger, R. (2017). Package '*car*'. https://cran.r-project.org/web/packages/car/car.pdf

38. Friendly, M., & Fox, J. (2010). *Candisc: R package for canonical discriminant analysis*.

39. Galili, T. (2018). *Hierarchical cluster analysis on famous data sets* - enhanced with the dendextend package, https://cran.r-project.org/web/packages/dendextend/vignettes/Cluster_Analysis.html

40. Gamer, M. (2012). Package '*irr*'. R Foundation for Statistical Computing. https://cran.r-project.org/web/packages/irr/irr.pdf

41. Gorsuch, Richard(1983). *Factor Analysis*. Lawrence Erlebaum Associates.

42. Gupta, A. (2017). *Deviance and AIC for Logistic Regression in R*, https://analyticsdataexploration.com/deviance-and-aic-for-logistic-regression-in-r/

43. Krueger, T & Braun, M. (2013). Package '*CVST*'. R Foundation for Statistical Computing. https://cran.r-project.org/web/packages/CVST/CVST.pdf

44. Kim, S. (2015). ppcor: an R package for a fast calculation to semi-partial correlation coefficients. *Communications for statistical applications and methods*, 22(6), 665.

45. Kim, S. (2015). Package '*ppcor*'. R Foundation for Statistical Computing. https://cran.r-project.org/web/packages/ppcor/ppcor.pdf

46. Krzanowski, W. J. (1988) *Principles of Multivariate Analysis*. A User's Perspective. Oxford.

47. Hand, D. J. and Taylor, C. C. (1987). *Multivariate Analysis of Variance and Repeated Measures*.

Chapman and Hall.

48. Harrell Jr, F. E., & Harrell Jr, M. F. E. (2018). Package '*Hmisc*'. R Foundation for Statistical Computing. https://cran.r-project.org/web/packages/Hmisc/Hmisc.pdf

49. Hollander M., & Wolfe D. A. (1973). *Nonparametric Statistical Methods*. New York: Wiley.

50. Hornik, M. K. (2007). *The t series Package.* http://btr0x2.rz.uni-bayreuth.de/math/statlib/R/CRAN/doc/packages/tseries.pdf

51. Hothorn, T., Zeileis, A., Farebrother, R. W., Cummins, C., Millo, G., Mitchell, D., & Zeileis, M. A. (2015). Package 'lmtest'. Testing linear regression models. https://cran. r-project. org/web/packages/lmtest/lmtest.pdf.

52. Ihaka, R., & Gentleman, R. (1996). R: a language for data analysis and graphics. *Journal of computational and graphical statistics,* 5(3), 299-314.

53. Instant R. (2018). *Performing a binomial test in R,* http://www.instantr.com/2012/11/06/performing-a-binomial-test/

54. Lesnoff, M., Lancelot, R., Lancelot, M. R., & Suggests, M. A. S. S. (2010). Package '*aod*'. https://cran.r-project.org/web/packages/aod/aod.pdf

55. Mangiafico, S. S. (2018). *Simple Logistic Regression,* An R Companion for the Handbook of Biological Statistics, https://rcompanion.org/rcompanion/e_06.html

56. Nahm, F. S. (2016). Nonparametric statistical tests for the continuous data: the basic concept and the practical use. *Korean journal of anesthesiology,* 69(1), 8-14.

57. Montero, P., & Vilar, J. A. (2014). Tsclust: An r package for time series clustering. *Journal of Statistical Software,* 62(1), 1-43.

58. Moon, Keon-Woong(2018). 군집분석(*Cluster Analysis*), https://rstudio-pubs-static.s3.amazonaws.com/249084_09c0daf4ceb24212a81ceddca97ba1ea.html

59. Mullner, D. (2018). *The fastcluster package:* User's manual.

60. Nunally, J. C., & Bernstein, I. H. (1994). *Psychonometric theory.*

61. Paradis, E. (2002). *R for Beginners.*

62. Press W. H., Flannery B. P., Teukolsky S. A., Vetterling, W. T. (1988). *Numerical Recipes in C. Cambridge.* Cambridge University Press.

63. R. Friend(2015). R, Python 분석과 프로그래밍, http://rfriend.tistory.com/134

64. Revelle, W. (2016). *How To: Use the psych package for Factor Analysis and data reduction.*

65. Revelle, W. R. (2017). *psych: Procedures for personality and psychological research.*

66. Revelle, W., & Revelle, M. W. (2017). Package 'psych'. https://cran.r-project.org/web/packages/psych/psych.pdf

67. Sarkar, D. (2008). *Lattice: multivariate data visualization with R.* Springer Science & Business Media.

68. Seshan V. E. (2017). Package '*clinfun*'. R Foundation for Statistical Computing. https://cran.r-project.

org/web/packages/clinfun/clinfun.pdf

69. Signorell, A. (2016). *DescTools: Tools for descriptive statistics.* R package version 0.99, 18.

70. SQL Angeles(2018). 군집분석(*Cluster Analysis*), https://sqlangeles.com/2018/01/08/군집분석cluster-analysis/

71. Teetor, P. (2011). *R Cookbook: Proven recipes for data analysis, statistics, and graphics.* O'Reilly Media, Inc.

72. TUTORIAL, C. C. *Simply Easy Learning tutorialspoint. co.* http://www.tutorialspoint.com/r/r_tutorial.pdf

73. Warnes, G. R., Bolker, B., Lumley, T., &Warnes, M. G. R. (2015). Package '*gmodels*'., https://cran.r-project.org/web/packages/gmodels/gmodels.pdf

찾아보기

저자 약력

윤철호 (carlyoon@mokpo.ac.kr)

현재 국립목포대학교 경영학과 교수로 재직 중이며, R 프로그램을 근간으로 개발한 사회과학연구 자동화(social science research automation, SSRA) 사이트를 운영하고 있다. Information & Management, Journal of Computer Information Systems, Journal of Business Ethics, Electronic Commerce Research and Applications, Computers in Human Behavior, Behaviour & Information Technology, Journal of Organizational Computing and Electronic Commerce, Journal of Information Systems Education 등 십여 편의 국제학술지와 경영학연구, Asia Pacific Journal of Information Systems, 한국경영과학회지, 경영과학, Information Systems Reviews 등의 국내학술지에 다수의 논문을 게재한 바 있으며, Concepts in Computer & Management(한경사), SAP ERP를 중심으로 한 ERP개론(생능출판사) 등의 저서가 있다.

저자와의
협의하에
인지생략

R을 이용한 **통계분석**

2019년 1월 10일 초판 인쇄
2019년 1월 15일 초판 1쇄 발행

저　　자 : 윤철호
발 행 인 : 정광식
발 행 처 : **비앤엠북스**
서울특별시 금천구 가산디지털1로 70 B1-103
등　　록 2004. 12. 29. / 제313-2004-00298호
전　　화 (02) 2627-5710~13, 팩스 (02) 2627-5720
홈페이지 www.대학교재.net
이 메 일 bnmbook@daum.net

정가 27,000원　　ISBN 978-89-6821-082-2